스토리로 읽는
위기협상 이야기

황세웅 편저

멘토링

스토리로 읽는 위기협상 이야기

개정1쇄 인쇄 · 발행일 | 2016년 06월10일

지은이 | 황세웅
펴낸이 | 금병희
펴낸곳 | 멘토링

등 록 | 319-26-60호
주 소 | 서울특별시 동작구 노량진로16길30 (2층)
전 화 | 02-825-0606
팩 스 | 02-826-3191

값 15000원

잘못된 책은 교환해 드립니다.
ISBN 978-89-97397-03-7

머리말

 우리 사회에서는 최근 들어 2014년 압구정 제과점 인질사건을 필두로 부산, 세종시, 화성, 안산 등 강력인질 사건이 연이어 발생하고 있다. 이런 사건들이 왜 최근에 급증하고 있는지에 대해서는 여러 가지 해석들이 있을 수 있겠으나, 현재 우리 사회에 갈등의 골이 깊어지고 있고 정신 이상의 징후를 보이는 사람들이 많아지고 있다는 것만큼은 이론의 여지가 별로 없어 보인다.

 필자가 '위기 협상'이라는 것을 처음 접하고 연구와 교육에 매진해 온 지도 어언 12년이 되었다. 10여 년 전만해도 앞으로 우리 사회에 '위기 협상'이 많이 필요하게 될 것이라는 필자의 목소리는 메아리 없는 공허한 외침에 불과하였다. 그런데 10여 년의 세월이 흘러 이제는 실제로 협상이 필요한 사건들이 계속해서 발생하기 시작하자 많은 사람들이 이러한 필자의 주장에 조금씩 고개를 끄덕이기 시작하는 것 같다.

 그래서 일까, 배우 신하균씨가 주연을 맡은 '피리부는 사나이'를 필두로 앞으로 '협상' 관련 드라마와 영화들이 연이어 제작·방송될 예정이다. 이러한 '협상'에 대한 관심은 대중매체뿐만 아니라 젊은 경찰관들 사이에서도 크게 고조되고 있다. 경찰중앙학교에서는 신임경찰관들을 대상으로 '협상 동아리'라는 것을 만들었는데 선발인원보다 2배 가까운 인원들이 신청을 하여 면접을 통해 동아리원들을 선발하는 일까지 벌어지고 있다.

 필자가 경찰청의 의뢰로 2013년도에 전국에서 33명의 경찰관들을 선발하여 '위기협상 동료강사'를 양성하여, 현재 전국 지방경찰교육센터에서 '위기 협상'과정을 개설하여 경찰관들을 교육하고 있고, 2014년부터는 경기도 인재개발원에서 '일반 공무원'들을 대상으로 '위기협

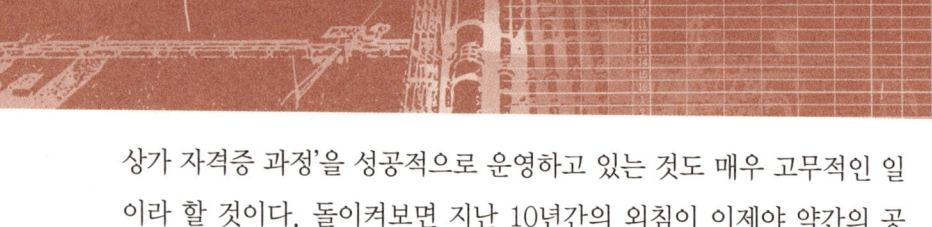

상가 자격증 과정'을 성공적으로 운영하고 있는 것도 매우 고무적인 일이라 할 것이다. 돌이켜보면 지난 10년간의 외침이 이제야 약간의 공명이 되어 돌아오고 있는 느낌이다.

우리 사회는 세계 어느 국가보다 단시간 내에 고도의 성장을 기록하여 전세계인들을 놀라게 하였고 많은 국가들이 우리나라를 배우기 위해 오고 있지만, 그 이면에는 높은 이혼율과 자살률 등 고도성장의 부작용을 뼈아프게 경험하고 있기도 하다. 우리 사회가 안고 있는 이러한 문제점들을 해결하는 것이 결코 쉬운 일은 아니겠으나 필자는 위기협상이 이에 대한 가장 효과적이고 실현가능한 대안 중의 하나라고 생각한다.

각기 다른 위기상황들에 대해 개별적으로 대안을 제시하기는 어려우나 위기극복의 방법들을 국민 한 사람 한 사람에게 가르쳐 준다면 어떠한 위기상황이 오더라도 보다 슬기롭게 극복할 수 있을 것이다. 그리고 위기라는 것이 대부분 일이 어려워서 풀리지 않는다기 보다는 사람과 사람 사이의 '관계'문제로 발생하는 것이기 때문에 이 관계를 풀어내는 방법을 사람들에게 알려 준다면 보다 효과적으로 위기상황을 극복할 수 있을 것이다. 필자 자신이 살아오면서 '위기협상을 통한 위기상황 극복'의 효과를 톡톡히 경험하였기 때문에 다른 사람들에게도 분명 효과가 있을 것이라고 자신있게 이야기할 수 있다.

본서는 그동안 '위기협상론'과 '일반인을 위한 위기협상(전 위기의 네모를 구하라)'에서 다소 이론적으로 접근했던 방식에서 탈피하여, Part 1에서는 현장에서 위기협상 이론들을 실제로 협상가들이 어떻게 활용하는지를 시나리오 형식으로 보여주고, Part 2와 3에서는 스톡홀

름 인질강도사건을 비롯해 역사적으로 유명한 인질사건들의 뒷이야기들을 그야말로 이야기하듯이 편안하게 풀어놓았다. 본서를 통해 독자들이 위기협상을 딱딱하고 어려운 것으로 생각하지 않고 보다 쉽게 접근하고, 더 나아가 각자의 삶의 위기들을 보다 슬기롭게 극복할 수 있기를 희망하는 바이다.

2016년 한강변 연구실에서...

목차

Part 1. 시나리오로 읽는 위기협상 이야기

01 우리 엄마 불쌍해서 어떡해요… / 10
02 손님은 정말 왕인가요? / 16
03 위험한 사랑 한 번 해 보실래요? / 24
04 교실 이데아 / 30
05 내 공사대금 돌려달란 말이야! / 38
06 내 돈 떼먹고 도망간 내연녀 잡아 주시오… / 45
07 사업에 실패했다는 이야기를 부모님한테도 못해요… / 52

Part 2. 스토리로 읽는 위기협상 이야기 (외국 편)

01 뮌헨 이스라엘 선수촌 인질사건 (1972년) / 66
02 스톡홀롬 인질사건 (1973년) / 84
03 이란 미대사관 인질사건 (1979년) / 112
04 님로드 인질사건 (1980년) / 118
05 마르세유 인질사건 (1994년) / 124
06 리마 일본대사관 인질사건 (1996년) / 134
07 모스크바 극장 인질사건 (2002년) / 141
08 베스란 초등학교 인질사건 (2004년) / 148
09 애리조나 교도소 인질사건 (2004년) / 153
10 콜롬비아 인질사건 (2008년) / 163
11 머스크 앨라배마 인질사건 (2010년) / 169
12 필리핀 버스 인질사건 (2010년) / 175

Part 3. 스토리로 읽는 위기협상 이야기 (우리나라 편)

01 박제상의 인질 구출작전 (신라) / 206

02 서희의 안융진 협상 (고려) / 222

03 지강헌 탈주범 인질사건 (1988년) / 228

04 김선일 피랍사건 (2004년) / 234

05 대전 식당 인질사건 (2008년) / 239

06 삼호 주얼리호 피랍사건 (2011년) / 242

07 서울 제과점 인질사건 (2014년) / 247

01
우리 엄마 불쌍해서 어떡해요...

　미진이(25세)는 육교 위에서 난간을 잡고 아래를 내려다 보았다. 아래서 보았을 때는 별로 높아 보이지 않았는데 막상 올라와 보니 상당히 높아 보였다. 육교 아래로 차들이 씽씽 달리고 있었다. 여기서 뛰어 내리면 죽을 수 있을까? 마음 같아서는 당장이라도 뛰어내리고 싶었지만 차마 결행하지 못하였다. 하염없이 육교 아래로 달리는 차들을 바라보던 미진은 갑자기 고개를 떨어뜨리고 오열하기 시작했다.

　협상팀에 신고가 들어온 것은 11시경이었다. 마포대교 난간 너머에 한 학생이 서 있다는 것이었다. 협상팀은 지체하지 않고 바로 현장으로 달려갔다. 서울지방경찰청에서 마포대교는 그리 멀지 않았기 때문에 금방 현장에 도착할 수 있었다. 현장에 도착해보니 다리 중간쯤 난간 너머에 한 여학생이 서 있는 것이 보였다.

협상가 : 저기 학생 추운데 왜 거기 서 있어?
미 진 : 저 그냥 놔두고 가세요.

협상가 : 학생, 나는 경찰청 위기협상가야. 학생을 도와주러 왔어.
미 진 : 위기협상가가 뭐하는 건데요?

협상가 : 학생처럼 어려운 상황에 처해 있는 사람을 도와주는 사람이야.
미 진 : ...

협상가 : 학생 이름이 뭐야?
미 진 : 미진이요, 김미진.

협상가 : 대학생인가?
미 진 : 예...

협상가 : 지금 미진이를 가장 힘들게 하는 게 뭐야?
미 진 : ...

협상가 : 남자친구? 아니면 공부?
미 진 : 고개를 좌우로 흔든다.

협상가 : 그럼 뭐 때문에 그래?
미 진 : 저 너무 힘들어서 더 이상은 못 버틸 것 같아요.

협상가 : 그래, 그럴 것 같아. 얼마나 힘들면 여기 올라와 있겠어. 그래 어떤 게 가장 힘든데?
미 진 : 사실은 저의 어머니가 유방암에 걸리셨어요.
협상가 : 아, 저런...

미 진 : 근데 새 아빠가 저를 맨날 때리고 엄마랑 할머니도 때려요.
협상가 : 아니 새 아빠가 미진이랑 엄마, 할머니까지 때린단 말야?
미 진 : 예...

스토리로 읽는 위기협상

협상가 : 새 아빠가 언제부터 그랬어?

미 진 : 벌써 오래 된 얘기예요. 제 친아빠는 제가 어려서 병으로 돌아가시고 엄마 혼자 저를 키우셨는데 제가 중학교 2학년 때 왠 남자를 하나 데려 오셨어요. 그 남자는 엄마보다 3살 정도 더 어린 사람이었는데 큰 키에 볼이 들어갈 정도로 깡마른 사람이었어요. 저는 그 남자가 첫 인상부터 별로 마음에 들지 않았지만 엄마가 홀로 산 세월이 너무 길었기 때문에 이해하기로 하고 그 남자를 집으로 받아들였어요. 그 남자는 처음 한 동안은 저를 살갑게 대하려고 노력했어요. 저도 크게 내키지는 않았지만 그 남자와 잘 지내보려고 노력했어요. 그런데 어느 정도 시간이 지나가자 그 남자는 본색을 드러내기 시작하는 거예요. 걸핏하면 시비를 걸어 엄마를 때리기 시작했어요. 제가 보다 못해 이를 말리려고 하자 이제 저까지 때리기 시작했어요. 그 날 이후 폭력은 상습적으로 일어났고 눈만 뜨면 새 아빠하고 싸워야 했어요.

협상가 : 아유, 저런 그런 일이 있었구나. 어린 나이에 너무 힘들었겠다. 그래서 어떻게 됐어?

미 진 : 저는 참는 데까지 참아보려고 했지만 더 이상 한 집에서 새 아빠와 살 수 없다는 생각이 들었어요. 그런데 새 아빠는 집을 나갈 생각이 없으니 결국 제가 나가야 할 것 같았어요. 저는 몇날 며칠을 고민하다가 결국 가방을 쌌어요. 딱히 갈 데가 없던 터라 그냥 가장 친한 친구인 연서의 집으로 일단 갔어요. 연서의 집에서 몇 번 잔 적이 있었기 때문에 연서 엄마도 그냥 그런가 보다 하셨어요. 하지만 연서의 집에도 너무 오래 머물 수는 없었어요. 그래서 벼룩신문에서 구인광고를 뒤지기 시작했어요. 거기 보니까 아르바이트 학생을 구한다는 광고들이 많이 실려 있었어요. 그 중에서 숙식을 제공하는 봉제공장이 있었는데 조수를 뽑는다는 거예요. 저는 전화를 걸어 언제부터 일할 수 있냐고 물었더니 지금 당장이라도 오라고 하더라구요. 그래서 저는 연서에게 고맙다는 인사를 남기고 연서네 집을 나왔어요.

그런데 봉제공장 조수생활이 생각한 것만큼 녹록하지는 않았어요. 그래도 갈 곳이 없었으니까 하루하루 그냥 힘겹게 버티다가 아는 친구에게 경호업체에서 여자 경호원을 뽑는다는 소식을 듣고 경호업체에서도 일하다가, 식당에서도 일하기도 하다가, 뭐 여기 저기서 닥치는 대로 이 일 저 일 하면서 살았어요. 어린 나이에 그런 일들을 한다는 것이 보통 힘든 게 아니었지만 지옥같은 집으로 돌아가느니 이렇게 사는 편이 더 나았어요.

협상가 : 야, 정말 고생 많이 했구나... 그래서?

미 진 : 그러다가 제가 24살이 되었을 때 엄마한테서 전화가 왔어요. 엄마가 얼마 전 건강검진을 했는데 유방암 진단을 받았다는 거예요. 정말 청천벽력 같은 소식이었어요. '평생 남편 복이 없어서 고생만 하던 엄마가 유방암이라니... 내가 집 나와 살면서 엄마를 챙기지 못해서 그런 건가?' 저는 별의별 생각이 다 들었어요. 저는 오랜 고민 끝에 다시 집에 들어가서 엄마를 간호하기로 마음먹었어요.

제가 집으로 도착한 건 늦은 저녁시간이었어요. 다니던 직장동료들과 작별인사를 하고 고속버스를 타고 오다보니 시간이 많이 늦었더라고요. 벨을 누르니까 엄마가 살며시 문을 열고 나오는데 엄마를 보니까 눈물이 왈칵 쏟아지는 거예요. 엄마도 저를 보니까 우시고... 그래서 둘이 부둥켜안고 문간에서 한참을 울었어요.

그 때 새 아빠는 거실에 서서 이런 모습을 한참동안 지켜보고 있었어요. 미안한 건지 어색한 건지 알 수 없는 어정쩡한 표정으로 저를 바라봤어요. 저는 짤막한 눈인사를 건네고는 엄마하고 방으로 들어가서 마주앉아 그동안 밀린 이야기꽃을 피웠어요. 참 오랜만에 가져보는 엄마와의 단란한 시간이었어요.

그러나 그런 행복한 시간도 그리 오래가지 못 했어요. 얼마 지나지 않아 새 아빠가 또 술을 마시고 들어와서는 저에게 시비를 걸기 시작했고, 엄마를 간병하기 위해서 온 할머니한테도 밀치고 때리고 하는 거예요. 저는 새 아빠를 말려보려고 안간힘을 다했지만 남자의 힘을 당하기는 너무 어려웠어요. 그래서 할 수 없이 할머니를 다른 곳으로 피신시켰어요. 그대로 놔두었다가는 할머니를 잡을 것 같았어요. 그런 와중에 중간 중간 어머니를 병원에 모시고 가서 치료를 받았어요. 그렇지만 엄마의 병이 제대로 나을 수 있을지도 걱정이었고 병원비도 점점 쌓여 가니까 너무 걱정이 되는 거예요. 정말 진퇴양난이 이런 거구나 싶더라고요. 이 모든 상황이 원망스럽고 어디론가 도망쳐 버리고 싶었지만 그럴 수도 없고, 그래서 너무 답답해서 여기 올라왔어요.

협상가 : 야, 아직 어린 너한테 너무 힘든 일이 많이 일어났구나… 아저씨도 그런 상황이라면 정말 어려울 것 같다.

미 진 : …

협상가 : 그런데 미진아, 요새는 너의 새 아빠가 하듯이 그렇게 가족들을 때리면 가정폭력으로 처벌받게 돼 있어. 그거 알고 있니?

미 진 : 예, 저도 알아요. 근데 엄마가 옛날에 경찰에 신고했더니 가정사라고 저희들끼리 알아서 하라고 그냥 갔었어요.

협상가 : 그건 옛날에 그랬고 지금은 신고해서 처벌해 달라고 하면 새 아빠를 너의 가족들로부터 격리도 시켜주고 처벌도 할 수 있어. 그렇게 해 줄까?

미 진 : 근데 그러면 새 아빠가 나중에 더 세게 보복하려고 하지 않을까요?

협상가 : 새 아빠가 보복할 수 없도록 집도 이사하고 신변보호도 해 줄 거야. 아저씨가 도와줄게.

미 진 : 정말이요?

협상가 : 그래, 아저씨 경찰이잖아…

협상가 : 미진아, 새 아빠 문제하고 엄마 아프신 거 말고 다른 문제는 없니?

미 진 : 다른 건 별 문제없어요.

협상가 : 아 그래? 그럼 여긴 너무 추우니까 아저씨하고 근처 카페로 가서 따뜻한 커피라도 한 잔 마시면서 구체적으로 어떻게 미진이를 도와줄 수 있을지 상의해 볼까?

미 진 : (잠시 머뭇거리다가) 예…

협상가 : 그래 미진아, 잘 생각했어. 조심해서 이리로 넘어와 봐!

미진은 한참 동안 추운데 앉아 있어서 그런지 허리가 잘 펴지지 않고 다리에도 피가 잘 통하지 않아 일어나는데 '끙'하는 소리가 절로 났다. 황지성 경사는 미진이의 팔을 잡아 미진이가 안전하게 넘어오도록 도와주었다. 협상팀에서는 준비한 담요를 미진에게 덮어주고는 부축해서 다리 아래로 내려갔다.

02
손님은 정말 왕인가요?

경미(48세)씨는 백화점 옥상 끝에 서 있었다. 날은 화창했지만 바람이 좀 있어서 옥상 끝에 서 있자니 바람이 불 때마다 몸이 조금씩 기우뚱하기도 하는 위험한 상황이었다. 경미씨는 머리 끝까지 분노가 치밀어서 금방이라도 뛰어내리고 싶었다. 아래를 내려다보니 사람들과 차들이 까마득하게 보여 다리가 후들거렸다. 경미씨의 눈에서는 하염없이 눈물이 흘러내렸고 지난 세월들이 주마등처럼 지나갔다.

협상가 : 저… 선생님, 무슨 일이 있으셨나요?
경　미 : 저리 가세요, 가까이 오면 뛰어내리겠어요!

협상가 : 예, 알겠습니다. 절대로 가까이 가지 않을 테니 조금만 흥분을 가라앉혀 주세요.
경　미 : ……

협상가 : 선생님, 지금 무슨 일 때문에 이렇게 화가 나신 거죠? 저한테 조금 얘기해 주실 수 있을까요? 제가 오다가 들었는데 고객과 마찰이 있으셨던 거 같은데……
경　미 : 아저씨, 마찰이 아니라 그 여자가 아주 저한테 진상을 부렸다고요!

협상가 : 아, 죄송합니다. 진상고객을 만나셨나 보군요.

경   미 : 그래요, 그 여자는 진상 중에 아주 상진상이에요!

협상가 : 그 사람이 선생님에게 어떻게 했습니까?
경   미 : 아니, 오늘 제가 이 백화점에서 ○○도자기 판촉행사를 하고 있었거든요. 근데 그 여자가 도자기 하나를 사려고 했는데 가격이 비싸다면서 깎아 달라는 거예요. 그래서 제가 '고객님, 저희는 정찰 판매를 하고 있어서 깎아 드리기 어렵습니다.'고 했더니 자기가 우리 회사 물건을 얼마나 많이 팔아줬는데 그러냐고 하면서 막 화를 내는 거예요.

협상가 : 아 그런 일이 있었군요. 그래서 어떻게 하셨어요?
경   미 : 저는 회사 직원이기 때문에 어떻게든 고객의 기분을 맞추려고 엄청 애 썼는데 그 여자가 백화점 상담실에 가서 컴플레인을 제기한 거예요. 그 래서 백화점 상담실 직원이 와서는 저보고 무조건 잘못 했다고 하면서 그 여자한테 사과하라고 하는 거예요.

협상가 : 아, 그러셨어요?
경   미 : 아니 그래서 저는 내 말이 뭐가 잘못됐냐? 지금 이분이 너무 무리한 요 구를 한 거 아니냐? 했더니 그냥 무조건 저보고 계속 사과하라고 하고 그 여자는 저한테 쌍심지를 켜면서 '너 같은 건 목을 잘라야 한다.' '내 가 너를 가만두나 보자' 하고 난리를 치는 거예요.

협상가 : 아, 그래서 많이 기분이 나쁘셨겠네요.
경   미 : 아니 근데 제가 기분이 더 나빴던 건 그 여자도 그 여자지만 백화점 상 담실 직원 때문이에요.

협상가 : 상담실 직원이 어떻게 했습니까?
경   미 : 그 여자가 상담실에 가서 난리 치니까 상담실 직원이 와서는 제 얘기를 들어보지도 않고 무조건 제가 잘못했으니까 사과하라고 했어요.

협상가 : 아, 선생님 얘기는 들어보지도 않고요?
경   미 : 예, 제 얘기는 아예 들을 생각도 안 했어요. 그러더니 아주 뻐딱한 표정 으로 계속 저보고 무조건 고객한테 사과하라고 하더라고요. 그래서 제

가 아주 꼭지가 돌아버린 거예요.

협상가: 아 그러셨군요. 그러니까 선생님 말씀은 고객이 무리한 요구를 해서 문제가 됐는데 상담실 직원이 와서 선생님 얘기는 들어보지도 않고 다짜고짜 사과를 하라고 해서 이렇게 억울하고 분한 마음이 드신 거군요.

경 미: 맞아요...

경미씨는 이렇게 말하고는 흥분이 좀 가라앉았는지 고개를 떨어뜨렸다. 경미의 눈가에 촉촉이 눈물이 맺힌다.

협상가: (조심스럽게) 선생님, 제가 티슈를 좀 드려도 될까요?
경 미: 아니에요, 가까이 오지 마세요!

협상가: 예, 알겠습니다. 가까이 가지 않겠습니다. 근데 선생님은 이 일을 하신 지 얼마나 되셨어요?
경 미: 한 3년 된 거 같네요.

협상가: 아 그러세요? 그럼 그전에는 어떤 일 하셨어요?
경 미: 제가 원래는 이런 일 하는 사람이 아니고 음악하는 사람이에요.

협상가: 아 음악이요? 어떤 음악을 하셨는데요?
경 미: 성악이요...

협상가: 아 성악가시구나! 그런데 어떡하다가 이 일을 하게 되신 거죠?
경 미: 제가 원래는 어릴 때부터 노래를 무척 잘 했어요. 그래서 동네에서 열리는 조그만 노래자랑에서 상을 도맡아서 타곤 했었죠. 결국 대학도 음대를 갔는데 거기서도 노래를 잘 하니까 교수님들이 국내에서 썩기는 아깝다고 외국으로 가라고 해서 이태리에 가서 공부를 했어요.

협상가: 아, 그러시구나....
경 미: 제가 이태리 음악학교에서도 성적이 아주 우수했었어요.

협상가: 아, 예

경   미 : 그래서 한국으로 돌아와서는 오페라 무대에도 몇 번 섰었습니다.

협상가 : 아, 그러셨구나…
경   미 : 그런데 어느 날 갑자기 목이 너무 아파서 병원에 갔더니 성대 결절이라는 거예요.

협상가 : 성대 결절이요?
경   미 : 예…

협상가 : 심한 거였나요?
경   미 : 예, 이미 손쓰기에는 너무 손상이 컸어요.

협상가 : 아, 저런… 그래서 그 다음부터는 무대에 서지 못하신 건가요?
경   미 : 예, 그래요…(길게 한숨을 내쉼)

협상가 : 너무 막막하셨을 것 같아요, 노래를 하시는 분이 더 이상 노래를 못하게 됐으니…
경   미 : (말없이 흐느낌)
협상가 : …

협상가 : 그럼 이 일도 어쩔 수 없이 하시게 된 건가 봐요.
경   미 : 예, 모진 목숨 먹고는 살아야 하니까요.

협상가 : 혹시 가족은 있으신가요?
경   미 : 가족요? 흠… 그 사람과 잘 됐었으면 지금쯤 가족이 있었겠죠.

협상가 : 남자가 있으셨나 봐요.
경   미 : 예, 대학에서 사귄 남자가 있었어요. 친구 남자친구를 따라서 우리 학교 축제에 놀러 왔다가 다 같이 술을 마셨는데 나중에 연락이 와서 사귀게 됐어요. 그 남자와 3년을 사귄 후 결혼하려고 우리 부모님한테 인사를 시켰는데 부모님이 반대를 하셨어요. 시골 출신이고 학교도 시원찮고 다 마음에 안 드신다는 거예요. 부모님은 나름대로 사자 붙은 사

위보기를 원하셨는데 내 남자친구는 그만한 조건이 되지 못했었죠. 저는 남자친구랑 도망갈까 어떡할까 고민하다가 부모님 이길 자신도 없고 유학도 가야겠고 하기에 그냥 모든 걸 잊고 싶어서 더 이태리로 떠났어요. 근데 공부하다보니 때를 놓쳐 버렸고, 더 이상 노래를 할 수 없으니 남자는 더욱 만나기 어려웠어요. 모든 게 절망적인 상황에서 아는 언니가 마음을 수련하는데 도자기가 좋다고 저를 공방에 데려가서 그 때부터 도자기 공부를 하다 보니 여기까지 오게 됐어요...

협상가 : 아 그렇게 되신 거군요...(잠시 후에) 이런 일 하실 분이 아닌데 여기서 이런 수모를 다 겪으시고... 정말 심적으로 많이 힘드시겠어요.

경 미 : (말없이 바닥을 바라본다. 이제는 흥분이 많이 가라앉은 듯하다.)

협상가 : 선생님, 말씀 들어 보니까 정말 분하고 억울할 만하신 것 같은데 이제 어떻게 하면 좋겠습니까?

경 미 : (잠시 생각하더니) 어차피 그 고객이라는 년은 답이 없고 그 상담실 직원한테라도 사과를 받고 싶어요!

협상가 : 아, 그러세요? 그럼 잠시만 기다려 주시면 그 직원을 불러올 수 있는지 알아보겠습니다. 잠시만 기다려주세요

협상가는 뒤로 나와 협상팀 및 현장지휘관과 이 문제를 상의한다. 협상팀에서는 현재 상황에서 경미씨를 화나게 했던 당사자를 이곳에 불러와서 대면시키는 것이 너무도 위험할 수도 있다는 의견이 제시되었다. 그래서 일단 그 상담실 직원과 자세히 면담을 해 본 후에 투입할지 말지를 결정하기로 했다.

잠시 후 상담실 직원 이미연(35세) 이 불려 올라 왔고 경미씨가 볼 수 없는 장소에서 협상팀원들이 상담실 직원과 면담을 했다. 한참 동안 이 직원과 대화를 해 본 결과 직원도 이렇게 된 데 대해서 매우 미안하게 생각하고 있었고 속으로는 경미씨의 처지를 동정하지만 백화점 정책이 고객을 최우선시 하는 것이다 보니 그렇게 되었다는 것이다. 이에 따라 협상팀에서는 이 직원을 협상에 투입하기로 결정하고 경미씨 앞으로 데려갔다.

미연씨는 아무 말 없이 아래를 응시한 채로 경미씨와 약간 떨어진 거리에 다가선다. 경미씨는 미연을 보자 어렵게 가라앉혔던 흥분이 다시 올라오는 듯 했다.

협상가 : 이미연씨, 박경미씨에게 뭐라고 말씀 좀 해 주세요.
미 연 : (잠시 머뭇거리다가)죄송합니다. (그러고는 손으로 입을 막고 울기 시작한다.) 저도 억울하신 거 알지만 백화점 정책이 무조건 고객 편을 들으라고 해서 어쩔 수가 없었어요. 죄송합니다.

경 미 : (날선 목소리로)죄송한 사람이 아까 나한테 그렇게 싸가지없이 얘기했어요?
미 연 : 죄송합니다. 죄송합니다.
경 미 : 나 당신한테나 그 미친년한테나 그런 대접받을 사람 아니에요. 그리고 나도 정말 참느라고 참았는데 그 여자가 너무 억지를 쓰잖아요.
미 연 : 예, 저도 알고 있습니다.
경 미 : 아는 사람이 그렇게 하나요?
미 연 : 아까 말씀드렸다시피 백화점 입장이 그렇다 보니...

경미는 뭐라고 말하려고 하다가 '흥'하고는 고개를 돌린다. 계속해서 죄송하다고 하니까 자꾸 뭐라고 하기가 멋쩍어진 것 같았다. 그렇게 또 잠시의 시간이 흘렀다.

협상가 : 선생님, 백화점 직원분도 선생님 입장을 이해하지만 어쩔 수 없어서 그런 것 같고 이렇게 진심으로 죄송하다고 하는데 이제 서운한 마음을 좀 푸시고 내려 가셔서 차라도 한잔 하면서 나머지 얘기를 하시면 어떨까요?
경 미 : 아래 매장에 판매하는 건 어떡하죠?
협상가 : 예, 회사에서 다른 분들이 나와서 매장을 보고 있으니까 선생님은 오늘은 별다른 걱정 안하고 쉬셔도 될 것 같습니다.
미 연 : 예, 저희 사무실에서 차 한 잔 하세요.

경미씨는 잠시 머뭇거리다가 발걸음을 옮겨 사람들이 있는 쪽으로 걸어 나왔다. 협상가팀에서는 경미씨를 안내해서 아래로 내려갔다.

협상심리 백과사전

칭찬

프랑스의 미셸 고클랭(Michel Gauquelin)은 별자리 점과 관련하여 흥미로운 실험을 진행했다. 제2차 세계대전 당시 프랑스에 마르셀 프티오(Marcel Petiot)라는 악명 높은 살인범이 있었다. 프티오는 독일군이 점령하고 있던 프랑스에서 탈출시켜주겠다고 하여 사람들을 유인한 뒤 19명을 독극물로 살해하였고 이로 인해 1946년 단두대에서 처형된 인물이었다. 그런데 컴퓨터로 이 사람의 별자리 점을 친 결과 이 사람은 '융통성이 있고 지적으로 체계가 서 있는 사람이며 사회규범에 복종하는 도덕적인 사람'이라는 내용의 점괘가 나왔다. 그리고 심지어 프티오가 단두대에서 처형된 지 한참 후인 1970년경에 사랑에 빠질 것이라는 예언도 내 놓았다고 한다.

고클랭은 프랑스 전역에서 무작위로 150명을 뽑아서 이들에게 프티오의 점괘를 보내주고 이 별점이 자신을 얼마나 정확히 평가하는지 알려달라고 했다. 그랬더니 94%의 사람들이 점괘가 자신을 정확하게 묘사하고 있다고 답변했다. 그들은 컴퓨터가 어떻게 이렇게 정확하게 자신의 성격과 미래를 예측하는지 알 수 없다고 했다. 이는 점괘에 나와 있는 말이 다 좋은 말이었기 때문이다.

이렇게 일반적인 점괘를 자신의 점괘로 받아들이는 현상을 '바넘 효과(Barnum Effect)'라고 하는데 위의 실험은 바넘 효과를 실증적으로 입증한 것으로 볼 수 있다. 이러한 바넘 효과와 유사한 것으로 아첨 효과(Flattery effect)가 있다. 사람들은 자신들이 특별한 능력이 있다거나 리더십이 있고 인내심이 강하다는 등의 훌륭한 자질을 가지고 있다는 이야기를 쉽게 받아들인다는 것이다. 별자리점은 6개의 적극적인 자리(사자자리, 사수자리, 물병자리, 천칭자리, 쌍둥이자리, 양자리)와 6개의 소극적인 자리(황소자리, 처녀자리, 게자리, 전갈자리, 염소자리, 물고기자리)로 나눠지는데 황소자리는 물질주의적이고 화를 잘 내는 반면, 천칭자리는 평화와 아름다움을 추구하는 것으로 알려져 있다. 위스콘신 대학의 마거릿 해밀턴(Margaret Hamilton)은 사람들에게 얼마나 별자리 점을 신봉하는지 7의 척도로 나타내 달라고 요구하였다. 그 결과 별자리 점의 내용이 듣기 좋은 적극적인 별자리를 가진 사람들이 더 많이 별자리 점을 신봉하는 것으로 나타났다. 역시 사람들은 자신을 칭찬해주는 이야기를 더 쉽게 받아들이는 것이다.

03
위험한 사랑 한 번 해 보실래요?

강문영(37세)은 황지성 경사와 오래도록 알아온 친구 사이였다. 누구나 알만한 대기업에 다니고 있었고 전남편도 같은 회사에 다녔었다. 황경위는 강문영이 새로 결혼해서 산다는 사실만 어렴풋이 알고 있었고 자세한 내막은 알지 못했다. 본인이 이야기하기 전에 남의 사생활을 꼬치꼬치 캐묻기가 그래서였다. 10월의 어느 날 저녁 강문영과 황경위는 다른 지인들과 마포에 있는 갈비집에서 저녁식사를 하게 되었다. 오랜만에 만난 이들은 반가운 마음에 그동안 밀린 이야기꽃을 피웠다. 불판에 갈비가 지글지글 익어가고 술이 몇 순배쯤 돌아가자 슬슬 속에 있는 이야기들을 꺼내 놓기 시작했다.

황경위 : 문영씨는 요새 어떻게 지내세요?
강문영 : 전 잘 지내요. 황경위님은요?
황경위 : 저도 잘 지냅니다.

황경위 : 사무실 일은 잘 되시고요?
강문영 : 그건 좀 그래요...

황경위 : 왜요, 무슨 일 있으세요?
강문영 : 제 사무실에 40이 넘었는데 아직 시집 못간 여자 팀장님이 계시는데 저

보고 시집 두 번 갔다고 엄청 뭐라고 그래요.

황경위 : 아니 그런 걸 대놓고 이야기해요?
강문영 : 아니 앞에서 그런 적은 없지만 저 없을 때 제 동료들한테 그랬대요…

황경위 : 개인적인 프라이버시를 가지고 그러는 건 정말 너무하네요. 문영씨 많이 기분 나쁘셨겠어요?
강문영 : 그렇죠, 엄청 열 받았지만 어떡하겠어요, 상산데…

황경위 : 아, 그렇죠… 상사라서 말하기 좀 그렇죠?
강문영 : 이런 소리 듣는 게 알고 보면 다 그 인간 때문 아니겠어요?

황경위 : 그 인간요?
강문영 : 예 제 전 남편…

황경위 : 전남편하고는 무슨 일이 있으셨던 거예요?
강문영 : 사실 제 전 남편이 같은 직장 동료하고 바람이 났어요.

황경위 : 아, 그래요? 같은 회사에 다니는 여자하고요?
강문영 : 예, 저보다 후배이고 어린 여자인데, 제 남편이 유부남인 걸 알고도 접근을 해서는 뭐 위험한 사랑을 한 번 해보지 않겠냐고 했대요.

황경위 : 그 후배 여자 분이 위험한 사랑을 하자고 했다고요?
강문영 : 예.

황경위 : 무척 당돌한 사람이군요, 그 여자…
강문영 : 저도 그 소리 듣고 기도 안 차더라고요. 저는 그 소식을 듣고 멘붕이 와서 거의 한 1년간 정신 못 차리고 죽으려고도 해 봤어요.

황경위 : 죽으려고 했다면 자살기도를 해 보셨다는 말인가요?
강문영 : 예…

황경위 : 어떻게 하셨어요?

강문영 : 죽으려고 손목을 그었는데 우리 엄마가 발견하고 지혈하고 병원으로 옮겨서 살아났죠.

황경위 : 아유, 그런 일이 있으셨군요…
강문영 : 근데 그 계집애하고 전 남편이 둘이 불륜 사실을 들켰는데도 오히려 적반하장으로 저한테 더 난리를 치는 거예요.

황경위 : 그쪽이 더 난리를 쳐요?
강문영 : 예, 그 계집애는 제가 따지러 갔더니 도로 저한테 제 남편을 자기에게 양보할 수 없냐고 하더라고요.

황경위 : 정말 맹랑한 사람이군요, 그 여자…
강문영 : 나 참 기가 막혀서… 근데 사실 우리 남편은 결혼 생활하는 동안 저를 많이 때렸었거든요.

황경위 : 남편이 때리기까지 했어요?
강문영 : 예, 황경위님도 아시다시피 제가 학교 다닐 때부터 공부도 잘하고 대학원에서는 최우수 논문상도 타고 그랬잖아요.

황경위 : 아 알다마다요, 문영씨가 아주 수재시죠.
강문영 : 아니, 그 정도는 아니지만 그래도 저 나름대로 똑똑한 여자라고 자부하고 살았는데 남편이 저를 아주 깔아뭉개버리니까 제 자신이 보잘 것 없이 느껴지고 자존감이 너무 떨어졌었어요.

황경위 : 아니 문영씨 같은 분한테 전 남편은 왜 그랬을까요?
강문영 : 제 전 남편은 어떻게 보면 제가 좀 잘난 척하거나 똑똑한 척 하려는 걸 아예 원천봉쇄하려고 했던 것 같아요. 자기가 주도권을 잡기 위해서 저란 존재를 아주 밟아버릴려고 했던 거죠.

황경위 : 그랬다면 전 남편하고 사시는 동안 정말 많이 힘드셨겠어요. 그런데다가 바람까지 피우고…
강문영 : 아주 가지가지 하는 거죠.

황경위 : 그래 지금은 어떠세요?
강문영 : 그렇게 한 1년 방황하다가 결국 제가 놓아줬죠. '이런 놈 뭐가 좋다고 너나 가져라'하구요. 그러고 나서 조금 있다가 지금 남편을 만나서 아이 둘 낳고 잘 살고 있어요.

황경위 : 아유, 그럼 잘 되셨네요.
강문영 : 그러게요. 그 인간하고 살 때는 날마다 지옥이었는데 지금은 날마다 행복해요.

황경위 : 지금 남편은 잘 해 주시나 보죠?
강문영 : 예, 지금 남편은 아주 순둥이고요, 제가 하자는 대로 웬만하면 맞춰주려고 노력해요.

황경위 : 아주 좋네요. 애기들도 예쁘죠?
강문영 : 예, 여기 사진 있어요. 보여 드릴게요. (휴대폰 사진을 보여주며) 얘가 첫째고 얘가 둘째예요.

황경위 : 아유, 둘 다 아주 귀엽네요. 둘째는 특히 문영씨 많이 닮았네요.
강문영 : 예, 저 많이 닮았죠. 하하

협상심리 백과사전

더 많이 가지면 더 행복한가?

퓨 리서치 센터(pew research center)에 따르면 더 많이 버는 사람이 평균적으로 더 행복하다고 한다. 연간 소득 10만 달러 이상인 사람들 중 절반이 자기 삶에 만족한다고 말한 반면, 연간 소득이 3만 달러 이하인 사람들 중 25%만이 행복하다고 말했다.

그러나 미국종합사회조사(general social survey)에서는 최고소득 집단이 최저소득집단에 비해 두 배의 주관적 행복감을 보고하는 반면 중간 범위 소득자와 최고소득자 사이에는 큰 차이가 없음을 보여주었다.

국가별 행복수준을 보아도 행복감이 국내총생산(GDP)에 비례하여 상승하지만 GDP가 일정수준에 도달하면 더 이상 주관적 행복감이 상승하지 않았다.

그리고 매순간의 행복감을 측정하는 연구에서는 사람들로 하여금 하루 종일 25분마다 자신의 느낌을 보고하도록 했는데 행복을 보고하는 횟수와 소득 수준 사이에는 아무 차이도 없었는데 고소득자들은 분노, 불안, 흥분을 더 자주 보고했다.

중국 최고의 부자 마회장은 한 언론과의 인터뷰에서 '나는 현재 행복하지 않다. 많은 사람들이 나의 돈에 대해서만 관심이 있다.'라고 했다.

사람들은 행복해질 조건으로 더 많은 시간을 가족들과 보내는 것을 1번, 더 많이 버는 것을 2번, 더 많은 시간을 친구와 보내는 것을 3번으로 꼽았다. 그런데 직장에서 더 많이 벌고 승진하기 위해서는 가족, 친구와 보내는 시간을 희생해야 한다.

04
교실 이데아

황경위는 오늘 한 특별한 학생들을 만나러 가는 길이다. 그들은 자살기도를 했던 경험이 있는 학생들이다. 지역 자살예방센터에서 어렵게 이들과의 만남을 주선해 주어서 집단상담 형식으로 대화를 진행할 예정이다. 평소 현장에서 자살기도자들을 많이 상대해야 하는 황경위는 자살기도자들의 생각과 심리상태를 잘 알아야 했기에 기회가 있을 때마다 자살기도자들을 만나 대화를 나누고 있었다. 오늘 만나게 되는 학생들은 총 4명이었다. 자살예방센터에 도착하자 학생들이 미리 와서 황경위를 기다리고 있었다.

황경위 : 애들아 만나서 반가워, 나는 황지성 경사라고 해.
학생들 : 안녕하세요.

황경위 : 너희들은 이름이 어떻게 되니?
진기환 : 저는 진기환입니다.
박수진 : 저는 박수진입니다.
심보라 : 저는 심보라입니다.
정성환 : 저는 정성환입니다.

황경위 : 그래 얘들아 우리 이제 앉아서 얘기할까?

(학생들이 모두 의자를 빼 자리에 앉는다.)

황경위 : 여기 오는데 힘들지는 않았니? 많이 춥지 않았어?
학생들 : 예, 괜찮았어요.

황경위 : 날이 갑자기 많이 추워졌어, 그렇지?
학생들 : 예, 그런 거 같아요.

황경위 : 아저씨는 서울지방경찰청 위기협상간데 오늘 여기 온 친구들처럼 어려운 상황에 처한 사람들을 도와주는 일을 하고 있어.
진기환 : 황경위님, 위기협상가가 좀 더 구체적으로 어떤 일을 하는 사람인지 말씀해 주실 수 있나요?
황경위 : 응 위기협상가는 인질, 테러, 자살상황 등에 출동해서 대화를 통해서 상대방을 설득해서 상황이 파국으로 치닫지 않고 평화적으로 해결되도록 하는 사람이야. 지난번에 강남의 한 아이스크림 가게에서 인질극 일어났던 거 알지?

진기환 : 예, TV에서 봤어요.
황경위 : 그때 현장에 나가서 협상으로 인질극을 무사히 해결한 게 바로 아저씨가 근무하는 협상팀이야.
진기환 : 아 그렇구나. 대단한 일 하시네요!

황경위 : 대단하긴 뭐, 내 할 일을 할 뿐이지... 그래 기환이는 몇 살 때 자살시도를 했었니?
진기환 : 17살 때요...

황경위 : 어떻게 했어?
진기환 : 학교 옥상에서 뛰어 내렸는데 아래에 화단이 있어서 다행히 살아났어요.

황경위 : 천만다행이다! 기환이가 어린 나이에 힘든 일이 많이 있었나 보구나...
진기환 : 예...

황경위: 어떤 게 제일 힘들었어?

진기환: 사실 제가 다들 들어가기 어렵다는 국제고에 갔었어요. 초등학교, 중학교 때 계속해서 거의 전교 1등을 놓치지 않고 했었거든요. 부모님들은 저에게 항상 서울대를 가야 한다고 말씀하셨고 저도 그러기 위해서 안간힘을 썼었죠. 그래서 국제고를 가긴 갔는데 거기 갔더니 아이들이 저를 왕따를 시키는 거예요. 저는 그냥 제 공부에만 열중한 것뿐인데 아이들은 그런 제가 재수 없다고 하면서 때리기도 했어요.

황경위: 너를 왕따만 시킨 것이 아니라 때리기도 했어?

진기환: 예...

황경위: 그래서 어떻게 했니?

진기환: 처음에는 선생님에게 이야기하려고도 해 봤지만 기숙사 생활을 하니까 아이들과 계속 같이 있어야 하고 그러면 더 보복을 당할 것 같더라고요.

황경위: 그래서 선생님께 말씀을 못 드렸어?

진기환: 예...

황경위: 그럼 부모님한테는?

진기환: 부모님들은 제가 어렵다고 하면 사내자식이 약해 빠졌다고 하면서 혼부터 내시니까 말하기가 싫었어요.

황경위: 음... 그래 아이들한테 맞고 그랬을때 심정이 어땠어?

진기환: 이게 맞으묘, 제 인격이 송두리째 무시당하는 느낌이 들어요. 내 인격이 모두 말살당하는 그런 느낌이요. 그래서 내가 저 애들을 다 죽여버릴까 아니면 내가 갈 때 다 데리고 갈까 별의별 생각을 다 했는데 결국 저 혼자 뛰어내린 거죠.

황경위: 그랬구나... 아까 부모님 얘기하는 것 보니까 부모님들이 좀 엄격하신 것 같다?

진기환: 예, 엄격하시기도 하고 제가 오로지 서울대에 가는 거에만 관심이 있지 제가 무얼 좋아하는지 뭘 하고 싶은지 같은 거에는 관심이 없어요. 제

가 서울대에 못가면 아들 취급도 안 하실 분들이죠.

황경위 : 그렇구나, 부모님들이 너무 공부만 하라고 너를 몰아붙이시는구나.
진기환 : 예...

황경위 : 부모님들도 밀어붙이시기만 하시고 아이들은 왕따에 폭행까지 하니까 네가 갈 데가 없었겠구나.
진기환 : 예, 어디 하나 정붙일 데가 없더라고요. 집에도 못 가겠지, 학교도 못 가겠지 하니까 제가 정말 갈 데가 없더라고요...

황경위 : 그런 상황이라면 나라도 너무 힘들었을 것 같다, 기환아!
진기환 : (고개를 떨어뜨리고 말이 없다.)

황경위 : 그래 지금은 어디에서 지내고 있니?
진기환 : 지금은 청소년들을 위해서 봉사활동을 하고 계시는 분하고 같이 지내고 있습니다. 그분하고 같이 저처럼 어려운 학생들을 도와주는 일을 하고 있습니다.

황경위 : 아 그래, 정말 잘 됐다 기환아! 어려운 상황을 슬기롭게 잘 극복하고 있구나!
진기환 : 예, 그런 셈이죠...

황경위 : 그래, 우리 어려움을 잘 극복하고 좋은 일을 하고 있는 기환이를 위해서 박수한번 쳐 줄까?

(다 같이 힘껏 기환이에게 박수를 쳐준다.)

황경위 : 그래, 기환이 얘기는 잘 들었고 수진이 얘기 한 번 들어볼까?
김수진 : 제가 하루는 학원에 갔다가 몸이 너무 아픈 거예요. 그래서 조퇴하고 집에 와서 방에 누워 있는데 엄마가 들어오셔서 왜 학원 빠지고 일찍 왔냐고 막 뭐라고 하시는 거예요. 그래서 제가 몸이 너무 아프다고 했더니 그런 정신자세로 어떻게 공부를 하냐고 하면서 막 야단을 치셨는데 너무 서운한 거예요.

황경위 : 아, 몸이 아파서 왔는데도 공부 안한다고 뭐라고 하신 거야?

김수진 : 예, 엄마는 항상 그런 식이셨죠. 제 입장이나 생각 이런 건 한 번도 들어주지 않고 엄마가 정한 대로 하지 않으면 불같이 화를 내면서 별의별 인격모독적인 발언을 다 하셨어요.

황경위 : 어떤 인격 모독적 이야기를 하셨어?

김수진 : 너는 체력이 약한 게 아니라 의지가 약한 거다. 머리가 나쁘면 열심이라도 해야 하는데 끈기도 없다. 그렇게 할 거 같으면 일찌감치 포기하고 공장에나 가라 등등 안 들어본 욕이 없는 거 같아요.

황경위 : 아, 그래. 수진이 너 정말 힘들었겠다…

김수진 : 몸이 힘든 건 참을 수 있는데 엄마의 말이 너무 정신적으로 힘들게 했어요.

황경위 : 그렇지, 마음이 힘든 게 더 힘든 거지…

김수진 : 한 번은 제가 엄마한테 죽고 싶다고 했더니 '그럼 그냥 죽어'라고 하더라고요.

황경위 : 아니 엄마가 너한테 그냥 죽으라고 하셨다고?

김수진 : 예, 너무 아무렇지도 않게 그렇게 얘기하고는 흘겨보고 나가시더라고요. 그래서 아 정말 그냥 죽어야겠구나. 나 죽어도 슬퍼할 사람도 하나도 없겠구나 하는 생각이 들었어요.

황경위 : 음…

황경위 : 죽고 싶은 생각이 들 때 또 어떤 기분이 들었어?

김수진 : 제가 벼랑 끝에 외롭게 홀로 서 있는 느낌이었어요. 정말 춥고 어두운데 저 혼자 저만치 혼자 서 있고 주위에는 아무도 없는 거예요.

양지애 : 저는 드넓은 우주 공간을 혼자 둥둥 떠다니는 느낌이었어요. 어딘가에 속하지 못하고 그냥 여기저기 둥둥 떠다니는 느낌이요.

황경위 : 음, 그랬구나... 지애한테는 무슨 일이 있었던 거니?

양지애 : 제가 처음 손목을 그었던 건 중학교 2학년 때였어요. 그 때 어떤 남자애가 아무 이유도 없이 제가 재수 없다는 이유로 저를 때렸어요. 옆에 있는 아이들은 그냥 낄낄거리면서 웃기만 하고 아무도 저를 도와주지 않는 거예요.

황경위 : 남자애가 아무 이유도 없이 너를 때렸어?
양지애 : 예, 아마 제가 그냥 혼자 다니고 아이들하고 잘 어울리지 않으니까 그게 싫었던 모양이에요.

황경위 : 주변에 있는 친구들은 하나도 도와주지도 않고?
양지애 : 예, 근데 제 옆에 한 친구가 있었어요. 그 친구는 그 애들한테 너희 같은 애들이 안 놀아 주는 건 상관없다. 난 지애하고 있겠다고 했어요. 그 친구가 없었으면 아마 전 여기 있지 못 했을 것 같아요... 정말 한 명만 있으면 되는 것 같아요. 제 얘기를 들어 줄 단 한 명만 있어도 살 수 있어요.

황경위 : 아, 네 얘기를 들어주는 한 명의 친구가 있었구나.
양지애 : 예, 단 한 명의 친구...

협상심리 백과사전

두다리 이야기

HOBAS(2005)에 의하면 FBI 협상가가 현장에 도착할 때까지 뛰어내리지 않고 있는 사람들의 90% 이상이 협상을 통해 자살을 포기하고 내려온다고 한다. 이렇게 많은 사람들이 자살을 시도하다가 마음을 돌리고 다시 일상생활로 돌아가 잘 적응하고 있다는 이야기를 들려주면 결심이 크게 흔들리게 된다. 이것은 Robert Cialdani 교수가 주장하는 '사회적 증거의 법칙'을 활용한 것으로 볼 수 있다. 대부분의 사람들은 다른 사람들도 다 그렇게 한다고 하면 그대로 따라하는 성향이 있다는 것이다. 따라서 자살 직전에 마음을 돌리고 잘살고 있는 사람들이 많이 있다는 이야기는 대상자에게 상당한 설득력을 가지게 된다.

그리고, 자살하려는 사람들은 정신적으로 문제가 있는 사람들이 많은데, 그 사람들은 결국 다시 자살하려고 하지 않겠냐고 묻는 사람들이 있다. 그런데 금문교에서 자살하려는 것을 경찰이 제지해서 살아난 사람들을 어느 정도 세월이 흐른 후에 추적조사해 보니 그 중 94%가 잘 살고 있었다고 한다. 이는 일단 경찰이 자살하려는 순간을 잘 넘길 수 있도록 하면 사람들은 다시 잘 살아 갈 수 있다는 것을 의미한다.

이런 점을 실증적으로 보여주는 좋은 예가 있다. 미국 워싱턴 D.C.에는 엘링턴 다리와 태프트 다리, 두 개의 다리가 100 미터 간격을 두고 세워져 있었다. 그런데 1980년대에 미 국무부장관의 딸이 엘링턴다리에서 뛰어내리는 일이 발생했다. 상심한 국무부 장관은 이런 일이 다시 생기는 것을 막기 위해 엘링턴 다리에 높은 철책을 설치했다. 당시 많은 사람들이 엘링턴 다리에 철책을 설치해봤자 100미터만 가면 철책이 없는 태프트 다리가 있는데 무슨 소용이 있겠냐고 생각했다.

그런데 사람들의 예상과는 달리 엘링턴 다리로 와서 뛰어내리려 했던 사람들이 태프트 다리로 가지는 않았다. 그냥 집으로 돌아간 것이다. 이 철책이 세워진 후 워싱턴 D.C.의 전체적인 자살률도 줄어들었다. 일반 사람들의 예측이 틀린 것이다. 뛰어내리려고 했던 사람들이 왜 발길을 돌렸을까?

일반적으로 사람들은 죽으려고 생각하는 사람들이 자살에만 몰입하고 있다고 생각하는데 자살기도자들에게는 '양가감정'이라는 것이 있다. 죽고 싶은 마음과 동시에 살고 싶은 마음이 있는 것이다. 형사정책연구원에서 400통 이상의 유서를 분석한 결과를 보면 이러한 심리상태가 잘 나타나 있다. 그들의 유서를 보면 자신을 괴롭히는 현실로부터 벗어나고 싶어하는 마음이 있는가 하면 이와 동시에 살고 싶은 욕구가 강하게 자리잡고 있음이 잘 나타나 있다.

자살기도자들은 이처럼 삶에 대한 갈망을 가지고 있기 때문에 자신이 죽지 못하게 된 데 대한 적절한 변명거리나 핑계거리를 제공하게 되면 이를 쉽게 받아들일 수 있는 것이다. '나는 뛰어 내리려고 했지만 철책이 높아서 그럴 수가 없었어, 내가 결코 용기가 없거나 비겁해서 그런 게 아니야!'라고 말이다.

만일 여러분들이 이런 철책이 되어서 뛰어내리려는 사람을 말린다면 어떻게 될까? 아마도 그 사람들은 '저 사람 때문에 못 뛰어 내린 거지, 내가 용기가 없어서 그런 것은 아니야!'라고 자기 스스로를 위안하면서 집으로 돌아갈 것이다. 따라서 뛰어내리려는 사람이 있으면 주저없이 말려야 할 것이며, 물리력으로 이를 제지할 수 없는 상황이라면 말로 설득해서 뛰어내리지 못하도록 해야 할 것이다.

05
내 공사대금 돌려달란 말이야!

 강OO은 방수공사 업자로 13. 1월경 피해자가 대상자의 방수공사 대금 2천만 원을 지불하지 않고 잠적하자, 생업을 중단하고 약 2개월간 피해자를 추적하면서 피해자에 대한 분노가 극에 달한 상태였다.

 2014. 8. 12. 23:00경 충북 청주시 사창동 소재 현대사우나에서 피해자를 발견한 강OO은 차량에 강제로 납치한 뒤 강OO의 주거지인 하남시 신장동 OO오피스텔 924호의 출입문과 문틀에 경첩을 박고 자물쇠를 채워 감금하고, 공사대금을 지불할 것을 요구하던 중 8. 14. 14:10경 경찰이 출동하자 과도로 피해자를 죽이겠다며 인질극을 벌이게 되었다.

 현장은 오피스텔 9층에 위치하고 있고 복도가 협소하였으며, 경찰서장을 비롯한 다수의 경찰관들이 집결하고 있었다. 하남서 인질협상팀에는 경찰대학에서 협상교육을 받은 직원들이 있었지만 협상팀이 작전 계획을 수립할 만한 공간을 확보하지 않았고 상황판조차 설치되어 있지 않아 매우 혼란한 상황이었다. 게다가 강OO이 핸드폰으로 협상가는 물론 파출소 직원과도 통화를 이중으로 하고 있어, 협상채널이 단일화되어 있지 못 하였다.

강OO은 계속해서 경찰병력의 철수와 자신의 공사대금 반환을 경찰이 문서화하고 이를 담보해 줄 것을 요구조건으로 하였고, 요구조건을 수용하지 않을시 인질을 살해하겠다고 협박하고 있었다.

강OO : 담배가 필요하니 담배를 사가지고 와 주시오.
협상가 : 어떤 담배를 피우시나요?

강OO : 0종 파란색으로 사 오시오.

　이때 상호성의 원칙을 활용하기 위해 새 담배갑에 담배를 모두 빼고 3개피 정도만 넣은 뒤,

협상가 : 담배를 가져다 드려야 되니까 문을 열어주시겠습니까? 협상가들이 들어가겠습니다.
강OO : 좋소.

　담배제공을 기회로 하남서 경사 이OO이 강OO와 어느 정도 라포가 형성되었다고 판단되어 경사 이OO과 함께 인질극이 벌어지고 있는 904호로 들어가서 강OO과 대화를 시작하였다.

협상가 : 안녕하십니까? 선생님, 저는 경찰청 인질협상팀에서 나온 경위 이OO이라고 합니다. 저는 선생님을 도와드리기 위해 이곳에 왔습니다.
강OO : 당신들이 내 돈을 받아줄 수 있거나 내가 돈을 받을 수 있도록 문서화 해 줄 수 있습니까?

협상가 : 저희는 선생님을 도와드리러 이곳에 왔습니다. 일단 안에 들어가서 어떤 일이 있었는지 자세히 얘기를 들어봐야 도와드릴 수 있는 부분은 도와 드릴 수 있지 않겠습니까?

강OO : 그러면 들어오시오. 어떻게 날 도와주겠다는 말입니까?

협상가 : 선생님, 무슨 일 때문에 그러시는지 말해주실 수 있나요?
강OO : 아니 내가 왜 이러는지도 모르고 여길 왔단 말이오?

협상가 : 무슨 일 때문에 이러시는지 대강의 내용은 들어서 알지만 보다 자세하고 구체적인 부분들에 대해서는 직접 들어야 도와드릴 부분을 도와 드릴 수 있지 않겠습니까?
강OO : 저 개OO가 공사대금을 주지 않아서 나는 가족들과도 헤어져서 몇 년째 혼자 살고 있고, 사업도 완전히 망했소. 오죽하면 내가 일도 팽개치고 저 씹OO를 쫒아 다녔겠냐고!
저 새끼가 준다고 해 놓고 주지도 않고 계속 도망 다니고 내가 저 씹OO를 만나면 죽여 버리려고 했소. 저런 새끼를 친구라고 씨O 에이 개OO야 내 말이 틀렸는지 니가 말 좀 해 봐, 이 씹OO야!

강OO은 이렇게 말하면서 갑자기 감정이 격앙되었다. 그런데 이 때 강OO의 손에는 칼이 들려 있지 않았고 좁은 방안이라서 피의자를 바로 제압할 수 있을 것 같아 이OO 경위는 힘으로 제압하고 수갑을 채우고 싶은 마음이 간절했으나 혹시라도 잘못 되어 인질이 다칠까봐 그런 마음을 억누르고 계속해서 대화를 이어갔다.

협상가 : 좀 진정하시고 차분히 앉아서 대화를 계속 하시죠, 그래야 저희가 도와 드릴 수 있지 않겠습니까?
강OO : 경찰들이 밖에 쫙 깔렸는데 무슨 얘기를 하자는 거요? 내가 경찰만 오지 않았어도 이렇게 화가 나지는 않았을 거다. 내가 이 새끼 죽여 버리고 나도 죽을 거야. 이 개OO야 니가 신고했지? 경찰들을 모두 철수 시켜!

협상가 : 시민의 안전을 책임지는 경찰이 사건이 해결되지도 않은 상태에서 철수하지 않으리라는 것은 선생님이 더 잘 알고 계시지 않습니까? 다행히 다친 사람도 없으니 법적으로 큰 처벌을 받지는 않을 거 같습니다.
강OO : .... 지금 나가서 저 새끼가 사라져 버리면 나는 어떻게 돈을 받겠소?

협상가 : 참 안타까운 상황이네요. 제가 선생님 입장이라도 화가 많이 날 것 같습니다. 이 부분에 대해서 고소를 하시거나 법적인 조치를 취하셨나요?

강OO : 내가 하남서에 한 번 찾아갔는데 고소장 써도 바로 해결되는 게 아니고 몇 개월 걸리고 못 찾으면 수배한다고 하면서 고소해도 사기가 될지 여부는 알 수 없다고 말하더라고... 그래서 아무 소용이 없어서 고소는 안 하고 내가 직접 찾으러 다닌 거지...

협상가 : 어떤 경찰관이 사기가 되지 않는다고 했는지는 모르겠습니다만 저랑 다시 찾아가서 법률적인 검토를 다시 한 번 해 보시죠. 제가 적극 도와 드리겠습니다. 우선 고소절차를 먼저 거치시고 민사적인 압류 등의 법적 절차를 진행하면서 압박하면 많은 도움이 될 수 있습니다.

강OO : 경찰서에 가게 되면 나만 잘못되고 피해자는 그냥 가버릴 텐데 그럴 수 없소. 내가 이렇게 하고 있는데 경찰이 나를 가만히 두겠소?

협상가 : 그러면 피해자와 함께 하남경찰서로 가시죠. 피해자 분도 일정부분 책임이 있다고 보이니 저희가 함께 모시고 가겠습니다. 경찰서로 가서 피해자와 함께 법률적인 부분을 따져보면 되지 않겠습니까?

강OO는 계속해서 자기 주장만 펼치면서 경찰서로 함께 가는 부분에 대해 강한 반감을 표시하였다. 그렇게 한동안 반복되는 이야기를 하면서 시간이 흘러갔다. 한참이 흐른 후에 마침 제공받은 OO 담배가 다 떨어졌고 강OO은 초조해 하며 다시 담배를 찾았다.

협상가 : 담배가 필요하시면 누가 나가서 담배를 사오는 게 어떻겠습니까?

강OO : (주위를 두리번거리다가 피해자를 가르키며) OOO 니가 나가서 담배 사와라!

협상가 : 그럼 피해자 분께서 빨리 나가서 담배를 사오세요.

머뭇거리는 피해자를 출입구 쪽으로 잡아 끌면서 신속히 도망할 것을 지시하고 싱크대 위에 놓여 있던 칼을 강OO 몰래 밖으로 빼내었다. 강OO는 이때쯤 인질상황을 끝내고 싶은 마음이 있었던 것 같다. 만약 그렇지 않다면 다른 사람도 아니고 피해자에게 담배를 사오라고 할 리가 없었기 때문이다.

이00 경위가 보기에 강00은 경찰과의 대치가 장시간 경과하였고, 인질 앞에서 큰 소리를 치며 난동을 부리다가 인질이 보는 앞에서 항복할 체면이 서지 않아 담배를 기회로 피해자를 내보낸 뒤 항복하려는 것으로 보였다. 법적인 절차 부분에 대해 계속 대화를 진행하던 중 담배를 사러간 피해자가 돌아오지 않자

강OO : 아 이 00놈 왜 안 오는 거야, 이거 니들이 빼 돌린 거 아냐?
협상가 : 잠깐 기다려보시죠 선생님 아마 겁이 나서 못 들어오고 있을 겁니다. 제가 나가보고 오겠습니다.

이때 협상가는 밖으로 나가 대기하고 있던 강력계장에게 피해자의 안전이 확보되었으므로 검거 작전을 펼칠 것을 주문하였고, 밖에서 대기 중이던 형사팀이 문을 박차고 들어가 강00을 검거하였다. 강00은 깜짝 놀라긴 했지만 어느 정도 상황을 예상을 하고 있었다는 듯 순순히 체포에 응하였다.

협상심리 백과사전
후광 효과

프린스 조나 쿠히오(Prince Jonah Kuhio)는 순백의 군복을 입고 볼보 승용차를 몰고 다녔다. 높은 코에 금발로 겉보기에는 서양인 같지만 42세의 동양인이다. 코를 성형하고 머리를 염색했지만 몸통이 길고 다리가 짧아 찬찬히 뜯어보면 동양인이라는 걸 금방 알 수 있는 이 남자가 한 여자에게 결혼사기를 쳐서 4억이라는 돈을 뜯어내고 같은 수법으로 다섯 명의 여자에게서 거액을 뜯어냈다고 한다.

쿠히오는 자신을 외국인이며 제트기를 조종하는 파일럿이라고 소개했고 여자들은 그를 '멋지고 신뢰할 수 있는' 인물로 생각했다. 사기꾼들은 의사, 변호사, 파일럿 등 멋지고 돈을 잘 번다고 생각되는 직업을 가지고 있다고 자신을 소개하는 경향이 있는데 이것은 'Halo effect'를 노린 것이다.

또 다른 사례로 전과 12범인 52세 남자가 50억 사기 사건으로 보도된 적이 있었는데 그는 사진 속에서 유명인사와 함께 서있는데 5살 정도의 귀여운 아이를 안고 있었다. 두 사람은 마치 친지인 것처럼 보였고 유명인의 명성과 어린 아이의 순수하고 천진난만한 모습은 그에게 후광효과를 주고 있었다.

예전에 어느 중학교에서 있었던 일이다. 찬수는 체육시간에 운동장에 수업하러 나가면서 자신의 MP3를 책상 위에 놓고 나갔다. 그런데 수업이 끝나고 들어와 보니 MP3가 없는 것이 아닌가? 책상 서랍과 주변을 모두 샅샅이 뒤졌는데도 MP3는 발견되지 않았다. 그래서 주변 친구들을 하나씩 살펴보

앉는데 바로 뒷자리 앉은 수호가 아무래도 의심스러웠다. 수호는 집안이 어려워서 항상 준비물도 제대로 챙겨오지 못했고 자신이 MP3를 샀다고 자랑했을 때 다른 아이들보다 유난히 더 부러워했었다. 그리고 오늘 체육수업에도 다른 아이들보다 늦게 옷을 갈아입고 운동장으로 나왔었다. 이 모든 정황들을 끼워 맞추고 보니 수호가 범인이 분명하다는 생각이 들었다. 그 때부터 수호가 하는 모든 행동이 수상하게 생각되었고 오늘따라 유난히 수호의 가방이 불룩해 보이고 자기 쪽으로 끌어당겨 놓으려고 하는 것 같았다. 계속해서 수호를 관찰하던 찬수가 수호에게 가방을 한 번 열어보자고 하려는 찰나 담임선생님이 들어오셔서 찬수에게 MP3를 내미는 것이 아닌가? 그러시면서 '내가 너희들 나간 후에 혹시나 해서 교실을 돌아보니 찬수 니가 비싼 MP3를 책상위에 그냥 던져 놓고 갔기에 교무실에 보관하고 있었다. 앞으로 이런 거 이렇게 함부로 뒹굴리지 말고 간수 잘 해라.'하시는 것 아닌가? 하마터면 멀쩡한 친구를 도둑으로 몰 뻔 했던 아찔한 순간이었다. 수호의 누명이 벗겨지고 나서 보니 수호의 행동은 전혀 의심스러운 데가 없었다. 가방이 불룩해 보이지도 않았고 일부러 가방을 끌어당기고 있지도 않았다.

 같은 사람을 어떤 반에서는 대학생이라고 소개하고 다른 반에서는 대학원생, 또 다른 반에서는 박사과정생, 그리고 마지막 반에서는 교수라고 소개한 뒤에 '이 사람의 키가 얼마나 될 것 같냐?'고 묻자 학력이 높아질 때마다 1.5cm씩 커져서 같은 사람이 대학생이라고 소개되었을 때보다 교수라고 소개되었을 때 무려 6cm나 크게 생각되었다고 한다. 그 사람의 지위가 후광 효과로 작용한 것이다.

 따라서 협상가는 상대방에게 지나치게 겸손할 것이 아니라 자신을 전문가로 소개하는 것이 좋다. FBI에서 직접 교육을 받았다고 하거나 국내 최고의 권위자에게서 직접 가르침을 받았다고 하는 것이 상대로부터 존중을 받을 수 있고 이후 협상 타결에도 도움을 줄 수 있을 것이다.

06
내 돈 떼먹고 도망간 내연녀 잡아 주시오...

　피의자 윤ㅇㅇ(42세)은 인질 최ㅇㅇ(17세, 여)의 생모인 김ㅇㅇ(41세)과 약 2년 전부터 내연의 관계를 맺고 있던 중, 김ㅇㅇ(41세)이 결혼을 미끼로 15회에 걸쳐 4,470만 원을 빌린 후 이를 갚지 않고 자취를 감추자 이에 앙심을 품고 회칼(30cm)과 석유(PET병 3개)를 가지고 2004. 12. 30. 08:20경 피해자 집으로 찾아가 딸 최ㅇㅇ(17세, 여)에게 엄마를 찾아내라고 행패를 부렸다.

인질범 : (문이 열리자 거칠게 최영희(가명)를 밀치고 안으로 들어간다.)
최영희 : (겁에 질려서) 아저씨, 왜 그러세요?

인질범 : 야, 니 엄마 어디 갔어? 빨리 니 엄마 찾아와!
최영희 : 엄마 어디 갔는지는 저도 몰라요...

인질범 : 빨리 엄마 찾아와! 안 그러면 너희들 오늘 다 죽을 줄 알아!
최영희 : 그럼 잠시만요, 삼촌이라도 오시라고 할게요. (삼촌에게 다급하게 전화를 건다.)

　　　　　　　　　　　(중략)
삼　촌 : 아니 당신이 왜 여기까지 와서 이러고 있어?
인질범 : 애들 엄마란 년이 내 돈을 4000만원이나 떼먹고 도망갔잖아, 빨리 그

년을 찾아오던가 돈을 갚든가 하란 말이야.

삼 촌 : 아니, 그건 당신이 우리 형수 좋아해서 줘 놓고 이제 와서 갚으라고 하면 어떡해? 그리고 애들이 무슨 잘못이 있다고 남에 집에 와서 행패를 부리냐고?

이 말에 인질범은 순간적으로 격분하여 손에 들고 있던 칼로 삼촌을 찌르자 삼촌이 이를 피하다가 등을 찔리고 만다. 삼촌은 피를 흘리면서 문 밖으로 도망쳤다. 삼촌이 피를 흘리고 나오는 것을 주민들이 경찰에 신고를 했다.

신고를 받자 112순찰차가 신속하게 현장으로 출동했고 관할 형사반장도 신고를 받고 현장으로 나왔다. 형사반장은 경비실로 가서 사건이 벌어진 아파트로 내선전화를 이용해 전화를 걸었다.

형사반장 : 여보세요, 저는 신고 받고 출동한 경찰입니다. 무슨 일 때문에 그러시죠?
인질범 : 경찰이요? 경찰이 여기 왜 왔어! 나 당신하고 할 말 없으니까 꺼져!

형사반장 : 자 그러지 마시고 저한테 얘기하면 제가 들어보고 해결해 줄 수 있는 거면 해 줄게요. 원하는 게 뭡니까?
인질범 : 그래요? 사실 나하고 사귀던 최00이란 여자가 나하고 결혼한다고 해서 지난 2년간 얼마씩 해가지고 한 4,500만 원 정도 빌려갔는데 돈을 갚으라고 하니까 어디로 도망가 버려서 내가 열 받아서 이리로 직접 찾아온 겁니다. 나는 떼인 돈 받으러 온 거지 잘못한 거 하나도 없어요.

형사반장 : 아 그래요? 그럼 내가 그 여자 찾아다가 돈 갚아주면 되겠네, 그치요?
인질범 : 그래요. 여자 찾아다가 돈 갚아주면 되요.

형사반장 : 그럼 잠깐 기다리세요. 내가 그 여자 금방 찾아 올 테니까...

이로부터 한 2-30분의 시간이 경과한 후에 형사반장이 다시 인질범에게 전화를 걸었다.

형사반장 : 아저씨, 여기 그 여자 분 찾아왔어요.

인질범 : 아 진짜요? 그럼 그 여자 위로 올려 보내세요!

형사반장 : 아니 그 안에는 애들도 있고 하니까 그러지 말고 아저씨가 이리로 내려와서 조용히 얘기하자고요.

인질범 : 아니 내가 왜 거길 내려가? 경찰들 쫙 깔려 있는데… 그 여자를 이리로 올려 보내!

형사반장 : …

인질범 : 아니 왜 말이 없어? 여자 안 보낼 거야? 아니면 그 여자 거기 없는 거 아니야?

형사반장 : 아니 그러지 말고…

인질범 : 당신 거기 그 여자 없지? 나한테 지금 거짓말한 거야? 아 이 XXX같은 짭새 00. 거짓말이나 하구. 내가 그렇게 우스워!

 이렇게 형사반장과 범인과의 대화는 결렬되고 잠시 후 특공대와 형사과장과 서장까지 현장에 도착했다. 이제 경찰관들은 아파트 현관 앞으로 가서 육성으로 범인과 대화를 시도했다.

(중략)

형사과장 : 여보세요, 제가 여기 관내 형사과장인데 책임지고 당신 내연녀 잡아다가 돈 갚아주도록 하겠습니다. 한 번 믿어보세요.

 인질범은 대화에 제대로 응하지 않고 안에서 계속해서 소리를 지른다. 과장이 대화를 시도하려고 했지만 앞에서 형사반장이 얄팍한 거짓말로 범인을 속이려고 했기 때문에 신뢰가 무너져서 나중에 아무리 과장이나 서장이 여자를 찾아주겠다고 해도 범인은 곧이 들으려하지 않았다.

 잠시 후 범인의 어머니를 수배하여 범인과 대화를 시도하였으나 계속해서 여자를 찾아오라고 주장하면서 회칼을 인질의 목에 들이대고 난동을 부려 인질들은 극도의 공포를 느끼는 상황이 계속되었다.

경찰에서는 범인과의 대화도 잘 되지 않고 범인이 술을 마셔 정신 상태가 극히 불안정하여 혹시 불이라도 지른다면 인질의 목숨이 위태로울 수 있고 조금 있다가 해가 지면 작전을 수행하는 것이 더욱 어려워질 것으로 판단하여 경찰 특공대와 광역 수사대를 투입, 강제 진압을 하기로 결정한다.

경찰에서는 진입 작전을 실시할 때 경찰 특공대 4명은 앞 베란다, 3명은 뒤 베란다, 광역 수사대원들은 현관 출입문을 통한 진입 계획을 수립, 진입하는 과정에서 앞 베란다 중앙 고정 유리문 윗부분에 샷건을 발사, 구멍을 크게 뚫은 후, 거실에 뿌려 놓은 휘발유로 인해 거실에 던질 경우 화재의 우려가 있어 스턴탄을 베란다에 던져 폭발과 동시에 좌우 방충망을 제거하고 유리문을 발로 차 깨뜨리면서 진입하기로 하였다.

경찰에서는 또 범인이 휘발유를 뿌리고 라이터를 들고 있었기 때문에 방화에 대비하여 고가 사다리차에서 살수 준비 및 현관문 앞에 배치된 소방관 4명은 아파트 소화전에 연결된 소방 호스를 준비하고 있었으며, 119구급차 2대, 에어매트 4개를 설치하여 투신에 대비하고, 전기·가스안전공사 직원들을 현장에 배치, 사전에 단전 및 가스 차단 조치 등을 취하는 한편, 맞은편 아파트 옥상에는 저격수 2명을 대기시키는 등 만전의 준비를 하고 있었다.

준비를 마친 특공대원들은 사건이 발생한 집이 아파트 맨 위층이어서 바로 위 옥상에서 로프를 이용, 앞 베란다와 뒤 베란다 창문을 통해 동시에 특공대원들이 진입을 하였다. 특공대원이 로프를 잡고 점프를 하여 발로 강하게 앞쪽 베란다 유리를 찼으나 그것을 유리가 아니라 방충망 이어서 한 번에 깨지지가 않고 찌그러지기만 할 뿐이었다. 이렇게 특공대의 진입이 지연되는 사이 특공대가 진입하는 소리를 들은 범인은 인질에게 달려가 최ㅇㅇ(17세, 여)의 목을 회칼로 찌르고 말았다.

이 사건은 협상상황에서 거짓말을 하는 것이 얼마나 위험한가를 잘 보여주는 사례이다. 많은 경우에 경찰관들은 위기상황을 빨리 벗어나기 위해 대상자에게 거짓말을 하고 싶은 유혹을 느끼게 된다. 그러나 대상자가 지금 현재 나쁜 짓을 하고 있을 지라도 어리석은 사람은 아니기 때문에 경찰이 거짓말하고 있는 것을 금방 알아차릴 수 있고, 그렇게 되면 더 이상의 협상은 불가능하게 된다. 세상 어떤 사람도 자신이 믿을 수 없는 사람과 협상하려 하지 않기 때문이다.

협상심리 백과사전
집중법 vs 분산법

 당신이 정말 마음에 들어 하는 여성이 있다. 이 여성의 마음을 얻기 위해 당신에게 1시간의 한계시간이 주어졌다. 그런데 당신은 이 시간을 당신 마음대로 나누어 사용할 수 있다. 1시간을 한 번에 다 쓰거나 나누어서 쓸 수 있다는 것이다. 어떻게 하는 것이 여자의 마음을 얻는데 보다 효과적일까?
 A라는 사람은 1시간을 한 번에 몰아서 여자와 대화하는데 쓰고 B라는 사람은 15분씩 나누어서 네 차례 여성과 대화를 했다고 치자. 두 사람 사이에 이성을 유혹하는 기술이나 외모에는 별 차이가 없는 것으로 가정할 때 어느 쪽이 더 여성의 마음을 얻었을까?
 다른 조건이 동일하다면 일반적으로 B 쪽이 더 유리할 것이다. 한 시간을 계속해서 대화하는 것은 여자로 하여금 싫증을 느끼게 할 수도 있고 감각의 둔화로 인해 접촉의 신선함을 제공하기도 어렵다.
 EBS에서 학습과 기억에 관한 실험을 한 적이 있다. 고등학생들을 두 그룹으로 나누어 한 그룹은 1시간동안 40개의 단어를 암기하도록 하고 다른 그룹에게는 15분간 단어를 외우고 5분 동안 쉰 후 다시 단어를 암기하도록 하였다. 이러한 방법을 'Spacing'이라고 한다. 학습과 학습 사이에 Space를 두는 것이다. 이렇게 한 후 단어시험을 쳐 보았더니 Spacing을 한 그룹이 점수를 더 잘 받았다.
 그런데 암기력은 금방 시험을 쳤을 때보다 시간이 많이 흐른 후에 그 격차가 더 커졌다. 한 달 후 다시 단어시험을 치자 몰아서 암기를 한 그룹보다

Spacing을 한 그룹이 월등히 더 높은 점수를 받은 것이다. 우리의 뇌는 단 한 번만 암기한 것은 단기기억에 저장해 놓지만 이를 반복하기 시작하면 장기기억이 필요한 것으로 인식해 '장기기억'에 저장한다고 한다. 따라서 수능이나 고시같은 큰 시험을 치는 경우에는 더욱 더 벼락치기보다 꾸준히 반복적으로 공부하는 것이 더 큰 효과를 발휘하게 되는 것이다.

사람을 설득하는데 있어서도 단 한 번의 오랜 접촉을 갖기 보다는 짧더라도 잦은 접촉을 하는 것이 더 유리할 수 있다.

그리고 인간은 어떤 정보에 노출되었을 때 익숙해질 시간을 필요로 한다. '익숙화 작업(Familiarization)'이 필요한 것이다. 당신이 만약 에어컨 가게 점원이라면 가게에 들어온 손님에게 뭐라고 말을 걸겠는가? 일반적인 사람들은 "안녕하세요, 손님? 어떤 물건 찾으세요?" "예, 에어컨 좀 보러 왔는데요." "아, 그러세요. 이게 이번에 나온 모델인데 에너지 효율 1등급이라서 전기도 많이 들지 않고 디자인도 아주 예쁘게 나왔습니다."라고 할 것이다. 그러나 이렇게 바로 핵심정보를 이야기하면 사람들은 이를 받아들이는데 어려움을 겪는다고 한다. 따라서 이렇게 바로 제품설명을 하기 보다는 "손님, 날씨가 많이 덥죠? 더운데 오시느라 고생하셨죠?"라고 한담을 던지면서 다가가는 것이 좋다. 이른 바 '군불을 지펴야 하는 것'이다. 본론으로 들어가기 전에 '변죽을 두드리는 것'이다.

미국의 전설적인 토크 쇼 진행자 래리 킹에게 어느 날 한 기자가 물었다. "래리 킹씨 처음 보는 분들하고 그렇게 대화를 잘 하는 방법이 무엇입니까?" 그러자 래리 킹이 그 기자에게 되물었다. "기자 양반, 만약에 당신이 화재현장에 취재를 나갔다면 현장에 있는 소방관에게 무어라고 하시겠습니까?" "그야 물론 화재 원인은 무엇인지, 최초 발화지점은 어디인지, 죽거나 다친 사람은 없는지 등에 대해 물어볼 것입니다."라고 하자, "나 같으면 '아이고 소방관 아저씨, 이렇게 위험하고 힘든 곳에서 벌써 몇 시간째 고생하고 계십니까?'라고 할 겁니다."라고 했다고 한다.

바로 핵심 질문에 들어가지 않고 일단 소방관의 노고를 위로하고 격려하는 것이다. 두말하지 않더라도 이 기자보다는 래리킹 씨에게 소방관이 화재원인이나 피해상황 등을 더 자세하고 친절하게 말해 줄 것이라는 것을 알 수 있다.

07
사업에 실패했다는 이야기를 부모님한테도 못해요...

2014년 봄철 어느 날 오후4시경 대구시에 사는 OO가 경찰청 112센터로 다음과 같은 신고를 한다.

"저랑 대구에서 친하게 지내다 사업이 잘 안 되서 고향인 제주로 내려간 동하(가명)가 전화가 왔는데요 '형~, 나 이제 죽으려고 해. 자동차에 끈을 묶고 내목에 감고 엑셀레이터에 막대기를 꽂아서 차량이 출발하면 나는 목이 메어서 죽을 거야. 그동안 고마웠어.'라고 하는데 정말로 죽을 것 같아보였어요. 동생을 좀 살려주세요"

신고를 받은 112센터는 신고자로부터 자살을 기도하고 있다는 동생의 휴대폰 번호를 파악하여 최종 발신 위치를 확인하였는데, 제주시 OO읍에 있는 야산의 산중턱 부근임을 확인하고 해당 관할 파출소로 출동을 지시하여 112순찰중인 경찰관 김경위와 이경사가 현장출동을 하게 된다.

112 순찰차를 운전 중인 김경위가 조수석에 있는 이경사에게,

이경사 : 김경위님 자살기도자의 휴대폰 발신 위치가 우리가 아무리 빨리 달려도 최소 20분 이상 걸리겠는데 그 시간이면 이미 사망할 것 같은 데 어쩌죠? 자살기도자의 휴대폰으로 경찰이 출동하고 있으니 위치가 어디에 계시는지 물어보는 문자라도 한번 날려서 시간을 끌어 보는 건 어떨까요?

김경위 : 이경사님, 경찰이 출동한다는 문자는 오히려 자살충동을 자극할 수 있습니다. 제가 위기협상 교육에서 배운 것이 몇 가지가 있는데 제가 운전 중이니 제가 불러주는 대로 한 번 문자를 넣어주시면 안될까요?

이경사 : 아, 그러세요? 뭐라고 문자를 넣어드릴까요?

김경위 : 네, 이렇게 넣어주세요. "저는 제주00경찰서 소속 자살예방 전문가 김경위입니다. 많이 힘드신 것 같네요. 제가 선생님을 도와드릴 수 있습니다. 지금 제가 그쪽으로 달려가고 있으니 조금만 참고 기다려 주세요. 라고 넣어주세요.

이경사 : 예, 알겠습니다.

이경사 : (문자전송 후) 그런데 김경위님, 이렇게 문자를 하는 이유가 뭔가요?

김경위 : 예, 사실 자살을 하려는 사람들은 보통 여러 가지 방법으로 자살을 암시하는데 죽으려면 혼자 조용히 죽으면 되지 왜~? 죽음을 굳이 알리는 걸까요? 그건 내가 죽음을 알림으로써 세상 사람들이 나의 힘든 심정을 알아주고 내가 죽지 않도록 어떠한 행동을 해주기 바라는 무의식적인 행동이라고 볼 수 있습니다. 많은 경우에 이런 식으로 죽겠다고 하는 건 뒤집어 생각해보자면 제발 나를 도와 살려달라는 뜻이기도 합니다.

그런데 경찰이 간다고 하면 이것이 범죄일지도 모르고 오히려 붙잡힐지도 모른다는 생각에 극단적인 생각을 해 버릴 수도 있거든요. 그래서 경찰은 경찰인데 자살을 예방해주는 전문 자살예방가라고 말해준다면 자살기도자는 어쩌면 진짜로 나를 도와줄 수 있는 사람일지도 모른다는 생각에 조그마한 희망을 가질 수도 있다는 것이지요. 그래서 자살기도자에게 희망이란 단어로 극단적인 행동을 최대한 연장시키려고 하는 겁니다.

이경사 : 아, 그렇군요. 그나저나 빨리 현장에 도착해야 하는데 아직도 멀었네요.

이 순간에도 112센터에서는 자살기도자의 휴대폰 최종 발신지 위치를 계속해서 추적하고 있었다.

김경위 : (112센터에 무전으로) 현장 도착하였는데 휴대폰 위치 반경이 500미터 이고, 주변이 야산으로 도로가 없으며, 자살기도자의 정확한 위치를 파악할 수 없다. 차량발견이 급선무인데 보이지 않아 일단 112에서 하차하여 도보로 주변을 수색하겠다.

112센터 : 알았다. 자살기도자의 발신위치와 112순찰차량의 위치를 동시 추적하여 거리를 최대한 좁히려고 계산하고 있다. 위치를 실시간으로 알려주겠다.

김경위 : (112순찰차에 탑재된 심장 제세동기를 챙기고) 이경사님, 함께 찾아봅시다.

112센터 : 현재 위치에서 차량이 진입할 수 있을만한 곳은 현장에서 서북쪽 약 300미터 지점이 유력하다. 그쪽을 수색해보길 바란다.

김경위 : 알겠다. (두 사람은 112센터에서 지령한 쪽으로 달려간다.) 자살기도자의 차량 발견, 차량밖에는 사람이 보이지 않음. 탑승해 있을 것 같다. 지금 바로 접근하겠다.

112센터 : 알겠다.

현장에 도착하자 차량문은 닫혀있고 운전석에 자살기도자가 가만히 앉아 있었다.

김경위 : (운전석 유리문을 두드리며) 선생님 괜찮으십니까? 저는 제주00경찰서 자살예방 전문가 김00입니다.

자살기도자 : (아무 말 없이 문을 열지 않는다)

김경위 : 선생님 많이 힘들어서 이러시는 것 같은데요. 저희들이 선생님을 도와드리러 왔습니다. 저희들을 믿고 문을 열어주시겠습니까? 무슨 이유로 이렇게 되었는지 이야기를 들어보고 싶습니다. 저희들은 선생님을 도

와드리러 왔습니다.

자살기도자 : (아무 말 없고 가만히 앉아있다)

김경위 : 제가 선생님의 사연을 들어보고 싶습니다. 제가 도와드릴 수 있는 부분이 있으면 도와드리고 싶은데 이문을 열어도 되겠습니까?

자살기도자 : (뭔가 고민하는 표정을 짓다가 고개를 끄덕거린다)

김경위 : (문을 열고 자살기도자를 차에서 내리게 한 후) 제가 선생님의 휴대폰에 문자를 보냈는데 혹시 보셨는지요?

자살기도자 : (고개를 끄덕거린다)

김경위 : 문자를 보셨군요. 잘하셨습니다. 이렇게 참고 기다려줘서 정말 고맙습니다. 저희들은 이곳에 도착할 때 까지 선생님한테 무슨 일이 일어났을까봐 크게 걱정하면서 왔습니다. 잘 참아주셔서 너무 감사드립니다.

자살기도자 : (조용히 눈물을 흘린다)

김경위 : 무슨 어려움이 있으셨기에 이런 어려운 결정을 하셨는지요?

자살기도자 : 예... (말없이 한참 후) 얼마 전까지 대구에 살았는데... 저는... 대구에서 컴퓨터 사업을... 잘 안돼서... 대출 빚이... 부모님에게 도움을 청했는데 욕만 얻어먹고... 돈은 없고... 너무 힘이 들어서 죽는 수밖에 없다고 생각했는데... 죽기 전에 나를 도와줬던 대구 형이 생각나서 마지막으로...

김경위 : 그랬군요... 정말로 죽고 싶은 심정이었겠네요... 그래도 하늘이 무너져도 솟아 날 구멍이 있다고 하지 않습니까? 제가 도움이 될 수 있는 곳을 알아 볼 테니 저랑 같이 파출소로 가주실 수 있나요? 파출소에는 조사차 가는 것이 아니고요, 선생님의 안전과 허심탄회한 대화를 위해 가는 것이니 부담 갖지 않으셔도 됩니다.

자살기도자 : 예 알겠습니다. 그러면 같이 가겠습니다.

자살기도자와 함께 112순찰차까지 도보로 이동, 차량에 탑승시키고 자살기도자의 차량 내부를 확인하자 나무막대기 한 개와 4-5미터 길이의 로프가 탑재되어 있었다.

김경위 : (112센터로) 자살기도자분은 무사히 구조하여 생명에 지장 없음. 파출소로 모시고 가는 중. 상황은 마감하겠음.
112센터 : 알겠습니다. 상황종료. 수고 많았습니다.

파출소로 돌아오는 112 순찰차 안에서

김경위 : 선생님의 차량은 그냥 이곳에 두고 나중에 다른 분이 와서 찾아갈 수 있도록 조치해도 될까요?
자살기도자 : 그렇게 해 주십시오.

김경위 : 힘드신 와중에도 저희들이 도착할 때 까지 참고 기다려 주셔서 감사드립니다. 너무 잘 하셨어요.
자살기도자 : 제가 고맙습니다. 사실은 문자 보고 놀랐습니다. 죽고 싶은 마음이 었었는데 문자보고 많이 망설였습니다. 그래서 답장 했는데...
이경사 : 김경위님 진짜로 답장이 들어와 있네요?

이경사가 휴대폰을 확인해 보자 "예, 기다려보겠습니다." 라는 자살기도자의 답장이 실제로 전송되어 있었다.

김경위 : 우리가 차에서 내려 정신없이 찾는 사이에 답장을 하셨군요(가벼운 웃음).

두 사람은 파출소에 도착하여 자살기도자의 신분을 확인하고, 동의를 받아 관할 보건소 자살 예방센터에 통보하여 연계 조치하였다. 그리고 또 다시 본인의 동의를 얻어 부모님께 이 사실을 알렸다. 부모님들은 한달음에 파출소로 달려와 아들의 진심을 뒤늦게 알게 되고 적잖이 놀라고 만다. 부모님들은 자살기도자의 빚을 모두 갚아주기로 하셨고 자살기도자도 감사의 뜻을 표하였다.

자살기도자와 부모님이 집으로 돌아간 뒤,

이경사 : 김경위님 오늘 한수 배웠네요
김경위 : 뭐가요?

이경사 : 문자 메시지 하나만으로도 사람을 살릴 수 있다는 것을요(웃음).
김경위 : 네~하지만 오늘 사안은 문자 메시지가 사람을 살린 것이 아닙니다.

이경사 : 아니, 그럼 뭐가 살린 거죠?
김경위 : 진짜로 중요한 것은 우리가 그 사람을 살리겠다는 우리의 의지를 보여줘야 하는 것이라고 생각합니다. 자살을 택한 사람은 생각의 폭이 짧아지기 때문에 경계심 또한 강해진다고 합니다.
그런 어려운 그 사람의 마음속에 우리가 진심으로 당신을 꼭 살리겠다는 마음을 전달할 수만 있다면 그 사람의 마음속에는 살아야 하겠다는 희망이 생기고 이로써 극단적인 행동을 하지 못하도록 만들 수 있는 것이지요.

이경사 : 아, 그렇군요. 역시 위기협상 교육을 받으시더니 전문가가 되셨네(웃음).
김경위 : 그러게요. 저도 이 교육을 안 받았더라면 오늘 같은 내용의 문자메시지를 보낼 수 없었을 것입니다. 아마도 우리가 보낸 문자메시지에서 우리의 진심을 읽었나 보네요.
그리고 저의 의도는 제가 단순 경찰이 아닌 공신력이 있는 자살예방 전문가가 당신을 도와줄 수 있다는 단어를 보여줌으로써 자살기도자로 하여금 마음속에 희망을 불러일으키게 유도해서 시간을 연장하고자 함이었는데 제대로 잘 된 것 같아 저도 보람을 느낍니다.

이경사 : 위기협상교육을 저도 꼭 받아봐야 하겠네요.

김경위 : 사실, 제가 이곳에 부임하기 전 근무지에서 자살기도자가 옥상에 올라가서 자살을 기도한 사건이 있는데 그곳에 제가 출동한 적이 있었습니다. 근데 저는 그 사람을 살려보려고 조심히 다가서는데 그 사람이 저보고 "가까이 오면 떨어져 죽어버리겠다. 저리로 가라"고 하자 저는 '예, 알겠습니다.'하고 지상으로 내려왔는데 잠시 후에 그 자살기도자가 바로

제 앞에서 떨어져서 사망하였습니다. 그때 저는 '도대체 나는 뭔가? 경찰이 맞는가? 나의 능력은 이것뿐인가?' 라는 생각에 상당한 죄책감과 트라우마에 시달렸습니다. 심지어는 그 사건이 있던 지역은 가고 싶지도 않았고요. 너무 힘들었었습니다.

그런데 위기협상교육과정이 있다는 말에 당장 지원해서 교육을 받았고 그때야 내가 이런 상황에서 무엇을 해야 하는지를 깨닫게 됐어요. 오늘 상황은 제가 위기협상교육에서 받은 교육내용과 위기협상론에 서술된 지식대로 한 것입니다.

하지만 오늘은 제가 사람을 살렸다는 그러한 보람보다는 저의 마음속에 깊게 자리 잡고 있던 트라우마가 이제 치유되고 있음을 느끼고 제 스스로 트라우마를 치료할 수 있다는 생각이 듭니다. 이젠 그 사람이 떨어져 죽어버린 그 동네에도 갈수 있을 것 같아요. 위기협상 교육을 받을 수 있는 기회가 주어진다면 이경사님도 주저하지 마시고 교육받으시길 강력 추천 드리고 싶네요(웃음)...

협상심리 백과사전

긍정성

마델런 비신테이너는 자율 통제와 무력감이 건강에 미치는 영향에 대해 연구하였다. 그녀는 쥐를 세 그룹으로 나누어서 첫 번째 그룹에게는 쉽게 피할 수 있는 충격을 주고, 두 번째 그룹에게는 쉽게 피할 수 없는 충격을 주고, 세 번째 그룹에게는 전혀 충격을 주지 않았다. 그녀는 이 실험 전에 쥐들에게 종양 세포를 주입하였는데 정상적인 상황에서 50%의 쥐들이 종양을 이겨낼 수 있도록 적당한 양의 종양을 이식했다.

이 실험에서 쥐들은 다른 조건은 다 동일하고 심리적인 상태만 다르도록 했다. 첫 번째는 자율적인 통제방법을 익힐 수 있었고 두 번째 그룹은 숙달된 무력감을 갖게 되었고 마지막 그룹은 아무런 심리적 변화가 없었다.

실험을 시작한지 한 달 만에 충격이 없는 쥐의 50%가 죽고 나머지 50%는 종양을 이겨냈다. 이것은 정상적인 분포였다. 그러나 쉽게 이겨낼 수 있는 충격을 받은 쥐들은 단지 27%만이 종양을 이겨냈다.

우리들의 신체에는 외부에서 들어오는 질병에 대해 세포가 거부 반응을 나타내도록 하는 면역체계가 있는데 이 면역체계가 바이러스나 박테리아 같은 외부의 침입자를 찾아내어 죽이는 것이다. 이 중 하나가 T-세포인데 홍역 같은 침입자를 발견하면 엄청난 속도로 증식하여 침입자들을 처치한다. 그리고 NK 세포라는 것도 있는데 이 세포도 외부의 침입자를 죽이는 역할을 수행한다.

마델런 비신테이너는 피할 수 없는 충격으로 무기력해진 쥐들의 면역체계가 약화된 것을 발견했다. 무기력해진 쥐들에게서 피를 뽑아 살펴보니 T-세포와 NK세포의 숫자가 크게 줄어 있었던 것이다.

영국의 국립암연구소에서는 재발한 암으로 투병하는 35명을 상대로 연구를 실시하였다. 연구자들은 이들에 대해 CAVE기법을 이용하여 각자의 낙관성을 조사, 분석하였다. 유방암이 재발하면 오래 생존하기 힘든데 이들 중 몇 명은 오래도록 살아남았는데 이 사람들은 삶에 대해 큰 기쁨을 가지고 있고 낙관적인 언어 습관을 가진 사람들이었다. 질병이 얼마나 심각한가와 상관없이 낙관적인 사람들은 질병을 이겨내고 장수하는 것으로 드러났다.

오스트레일리아에서는 자신의 아내를 질병이나 사고로 잃은 남자 26명을 상대로 연구를 실시하였다. 이들은 남편들을 설득해 두 차례 채혈을 하였는데 첫 번째는 아내가 사망하고 첫 주 이내에 채혈하였고 두 번째는 6주 후에 하였다. 이를 통해 연구자들은 슬픔이 면역체계에 어떤 영향을 주는지 알고자 하였다. 분석 결과 T-세포는 큰일을 당한 초기에는 급격히 감소하였다가 시간이 흐르면서 서서히 회복되는 모습을 보여주었다. 이를 통해 슬픈 일을 겪으면 사람들이 왜 앓아눕게 되는지를 과학적으로 이해할 수 있게 되었다.

이 연구 이후에 미국에서도 우울증이나 나쁜 일을 겪은 여성들의 피 속에서 T-세포와 NK세포의 활동이 크게 줄어든 것을 발견하였다. 우울증이 심하거나 큰 슬픔을 겪은 여성들은 면역체계가 크게 손상된 것이다.

1996년에 진행된 한 연구에 의하면 심장마비를 겪은 뒤에 재활 프로그램을 수행하고 있던 일군의 환자들을 조사하였는데, 낙관주의자들은 운동을 더 많이 하고 체지방 수준을 낮춰 심장병에 걸릴 위험을 낮추는 것을 알아냈다. 이들은 저지방식사를 하고 비타민을 챙겨먹을 가능성이 더 높았고 그에 따라 더 오래 살았다.

반면 비관주의자들은 더 일찍 죽었는데 1,000명의 건강한 사람을 50년간 추적 조사한 결과 비관주의자들은 낙관주의자들보다 일찍 죽을 가능성이 컸다. 비관주의자들은 교통사고, 익사, 산업재해, 살인 등으로 삶을 마치는 경우가 많았다. 이에 비해 낙관주의자들은 유산, 암, 에이즈, 학업 스트레스 등에 대해 덜 불안해하고 더 잘 대처했다. 이들은 돈도 더 많이 벌었는데 낙관주의 척도 상 점수가 1점만 높아도 연간 33,000달러를 더 벌었다. 긍정성은 사람들로 하여금 희망을 품고 열심히 노력하여 앞으로 나아가게 만들고 이것이 결국 성공으로 이끌게 되는 것이라고 할 수 있다.

미국의 윌리엄 T 그랜트 재단은 건강한 사람들을 상대로 그들의 성년기 전체의 삶에 대해 조사하기로 했다. 이들은 하버드 신입생 중 신체적으로 건강하고 지적으로 재능 있는 학생 200명을 선발하여 이들을 50년간 추적 조사하였다. 이들은 50년간 매년 꼼꼼한 신체검사를 받고 정기적으로 면담을 하고 긴 설문지도 작성하였다.

연구결과 20대에 부를 누린다고 해서 그것이 반드시 그들의 인생에 건강이나 성공을 가져다주는 것은 아니라는 사실이 드러났다.

이들 학생들에게는 늘 좋은 일만 생긴 것이 아니라 나쁜 일도 생겼다. 어떤 사람은 사업이나 결혼에 실패하기도 하고 심장마비나 알코올 중독, 자살 또는 암살 등의 비극적인 상황을 맞기도 했다. 그런데 이렇게 인생에서 발생하는 불행한 일들에 대해 학생들은 반응은 서로 달랐다. 어떤 사람들은 이에 대해 부정이나 투사와 같은 '미성숙한 방어기제'를 사용하였고 어떤 사람들은 유머, 이타심이나 승화와 같은 '성숙한 방어기제'를 사용한 것이다.

20대 초반에 성숙한 방어기제를 사용한 사람들은 훨씬 성공적이고 건강한 삶을 유지했고 60대가 되어서도 만성병을 가지고 있는 사람이 아무도 없었다. 이에 반해 미성숙한 방어기제를 사용한 사람들의 1/3이 60대까지 건강이 나빠서 고생하고 있었다.

조지 발리앙은 바로 이 '방어'라는 개념을 제시하였는데 우리의 인생에서 나쁜 일이 생기지 않도록 막는 것이 중요한 것이 아니라 - 그런 일은 가능하지도 않지만 - 나쁜 일이 생겼을 때 어떻게 '방어'하느냐에 인생의 성패가 달려 있다고 한다. 그리고 이러한 방어에 있어서 우리가 가지고 있는 '언어 습관'이 중요한 방어 행동 중의 하나라고 한다.

미성숙한 방어는 예를 들어, '선장이라는 인간이 멍청하니까 배가 좌초하지.' '난 원래 재수가 없어.' '내가 하는 일이 그렇지 뭐...' 등의 비관적인 말을 하는 것이다.

비관적인 언어 습관을 가진 사람들은 우울증에 빠지기도 쉬운데 우울증은 카테콜아민 결핍을 가져오고 엔돌핀의 분비를 촉진시킨다. 엔돌핀이 증가하면 면역체계의 활동이 약화되게 된다. 면역체계 활동이 줄어들면 병원균을 억제하기 어렵게 되고 그러면 질병에 걸릴 확률과 이에 따라 사망할 위험이 커지는 것이다.

결국 상실 - 비관 - 카테콜아민 결핍 - 엔돌핀 증가 - 면역 작용 저하 - 질병 발생 의 악순환의 고리가 작동하게 되는 것이다. 이에 대해서는 위에서 살펴본 바와 같이 많은 과학적 증거가 존재한다.

1996년 한 연구팀은 핀란드 사람 2000명을 상대로 건강한 생각과 수명 사이의 연광성에 대해 조사했다. 연구팀은 실험대상자들을 3그룹으로 나누어 미래가 황폐하리라는 예상을 하는 '비관적' 그룹과 긍정적으로 예상하는 '낙관적' 그룹, 그리고 중립적인 그룹으로 구분하였다. 그런 다음 이 그룹들을 6년간 추적 조사한 결과 비관적인 그룹은 중립적 그룹보다 암, 심혈관 질환, 사고 등으로 사망하는 경우가 훨씬 많았고 낙관적 그룹은 이 두 집단보다 사망률이 훨씬 낮았다고 한다.

이는 동양 철학에서 주장하는 바와 일맥상통하는 연구결과라고 할 수 있다. 동양철학에서 말하는 사주라는 것이 결국 사람의 성격이고 그 성격이 운명을 결정한다는 것이다.

켄터키 대학의 데보라 대너(Deborah Danner) 교수는 200명의 수녀들을 상대로 긍정성과 건강과의 상관관계를 연구했다. 데보라는 미국의 노터데임 수녀회에 들어오는 모든 여성에게 자신의 삶에 대한 진술서를 쓰게 했다. 데보라는 1970년대 중반에 수녀회에 들어온 수녀들의 진술 180여건을 분석하여 '사랑' '만족' '환희'와 같은 긍정적인 감정을 표현하는 단어들이 나오는 횟수를 셋다. 그랬더니 긍정적인 단어를 더 많이 사용한 수녀들이 그렇지 않은 수녀들에 비해 10년 정도 더 오래 살았다는 것을 밝혀냈다.

그리고 1950년대 후반에 한 연구팀은 캘리포니아 오클랜드에 위치한 밀스 여자대학의 4학년생 150명의 인생을 추적 연구하였다. 이들은 학생들에게 졸업 후 50년 동안 학생들의 건강, 결혼생활, 직장생활과 행복도 등을 지속적으로 보고하도록 했다. 그 결과 졸업 사진에서 진심으로 행복한 미소를 짓고 있던 학생들은 평생 동안 결혼관계를 유지하고 더 행복하고 건강하게 살 가능성이 더 높은 것으로 나타났다.

Part 2. 스토리로 읽는 위기 협상 이야기 (외국편)

01
뮌헨 인질 사건

1972년 9월 5일, 지구촌 스포츠 축제인 올림픽이 독일 뮌헨에서 개최되고 있었다. 세계 각국에서 많은 선수들이 참가하였는데, 특히 이스라엘 선수들의 참가는 이 대회를 더욱 뜻 깊게 만들고 있었다. 왜냐하면 히틀러에 의해 600만 명이 살해되었던 독일 땅에서 개최되는 올림픽에 유대인 선수들이 참가한다는 것이야말로 올림픽 정신을 그대로 보여주는 것이었기 때문이었다.

이스라엘 선수들은 선수촌 가장자리에 있는 코놀리 스트라세 31동에 머물게 되었다. 선수촌 안은 화기애애하고 평화로웠지만 바깥세상은 갈등과 분쟁이 계속되고 있었다. 테러범들은 곳곳에서 테러를 자행하였고 그중에서도 팔레스타인 무장단체인 '검은 9월단(Black September)' 이 특히 활발하게 활동하고 있었다. 이들은 지난 해 요르단 수상을 암살하였고, 이스라엘로 향하던 항공기를 납치하기도 했다.

검은 9월단의 이스라엘 선수촌 인질사건을 목격한 사람 중에는 노련한 종신기자 제럴드 시모어도 있었다. 시모어는 주로 분쟁지역을 돌아다니면서 위험한 지역에서의 취재를 전문으로 하였는데 이번에는 뮌헨 올림픽 게임을 취재하고 있었다. 잔혹한 테러와 분쟁의 현장을 누비던 그에게는 올림픽을 취재하는 것이 마치 휴가와도 같았다.

9월 5일 월요일 새벽 4시, 복면을 한 일단의 무장 괴한들이 올림픽 선수촌에 난입한다. 이들은 코놀리 스트라세 31동으로 가서 이스라엘 선수들의 침실에 난입한다. 이들은 이스라엘 선수들을 인질로 잡는 과정에서 역도 선수인 요제프 로마노와 레슬링 코치인 모세 와인버그를 사살하고, 와인버그의 시체를 건물 밖에다 내다 버린다. 이들은 9명의 이스라엘 선수들을 인질로 잡았다.

05시 30분, 한 경찰관이 31동 밖에서 와인버그의 시신을 발견하고 경보를 울린다. 경찰관들은 시신을 수습하다가 건물 안에 있는 복면을 한 무장 괴한을 발견한다. 놀란 경찰관들은 뮌헨 경찰서장 만프레트 슈라이버에게 이 사실을 보고한다. 47세의 슈라이버는 타협을 모르는 강경한 성격으로 유명하였고, 범죄자들을 반드시 체포하는 그를 부하 직원들은 '보안관'이라고 불렀다.

올림픽 위원회는 즉시 사태 수습을 위한 위원회를 조직하였다.

06시, 테러범들의 요구사항이 담긴 종이 2장이 이스라엘 선수단 숙소의 창문에서 떨어졌다. 첫 장에서 그들은 자신들이 '검은 9월단'이라고 밝혔다. 그리고 다음 장에는 이스라엘에 수감된 팔레스타인 사람 234명을 3시간 후인 9시까지 석방할 것을 이스라엘 정부에 요구하면서 만약 이를 거부하면 더 많은 인질들을 죽일 것이라고 협박하였다. 이에 슈라이버 서장은 즉시 이스라엘 총리 메이어와 직통 전화를 연결하였다.

06시 20분 이스라엘 선수촌 테러사태는 TV를 통해 전 세계에 방송되었다.

07시 10분, 경찰은 31동 1층 침실에 이스라엘 선수 9명이 인질로 잡혀 있다는 걸 알아냈다. 하지만 경찰은 테러범이 몇 명인지는 알아내지 못하였다.

슈라이버는 메이어 총리의 답변을 기다렸지만 메이어는 내각을 소집해야 한다고 하였고 그러기에는 시간이 너무 촉박하였다.

08시 45분, 테러범들은 15분 후에 인질 1명을 추가 사살하겠다고 위협하였고, 슈라이버는 협상을 시도해야 했다. 그는 대회 임원 2명과 함께 31동으로 향했다. 그러자 테러범 한 명이 건물 밖으로 나왔다. 그는 사파리 복장을 하고 얼굴을 검게 칠하고 있었다. 그는 우스꽝스러운 겉모습과 달리 자신감에 차 있었다. 그는 자신을 '이사'라고 소개했고 자신이 조직의 우두머리라고 말하였다. 사실 그의 본명은 '루티크 아피트'였고 35살의 나사렛 출신이었다. 그의 형제 3명도 검은 9월단 소속이었고 2명은 이스라엘 교도소에 있었다. 최종시한을 코앞에 둔 상황에서 슈라이버는 이사를 설득하여 시간을 벌어야 했다.

슈라이버는 이사에게 시간이 더 필요하다고 했고, 이사는 이에 동의하여 최종 시한을 12시로 늦추어 주면서 그 대신 12시에 선수 2명을 추가로 처형하겠다고 하였다.

이즈음 현장에는 기자 4천명과 방송 인력 2천명이 운집하였다.

11시, 올림픽 위원회는 국제적인 압력이 거세지자 모든 경기들은 중단되고 올림픽이 무산될 위기에 빠졌다. 상황이 이렇게 되자 슈라이버 서장은 더 큰 부담을 안게 되었다. 그는 이제 이스라엘 선수들뿐만 아니라 뮌헨 올림픽도 구해야 했다.

11시 15분, 오랜 기다림 끝에 마침내 이스라엘의 답변이 다음과 같이 전달되었다.

"이스라엘은 테러에 굴복하지 않을 것이며 팔레스타인 포로는 단 한 명도 석방하지 않을 것이다."

이스라엘이 이렇듯 강경한 태도를 취하자 슈라이버 서장도 무력진압을 하는 방법 외에는 다른 방법이 없었다. 하지만 공격을 하려면 중요한 정보가 필요했다. 그는 31동에 몇 명의 테러범들이 있는지 파악해야 했고, 특공대가 준비하기 위해 시간도 더 벌어야 했다.

11시 45분, 15분 후면 테러범들이 2명의 선수들을 더 총살할 것이다. 슈라이버 서장은 더 이상 협상할 카드가 없었기 때문에 위험천만한 도박으로 이사를 속이기로 한다.

슈라이버 서장은 이사에게 이스라엘이 협조적이라고 이야기한다. 이사가 슈라이버 서장의 말을 믿을 것인가? 초조한 시간이 흘러갔고 도박은 성공한다. 12시가 되어도 총성은 들리지 않았고 인질은 처형되지 않았다. 슈라이버는 이렇게 이사를 속이며 오후 동안 몇 번의 최종 시한을 무사히 넘긴다. 하지만 슈라이버 서장은 오후 5시가 될 때까지 테러범의 정확한 숫자를 파악하지 못한다.

그러다 마침내 기회가 찾아왔다. 그는 이사에게 대회 임원 2명이 들어가 인질들의 안위를 확인하겠다고 설득했다. 이사는 이를 받아들였다. 이들 임원 중 한명은 발터 트뢰거였다. 그는 인질범들이 있는 곳으로 갔는데 눈앞에 펼쳐진 참혹한 광경에 아연실색하고 말았다. 방바닥에는 피범벅이 된 시신이 누워 있었다. 천으로 엉성하게 덮어 놓았지만 시신이라는 것을 금방 알 수 있었다. 벽도 온통 피 투성이였다.

나머지 9명의 인질들은 겁에 질려 있었고, 자신들도 이곳을 무사히 빠져나가는 것이 거의 불가능하리라고 생각하고 있었다. 슈라이버 서장은 트뢰거에게 중요한 임무를 맡겼다. 그것은 바로 테러범의 숫자를 세는 것이었다. 트뢰거는 인질들이 있는 방에 들어가면서 4명의 무장 괴한들을 보았는데, 다른 방에 한 명 정도 더 있는 것 같아 보였다. 마침내 슈라이버 서장은 테러범이 5명이라는 것을 알아낸다.

그는 즉시 무장 경찰관들을 31동 옥상으로 투입한다. 그런데 무장경찰들이 배치되자 테러범들도 낌새를 알아차린다. 이 때 슈라이버 서장은 명령을 내렸다. 그런데 놀랍게도 그것은 철수하라는 명령이었다.

오후 5시 10분, 사건은 새로운 국면을 맞는다. 이사는 자신들과 인질이 이집트 카이로로 갈 수 있는 비행기를 요구한다. 지난 11시간 동안 엄청난 스트레스를 받았던 슈라이버 서장은 이제 상황을 올림픽 선수촌 바깥으로 옮길 수 있는 기회를 얻는다. 그리하여 슈라이버 서장은 이사의 요구를 받아들인다.

밤 10시 버스 1대가 31동 지하 주차장으로 들어와 주차한다. 잠시 후 버스는 인질들과 테러범들을 태우고 200m 떨어진 곳에 있는 헬기 2대로 향한다. 헬기는 뮌헨 서쪽 25km 지점의 퍼스텐펠트브루크 군 공항으로 이들을 이송할 것이다. 이곳에는 이들을 카이로로 데려갈 보잉 727기가 기다리고 있다.

헬기가 인질범들과 테러범을 태우고 날아가자 언론 기자들과 군중들이 모여들었는데 그 중에는 시모어도 있었다. 군중들은 마치 큰 구경거리라도 난 것처럼 모여 들어서 비행기가 카이로로 날아가는 모습을 보려고 했다. 하지만 이들은 슈라이버 서장이 테러범들을 순순히 놓아 줄 생각이 없다는 것을 알지 못했다.

슈라이버 서장은 공항에 함정을 설치하였다. 저격수 5명을 이곳에 미리 배치하였는데 3명은 관제탑에 2명은 약 70m 떨어진 활주로에 배치하였다. 헬기가 도착하면 미리 약속한 대로 이사와 그의 부관이 보잉 727기를 점검할 것이다. 하지만 승무원들은 무장 경찰관들이었고 이사와 부관이 탑승할 때 사살할 계획이었다. 그리고 저격수들은 나머지 테러범들을 저격할 것이다.

밤 10시 30분, 드디어 헬기가 도착한다. 이윽고 이사와 그의 부관이 비행기에 올라가는 듯하다가 바로 다시 내려온다. 3번 저격수는 이사를 조준하고 사격명령을 기다리고 있었다. 명령이 내려지고 3번 저격수는 이사를 향해 발포하였지만 빗나가고, 테러범과 경찰관들이 서로 응사하면서 현장은 곧바로 전쟁터로 변한다. 헬기 안에 결박되어 있는 선수들은 총에 맞지 않고 무사하기만을 바라고 있었다.

공항 서쪽에서 독일 경찰은 이스라엘 인질들의 구출을 시도한다. 이들은 약 30분간 테러범들과 격렬한 총격전을 벌였다. 모든 사람들이 무사하다는 것이다.

11시, 모든 총성이 멈췄다. 그리고 출입문 바깥에서 기다리고 있던 시모어 기자와 취재진들에게 극적인 소식이 전달된다. 인질들이 모두 무사히 구출되었다는 소식은 전 세계로 전달되었다. 뉴스를 접하고 있던 사람들은 안도의 한숨을 내 쉬었다. 인질들의 가족들에게도 축하인사가 쇄도했다.

12시 시모어는 무장경찰을 태운 수송차량 4대가 공항으로 진입하는 것을 목격한다. 이윽고 그는 총성이 더 울리는 것을 들었고 2번의 거대한 폭발음이 울리는 것도 들었다. 장갑차가 되돌아오는 것을 보았을 때 시모어는 희소식이 너무 성급하게 전달되었다는 것을 깨달았다.

잠시 후 거대한 정문이 열리고 젊은 경찰관의 얼굴이 보였는데 그의 뺨에 흐르는 눈물이 조명에 반짝이고 있었다. 그제야 시모어는 모든 것이 잘못 되었다는 것을 알아 차렸다. 하지만 오랜 시간이 흐르도록 당국은 정확한 피해규모를 발표하지 않고 있었다.

새벽 3시 17분, 마침내 기자들은 정확한 피해규모를 알게 된다. 뮌헨 올림픽 선수촌에서 인질로 잡힌 이스라엘 선수들은 모두 사망하였던 것이다. 인질구출소식에 기뻐하던 가족들의 희망이 비통함으로 바뀌었다.

가족들은 왜 작전이 이렇게 실패했고 왜 모든 인질들이 죽임을 당했는지 알고 싶어 했지만 당국은 자세한 내막에 대해 아무런 발표를 하지 않았고 중요한 증인들도 함구하였기 때문에 공항에서의 구출작전에서 정확히 무슨 일이 있었는지는 알 길이 없었다.

숨진 이스라엘 선수의 부인인 앵키 스피츠는 독일 정부에 20년간 공식 보고서의 열람을 요청했지만 거부당하였다. 그러던 1990년대 초 익명의 관계자가 정부 보고서를 보내주기 시작했고, 앵키는 마침내 총 3,800개의 보고서 전체를 확보하였다.

앵키는 보고서를 분석하고 진상을 규명하기 위해 전문가에게 뮌헨 사건의 분석을 의뢰한다. 리로이 톰슨은 인질극 전문가이다. 그는 육군 장교 출신으로 보안 관련 서적 30권을 출간하였고, 아테네와 바르셀로나 올림픽에서 보안 자문을 맡았다.

리로이는 전문가로서 뮌헨 참사에 개인적으로도 많은 관심을 가지고 있었다. 그가 품은 첫 번째 의문점은 무장 테러범이 어떻게 선수촌에 침입했느냐 하는 것이었다. 그의 경험으로 볼 때 올림픽은 가장 경비가 삼엄한 스포츠 행사이다. 공식보고서에 의하면 보안요원 2,000명이 동원되었고, 선수촌 전체가 2m 높이의 철책으로 둘러싸여 있었다. 만약 이것이 사실이라면 테러범들은 어떻게 그렇게 쉽게 선수촌으로 침입하였을까?

리로이는 올림픽 조직위원이었던 발터 트뢰거를 찾아갔다. 퇴뢰거는 보고서 상에서 선수촌 보안은 훌륭한 것 같았지만 실제로는 의도적으로 경비를 느슨하게 했다고 한다. 트뢰거는 당시 기본 보안 정책이 무기 노출을 하지 않는 것이었으며, 보안요원들도 민간인 복장으로 무기 없이 경비를 서도록 하였다고 말했다. 왜냐하면 독일은 전 세계인에게 평화로운 독일로 보이고 싶었기 때문이었다.

이 대목은 다른 사람들이 이런 참사가 벌어지고 나서 왜 보안을 그렇게 느슨하게 했느냐는 비난을 할지는 몰라도 독일의 입장에서 생각하면 충분히 이해가 되는 부분이다. 독일은 히틀러에 의해 2차 세계대전을 일으키고 수많은 유대인을 학살하여 전 세계의 지탄을 받고 있었기 때문에 이번 기회를 통해 모든 발톱을 숨기고 웃는 얼굴만을 전 세계에 보여 주고 싶었을 것이다.

시모어 기자도 당시 보안 상태에 대해 같은 이야기를 하였다. 모든 것이 허용되고 모든 시설은 개방되어 있었으며 독일인들은 매우 우호적이었다고 한다. 그 결과 선수촌은 완전히 개방되어 있었고 사실상 보안이라는 것은 존재하지 않았다고 한다.

이렇게 하여 테러범들이 선수촌으로 쉽게 진입할 수 있었는데 테러범들은 이스라엘 선수들이 묵고 있는 숙소의 정확한 위치를 어떻게 알아냈을까? 선수촌 건물들은 마치 미로처럼 복잡한 구조로 되어 있어 누군가가 정확한 정보를 주지 않으면 한 밤중에 정확하게 이스라엘 선수촌을 찾아 간다는 것은 쉬운 일이 아니었을 것이다. 톰슨은 기밀보고서를 면밀히 검토하여 대회 몇 주 전 테러범의 두목인 이사와 그의 부관이 선수촌 건설 인부로 고용되었던 사실을 발견하였다. 테러범들은 이렇게 하여 사전에 치밀한 계획을 세울 수 있었던 것이다.

리로이의 다음 의문점은 사건이 발생한 이후의 독일 정부의 대응이다. 사건이 발생하자 독일 정부는 위기대응위원회를 구성하였다. 톰슨은 이 위원회에 어떤 사람들로 구성되어 있었는지를 살펴보았다. 이 위원회는 주요의사결정권자 3명으로 구성되어 있었는데, 바이에른 주 내무장관 브루노 메르크, 서독 내무 장관 한스 디트리히 겐셔와 뮌헨 경찰 서장 만프레트 슈라이버였다. 리로이는 이 구성에 대해 적잖이 실망한다.

 정치인 2명에 경찰 1명이라니... 정치인들은 주로 재선에 관심이 있기 때문에 국민들에게 좋은 모습을 보여주는 데만 신경 쓰지 정말 어려운 결정을 내려야 할 때 비난을 받더라도 그러한 결정을 내리는 일과는 동떨어진 사람들이었기 때문이다. 오직 슈라이버만이 이런 일에 경험이 있는 사람이었다. 그런데 리로이는 슈라이버 서장이 이런 분야에 경험은 있었지만 중대한 실수를 여러 차례 범했다는 것을 발견한다.

 리로이는 슈라이버 서장이 놓친 것 중에 첫 번째로 테러범들이 모두 복면을 했다는 점을 지적했다. 이것은 테러범들이 모두 생존 의지가 있음을 분명하게 보여주는 것이다. 만일 테러범들이 죽을 생각이라면 굳이 위장을 할 필요는 없기 때문이다. 이것은 테러범들이 협상에 임할 가능성이 높으며 협상에 있어서도 경찰 측 요구사항에 동의하거나 양보를 할 가능성이 충분히 있음을 보여주는 것으로 협상팀에게 있어서는 매우 중요한 정보가 된다.

 리로이는 두 번째로 테러범들이 AK-47로 무장하고 있었다는 것을 알아냈다. 리로이는 중동지역의 무장 세력들이 항상 안전장치를 잠그도록 훈련받는 것을 알고 있었는데 AK-47은 다른 총과 달리 안전장치를 푸는데 2-3초 정도의 시간이 더 걸렸다. 만약 슈라이버 서장이 이점을 파악하고 있었다면 테러범을 진압하는데 큰 도움이 되었을 것이다. 전투에서 2-3초는 목숨을 좌우할 수 있는 시간이기 때문이다.

다음으로 리로이는 슈라이버가 취재진과 구경꾼들을 현장에서 멀리 이동시키지 않은 점을 지적했다. 왜냐하면 차단과 격리는 인질극을 다룰 때 가장 먼저 취해야 하는 조치이기 때문이다. 왜냐하면 인질범들이 흥분하여 일반 시민들을 향해 총을 난사할 수도 있고, 인질범들과 경찰이 총격전을 벌이게 되면 구경하던 사람들이 비산하는 총알에 맞을 수도 있기 때문에 피해범위가 크게 확산될 수 있기 때문이다. 따라서 인질상황이 발생하면 가장 먼저 해야 하는 것이 현장을 차단하고 일반인과 현장을 격리하는 것이다.

리로이는 또 31동에서 무력진압을 시도하기 위해 경찰관들이 옥상에 배치되는 영상을 살펴보았는데 이들의 움직임은 이런 종류의 진압을 하기 위해 훈련을 받은 사람들의 모습이 아니었다. 그들은 은폐·엄폐물을 활용할 줄도 몰랐고 총기를 잘 다루지도 못 했으며 움직임도 기민하지 못했다.

리로이는 당시에 옥상에 올라갔던 공격조 13명 중의 한 명인 하인즈 호혜신을 만나 당시 공격조가 특공대가 아니라 일반 경찰들이었다는 것을 알아냈다. 왜냐하면 당시 독일 경찰에는 대테러 특공대가 없었기 때문에 이들 말고는 달리 투입할 사람이 없었던 것이다.

그런데 그나마도 투입되었던 공격팀을 철수하게 만들었는데 왜냐하면 슈라이버가 테러범들이 경찰의 움직임을 알아차리고 있다는 것을 발견하였기 때문이다. 테러범들은 방송으로 실시간 중계되는 공격팀의 배치과정을 모두 TV로 보고 있었던 것이다. 결국 슈라이버는 공격을 취소했고 공격팀은 안도의 한숨을 내쉴 수 있었지만 언론을 통제하지 못한 것도 슈라이버의 치명적인 실수 중 하나였다.

리로이는 슈라이버가 이번 사건을 다루면서 여러 가지 실수를 한 것을 알아내고는 슈라이버라는 인물에 대해 좀 더 조사해 볼 필요성을 느꼈다. 그러던 중 그는 뮌헨의 한 일간지 자료실에서 슈라이버에 관한 기록을 찾았다. 1971년 8월, 올림픽이 열리기 1년 전에 슈라이버는 또 다른 인질극에서 중요한 역할을 맡았다.

2명의 무장 은행강도가 17명의 사람들을 인질로 잡았는데 한참동안의 대치 끝에 저격수에게 발포를 명령했고, 강도 한 명을 맞추었으나 중상을 입히지는 못하였다. 결국 그 강도는 여성 인질 1명을 사살하였다. 슈라이버는 과실치사로 기소되었고 4개월 후 기소는 취소되었지만 리로이는 이 사건이 슈라이버의 판단력에 심대한 영향을 미쳤을 것으로 보았다. 그래서 31동에서 무력 진압을 할 수 있는 결정적인 기회가 왔을 때 결단을 내리지 못하고 물러섰을 것으로 보았다.

결과적으로 9명의 인질의 생명은 2명의 정치인과 1명의 나약해진 경찰서장의 손에 달려 있게 되었다.

리로이의 분석은 이제 퍼스텐펠트부르크 공항으로 넘어간다. 참사현장에서 리로이가 품은 첫 번째 궁금증은 왜 저격수들이 그들의 임무를 제대로 수행하지 못 했는가 이다. 왜냐하면 2차 세계대전 당시 독일 저격병들은 그 정확성으로 인해 적들의 두려움의 대상이었기 때문이었다. 뮌헨 사건이 발생했을 때 이 유능한 저격병들은 어디에 있었던 것일까?

경찰에서는 인질범이 5명이라는 첩보에 근거하여 저격수 5명을 배치했다. 1번 저격수는 헬기 착륙지점에서 50여 미터 떨어진 곳에 있는 낮은 담 뒤에, 2번 저격수는 군용트럭 뒤에, 3·4·5번 저격수는 관제탑에 배치되었다. 우선 이사와 그의 부관이 항공기에 오르게 되면 승무원으로 가장하고 있던 경찰관들은 그들을 사살하고 헬기에 있는 나머지 3명은 저격수들이 사살하기로 계획되어 있었다.

그런데 항공기에 먼저 타고 있던 무장 경찰관들은 이사와 그의 부관을 항공기에서 사살하는 것이 옳은 결정인지를 놓고 격론을 벌이고 있었다. 당시 항공기에 타고 있었던 경찰관, 하인즈는 이 작전이 자살행위라고 생각했다. 그는 연료가 가득 든 비행기 근처에서 테러범들이 수류탄을 터뜨린다면 모두 죽음을 면치 못하리라고 생각했다고 한다. 결국 이들은 거수투표로 작전포기를 결정하고 만다.

이들의 결정은 이번 작전이 실패로 돌아가는데 결정적인 역할을 하였다. 군사작전에서 지휘부에서 일단 어떤 결정이 내려지고 이것이 전투요원들에게 하달이 되면 그것이 좋은 결정인지 아닌지를 전투요원이 판단을 하여 자체적으로 그 결정을 뒤집는 행위를 하여서는 절대 안 된다는 것은 상식이다. 그렇기 때문에 명령체계가 존재하는 것이다. 누군가는 어려운 결정을 하여야 하고 구성원들이 일사분란하게 이를 따라야만 작전이 성공할 수 있는 것이다. 만약 한 조직의 모든 구성원들이 독자적으로 결정권을 행사할 수 있다면 그 조직은 일관된 방향으로 행동할 수 없게 되고 그것이 전투상황이라면 참담한 결과로 이어질 수밖에 없는 것이다. 그것도 계획을 논의하는 단계가 아니고 마지막 실행단계에 와서 이를 뒤집는다는 것은 더구나 있을 수 없는 일이다. 하지만 이들은 결국 너무나 어처구니없는 행동을 하고 말았고 전체 작전은 시작부터 꼬이고 있었다.

이제 성공의 열쇠는 밖에서 대기하고 있는 다섯 명의 저격수들에게 달려 있었는데 이들 역시 연이어 일어난 치명적인 실수 때문에 작전을 제대로 수행하지 못하게 된다.

헬기 조종사들은 공항에 착륙할 때 관제탑에서 볼 때 측면으로 착륙하도록 지시받았다. 그래야만 저격수들이 인질범들이 헬기 문을 열었을 때 정확한 시야를 확보하고 저격을 할 수 있기 때문이다. 하지만 두 조종사 모두 관제탑을 정면으로 바라보고 헬기를 착륙시키고 만다. 이들이 왜 이렇게 했는지는 알 길이 없지만 결과적으로 저격수들은 목표물에 대한 정확한 시야를 확보할 수 없었으며, 게다가 반대편 낮은 담장 아래에 대기하고 있던 1·2번 저격수가 바로 이들의 사선에 들어오게 되어 자신들의 역할을 제대로 수행하지 못하게 만들었다. 그리고 당시 공항에는 탐조등이 3개 밖에 없어서 야간에 시야를 제대로 확보할 수가 없었다. 게다가 이들 저격수들은 야간 투시경, 방탄조끼는 커녕 철모조차 착용하지 않았다.

그런데 리로이는 이런 문제들보다 더 심각한 문제점을 발견한다. 저격수들은 G3소총을 가지고 있었는데 이 소총은 저격용 총으로 적합하지 않은 것이었다. G3 소총은 저격총이라기 보다는 빨리 총을 꺼내어 움직이는 표적을 맞추는데 적합하도록 설계된 총이었기 때문이다. 그렇다고 당시 독일 경찰이 이보다 성능이 좋은 저격총을 보유하고 있지 않은 것도 아니었다. 독일 경찰은 SSG69를 가지고 있었는데 SSG69는 십자선이 있는 조준경을 가지고 있어서 저격수가 원하는 곳을 정확하게 저격할 수 있었고, 이 조준경이 밤에는 표적을 더 밝게 보이게 하는 성능도 가지고 있었기 때문에 퍼스텐펠트부르크 공항처럼 어두운 곳에서는 더 유용한 총이었다.

그런데 총을 논하기 전에 이들 저격수들은 도대체 누구였을까? 이들은 모두 일반 경찰관들이었다. 1972년 당시에 서독법 상에는 군대가 국내 문제에 개입할 수 없도록 규정하고 있었다. 이것은 위에서 언급한 것과 같은 맥락에서 이해될 수 있을 것이다. 전범 국가인 독일에서 군부가 일반 치안문제에 개입하는 것이 과거의 군사독재시절을 떠올리게 만들기 때문에 군이 시민들에게 모습을 드러내는 것을 극도로 조심하였을 것이다. 이런 정서는 우리나라에서도 발견할 수 있다. 일반 시민들이 군인이 시내에 총을 들고 나타나는 것을 원하지 않기 때문에 아무리 상황이 어려워도 경찰이 이를 해결해야 하는 것이다.

하지만 상황이 이렇다면 독일 경찰에서는 군의 유능한 저격수를 대체할 수 있는 경찰 저격수를 양성했어야 하는데 그렇지 못하였다. 사실 이 당시에는 제대로 된 경찰특공대도 없었다. 이 사건을 계기로 경찰에서는 GSG-9 이라는 경찰특공대를 창설하게 된다.

위에서 여러 가지 독일경찰의 실수를 열거하였는데 가장 결정적인 실수는 인질범들의 숫자를 잘못 파악했다는 것이다. 어떤 작전에서든 승리하려면 먼저 적을 알아야 하는데 이번 작전에서는 적의 규모를 제대로 파악하지 못하고 있었던 것이다.

슈라이버 서장이 인질들의 상태를 확인하기 위해 올림픽 조직위원인 트뢰거와 함께 31동으로 들어갔을 때 트뢰거는 인질범의 숫자를 5명이라고 파악해서 보고했다. 그러나 인질범들은 실제로는 8명이었다. 경찰에서는 이처럼 잘못된 정보를 바탕으로 작전을 세웠고, 그러한 작전은 실패를 향해 한 발 한 발 진행되었다.

독일 당국에서는 이러한 사실은 작전 수행 30분 전에 알게 되었고, 그 시점에서 작전을 되돌리기에는 너무 늦어 버렸다. 테러범들이 31동에서 버스를 타고 헬기를 타기 위해 이동할 때 독일 당국은 테러범들이 8명이라는 사실을 분명히 확인했지만 작전을 변경하지 않았고, 이러한 사실을 저격수들에게도 전달하지 않았다.

이사와 그의 부관은 헬기에서 내려 항공기에 올라가 보았는데 항공기는 텅 비어 있었다. 그들은 사다리를 뛰어 내려오면서 "함정이다, 함정!"이라고 외쳤다. 3번 저격수는 이사를 저격하라는 명령을 기다리지만 아무런 명령이 없자 본인이 스스로 판단하여 이사를 향해 발포하였다. 그러나 총알은 빗나가 이사의 부관의 허벅지를 맞혔다. 이사는 헬기로 피신하여 그의 부하들에게 공항건물을 공격하라는 명령을 내렸다. 곧 이어 격렬한 총격전이 벌어졌다. 그러나 1·2번 저격수는 3·4·5번 저격수의 사선에 걸려서 꼼짝을 할 수가 없었기 때문에 저격수들은 3대 8의 불리한 싸움을 하였고, 간신히 테러범 2명을 쓰러뜨렸으나 수적 열세를 극복하지 못하고 사격을 멈춘 채 지원군을 요청하기에 이른다.

밤 12시, 1시간이나 늦게 장갑차 4대가 출동하였는데 여기에 놀란 테러범 1명이 첫 번째 헬기에 타고 있던 인질 4명에게 총격을 가하고 수류탄을 터뜨렸다. 그리고 두 번째 헬기에 타고 있던 테러범이 나머지 인질들을 사살한다.

밤 12시 30분 총격전은 모두 끝이 났다. 인질 9명이 전원 사망하고 테러범 5명과 경찰 1명이 사망했으며, 3명의 테러범들이 생포되었다.

몇 시간 뒤 슈라이버 서장은 이 진압작전이 자신의 잘못이 아니라고 주장했다. 그러나 사실 두 달 전 뮌헨 경찰에 근무하는 범의학 심리학자 기오그는 팔레스타인인들이 올림픽을 공격한다면 전형적인 그들의 수법대로 야간에 공격을 감행할 것이며, 돌격조와 엄호조로 나누어 공격해 올 것이라고 경고하였지만 슈라이버는 이러한 경고를 무시하였던 것이다.

협상심리 백과사전

백곰 효과(White bear effect)

백곰 효과라는 것이 있다. 사람들에게 지금부터 1분간 다른 것은 다 생각해도 좋으니 북극에 사는 하얀 백곰, 어떤 음료 선전에서 눈밭은 신나게 뒹굴고 나서 오로라를 보면서 그 음료를 맛있게 먹는 그 백곰만 생각하지 말라고 하면 머릿속엔 온통 백곰만 나타나서 뛰놀게 된다. 이처럼 사람들은 어떤 것을 하지 말라고 금지하면 그 순간부터 그것에 대한 갈망이 커지게 된다.

이것을 다른 사람들은 '선악과 효과'라고도 한다. 금지된 물건이나 상황이 더 큰 호기심을 유발하여 사람들은 수단과 방법을 가리지 않고 그것을 얻고 싶어 하게 된다. 어떤 대상물을 만지거나 소유할 수 없다고 하면 그것의 실체가 더욱 궁금해지고 알고 싶어지는 것이다. 일반적으로 정보수신자는 정보를 모두 전달받고 싶어 하는데 정보전달에 공백이 생기거나 일부가 결여되게 되면 그 정보의 공백을 못 견뎌 하는 것이다.

태초에 하나님은 에덴동산을 만들어 아담과 이브가 여기서 살도록 했다. 에덴동산에는 황금과 진주, 홍마노 등이 가득 묻혀 있었고, 온갖 풀과 꽃이 무성했다. 이 아름다운 동산에는 맛있는 열매가 가득했고 생명수와 선악과도 있었다. 하나님은 아담과 이브에게 "동산에 있는 모든 나무 열매를 마음껏 먹어도 좋다. 하지만 선악과는 절대 먹어서는 안 된다."라고 당부하셨다. 아담과 이브는 하나님의 명령을 잘 지키며 행복하게 살았다.

그러던 어느 날 사탄이 뱀으로 변해 이브에게 나타나서는 "선악과는 정말 맛있는 열매야, 먹어도 죽지 않아. 너희가 선악과를 먹으면 하나님처럼 똑똑해져서 선과 악의 개념을 알게 될까봐 하나님이 일부러 거짓말 하신거야."라고 이브를 꼬드겼다. 이브는 잠시 망설이다가 결국 선악과를 따 먹었고 아담에게도 그것을 먹게 했다. 그들은 '자아'를 가지게 되었고 자신들의 벌거벗은 모습을 부끄럽다고 여겨 나뭇잎으로 옷을 해 입었다. 이들은 하나님의 명령을 어긴 죄로 에덴동산에서 쫓겨나 지상에 내려와 남자는 평생 노동을 하고 여자는 아이를 낳는 고통을 가지고 살게 되었다.

미국에서는 콜라전쟁이라는 것이 있었다. 지난 100년간 코카콜라와 펩시콜라 사이에 이 전쟁은 아직도 진행형이다. 1889년 존 펨버틴은 코카콜라 레시피를 개발한다. 당시 이 음료는 물에 희석해서 팔고 있었는데 실수로 탄산수에 희석했더니 더 맛이 있어진 것이다. 그리고 13년 후인 1898년 칼렙 브래드햄이 소화불량 치료약의 목적으로 펩시를 개발하면서 콜라전쟁이 시작된다. 펩시가 나왔을 때 코카콜라는 이미 연간 백만 갤런 이상을 판매하고 있었는데 후발주자인 펩시가 점차 매출을 늘려 1차 세계대전 이전에는 공장을 25개 까지 늘렸다.

펩시는 1차 세계대전 이후 가격이 크게 오른 사탕수수를 사들였다가 가격이 폭락하면서 부도위기를 맞는 등 우여곡절을 겪다가 코카콜라의 2배 양을 같은 가격에 판매하면서 소비자들의 폭발적인 반응을 받아 2인자 자리에 오른다. 하지만 코카콜라는 2차 세계대전 발발 이후 참전 용사들에게 콜라를 독점적으로 제공하면서 펩시를 따돌렸고 국가에서 부대 인근에 코카콜라 공장을 허가해 줌으로써 전 세계적으로 이름을 알렸다. 1950년대에는 펩시에 비해 3배의 점유율을 기록하면서 펩시를 멀찌감치 따돌렸다.

그러나 펩시도 그대로 앉아서 당하지만은 않았다. 펩시는 '펩시 챌린지'라는 캠페인으로 코카콜라에 직격탄을 날렸다. 경쟁사 펩시가 브랜드 이름을 가린 채 소비자들에게 어떤 콜라가 더 맛있는지를 묻는 블라인드 테스트를 했는데 대다수가 펩시의 손을 들어 줬던 것이다. 이리하여 제2차 세계대전 직후만 해도 60%가 넘던 시장점유율은 1980년대에 25%로 떨어졌다.

코카콜라는 많은 사람들이 펩시콜라의 단 맛을 더 좋아한다는 조사 결과를 바탕으로 코크의 전통적인 제조공식을 버리고 단맛을 더 강화해 '뉴 코크'를 만들기로 결정하였다.

뉴코크를 시장에 내놓았을 때 첫 반응은 나빠 보이지 않았다. 이틀 만에 국민의 80%가 신제품을 인지했고 대대적인 홍보로 회사 매출액도 전년보다 10%가량 늘었다.

그러나 기쁨도 잠시, 코카콜라의 소비자 센터인 '1-800-GET-COKE'에는 주문 대신 항의전화만 하루에 40만 통이 걸려오기 시작했다. "이 제품 왜 만든 거예요? 옛날 콜라를 돌려 달라고요." 수백만 명이 들고 일어나 새로운 코크를 욕하고 옛날 코크를 돌려달라고 요구하였고, 심지어 미국과 대립각을 세우고 있던 쿠바의 피델 카스트로도 코카콜라를 비난하고 나섰다.

언론과 TV 토크쇼에서는 물론이고 야구장에서도 전광판에 신제품 광고가 나올 때마다 사람들은 야유를 보냈다. 심지어 코카콜라의 운송 트럭이 공격받는 사건까지 보고되기도 하였다. 경영진은 어이가 없었다. '왜들 이럴까. 분명히 사전 조사 때는 다들 맛있다고 했는데….'

정말 무엇이 문제였을까? 코카콜라社에서는 뉴코크 출시 전 1981~84년까지 25개 도시 20만 명을 대상으로 새로운 배합과 기존의 배합을 실험하였다. 블라인드 테스트에서 뉴코크가 더 좋다고 한 사람이 44~45퍼센트에 육박하였다. 심지어 브랜드를 알려주고 한 실험에서도 뉴코크에 대한 선호도가 6%나 증가하였다. 경영진에서는 '이 정도로 돌다리를 두들겼으면 됐다'라고 생각하고 야심차게 뉴코크를 출시하였으나 사람들의 반응은 사전조사 때와는 180도 달랐던 것이다.

경영진이 간과한 것은 고객들이 코카콜라의 맛보다는 이미지를 마신다는 사실을 몰랐던 것이다. 그들은 미국인들이 100년 전통의 브랜드에 바쳐 온 충성심을 회사는 간과한 것이다.

코카콜라는 결국 석 달 만에 신제품을 거둬들였다. 뉴코크는 일부 지역에서 다른 이름으로 조금씩 생산되기도 했지만 2002년에는 시장에서 완전히 사라졌다.

02
스톡홀롬 인질 사건

1973년 8월 23일, 은행 강도 한명이 스톡홀름에 있는 크레디트은행에 들어갔다. 그의 손에는 무기가 들려 있었다. 그는 은행직원 4명을 인질로 잡았고, 이들을 다이너마이트로 묶은 채로 금고에 감금하였는데, 최종적으로 석방될 때까지 6일간 여기에 감금되어 있었다. 은행 강도는 3백만 스위스 크로노와 총 3개, 방탄조끼, 헬멧과 빠른 자동차, 그리고 자신의 친구를 데려와 달라고 요구했다.

인질들 중 한명은 은행 강도들에게는 믿음이 갔지만 경찰은 오히려 강제진압을 하는 과정에서 자신들에게 해를 입힐까봐 두려웠다고 했다. 이것이 바로 스톡홀름의 시작점이다. 은행 강도들은 11 X 47 피트 크기의 은행 금고를 봉쇄하고 경찰과 대치했다. 금고의 문은 안에서 잠겨 있었다.

경찰은 은행 강도들에게 차량을 제공했지만 인질들을 데려가는 것을 허락하지 않았다. 강도들이 차를 타고 도망가고 싶으면 자기들끼리만 가야한다는 것이었다.

은행 강도들은 수상에게 전화를 걸어 인질들을 죽이겠다고 협박한 후에 여자 인질 한 명의 목에 줄을 걸어서 목을 매었고, 여자 인질의 비명소리가 전화기를 통해 들려왔다. 다음 날 다시 수상에게 전화가 왔는데 이번에는 여자 인질 한명이 수상의 태도에 매우 실망했다고 하면서 인질들과 은행 강도들이 함께 떠날 수 있게 해 달라고 하였다.

 8월 26일 경찰은 위층에서부터 은행 금고에 드릴로 구멍을 뚫기 시작했다. 인질범들은 총을 쏘면서 만약 경찰이 가스로 공격을 해 오면 인질들을 죽이겠다고 협박하였다. 은행 강도들은 인질들 목에 밧줄을 묶어 매었고, 경찰이 공격을 해 오면 인질범들의 목이 조이도록 하였다. 8월 28일, 범인들이 이렇게 하거나 말거나 가스를 이용한 공격이 이루어졌고, 30분이 지난 후에 인질범들이 항복을 하였다. 인질이나 인질범 누구도 다친 사람은 없었다.

 인질들은 반복해서 6일간의 감금기간동안 범인들보다는 경찰 때문에 두려움을 더 많이 느꼈다고 주장했다. 이들은 분명히 자신들을 불법적으로 보호하고 있는 인질범들과 일체감을 느끼고 있었다. 바로 이러한 현상이 학자들의 관심을 끌었고 결국 '스톡홀름 신드롬'이라는 단어가 만들어지게 되었다.

 이 인질들은 구출된 후에 범인들에게 협박·학대당하고 목숨의 위협을 느꼈던 사람이라고 하기에는 놀라운 행동양식을 보였다. 이들은 언론과의 인터뷰에서 분명히 자신들을 구하러 온 경찰들을 두려워하고 인질범들을 지지하는 모습을 보였다. 인질들은 인질범들이 경찰의 공격으로부터 자신들을 지켜주고 있다고 느끼기 시작했다고 한다. 인질들 중 한 명의 여성은 나중에 범인 한 명과 약혼을 하였고, 또 다른 여성은 범인들의 변호사비를 도와주기 위해 펀드를 조성하기도 했다. 이러한 점은 인질들이 인질범들과 강한 유대감을 형성했음을 보여준다.

 그런데 인질사건이 발생한다고 해서 항상 인질들이 범인에게 동화되는 것은 아니다. 한 인질사건에서는 저격수가 범인을 저격해서 쓰러지자 인질들이 그를 일으켜 세워 창 쪽으로 데려가서 저격수가 다시 그를 저격할 수 있게 도와준 일이 있었다. 이처럼 인질이 인질범에게 동화되려면 몇 가지 조건이 필요한데, 인질의 생존에 대한 인식된 위협, 인질범의 작은 호의 등이다.

우선 인질의 생존에 대한 위협이라는 것은 인질범이 인질을 죽이려고 하는 협박이 존재하고 인질범이 충분히 그럴 의사와 능력이 있다고 생각되어야 한다는 것이다. 생존에 대한 위협은 직접적일 수도 있고 간접적일 수도 있고, 인질이 아니라 인질의 친구나 가족의 생명을 앗아 갈 수 있다고 협박할 수도 있다. 인질의 악명 높은 전과와 과거 경력이 인질로 하여금 인질범이 자신의 생명을 빼앗을 수도 있다는 생각을 더 공고하게 만들 수도 있다. 이를 통하여 인질범은 인질로 하여금 자신에게 협조하는 것만이 인질과 관련자들의 생명을 지킬 수 있는 유일한 길이라는 것을 확신하게 만드는 것이다.

그리고 인질범은 간접적으로라도 인질들이 결코 감금상태에서 빠져나가지 못하리라는 것을 인식하게 만들 수 있다. 폭력적인 행동, 예를 들어 인질을 처형하는 것을 보게 하는 것 등은 자신이 다음이 될 수 있다는 분명한 메시지를 전달한다. 인질범의 잔혹한 행동과 사고방식을 목격하게 되면 멀지 않아 자기 자신도 운이 나쁘면 저렇게 될 수 있다고 생각하게 된다.

정신 병리학자들은 인질범이 인질을 죽일 것처럼 행동하지만 인질을 죽이지는 않거나 그러한 협박이나 위협이 사라지게 되면 일종의 감사한 느낌을 가지게 된다고 한다. 이러한 것들이 모두 결합되게 되면 인질은 인질범에게 부정적인 감정을 보이는 것을 주저하게 되고 결국 스톡홀름 신드롬 같은 증상을 보이게 된다고 한다.

두 번째는 '작은 호의'라는 개념이다. 생명이 위협받고 있는 상황에서 인질은 살아날 수 있는 희망이 있다는 단서를 찾고 싶어 한다. 인질범이 인질에게 약간의 호의를 보여주게 되면 - 이것이 실제로는 인질범에게 이익이 되는 것일지라도 - 인질은 인질범에게 착한 면이 있다는 것으로 해석하려 한다. 인질극 같은 상황에서는 인질을 살려주는 것만으로도 이러한 호의를 보여주는 것일 수 있다. 그리고 또 인질을 화장실에 보내주거나 약간의 음식이나 물을 주는 것도 이러한 생각들을 강화할 수 있는 것이다.

스톡홀름 상황에서 여성 인질 중 한 명이 악몽을 꾼 적이 있었다. 그녀는 '안 돼요, 안 돼!'라고 소리를 질렀고 인질범 중 한 명이 그녀에게 즉시 다가와서 그녀가 안정을 찾을 때까지 달래주었다고 한다. 인질극이 모두 끝나고 나중에 이루어진 인터뷰에서 그녀는 "약간 진부한 소리처럼 들리지 모르지만, 그는 저에게 친절함을 보여줬고 이것이 저로 하여금 큰 안도감을 느끼게 하였습니다. 그게 바로 제게 필요한 것이었습니다." 또 다른 여성 인질은 "그가 우리에게 잘 대해 주었을 때 우리는 그가 긴급 상황에서의 '신'처럼 보였습니다."라고 하기도 했다. 이 여성은 후에 경찰에게 체포되어 연행되는 인질범에게 '다음에 다시 만나요'라고 소리쳤고, 실제로 사건이 있은 지 1년 후에 교도소를 찾아가 그를 만났다.

7명의 인질을 잡았던 또 다른 인질 사건에서 인질과 자주 접촉했던 인질 한 명이 '스톡홀름 신드롬' 증상을 보였다. 인질은 그녀와 자주 대화했고 그녀를 '나의 비서'라고 불렀다. 인질범은 그녀에게 잘 대해 주었고 그녀 역시 인질에게 긍정적인 감정을 보였다고 한다. 이러한 긍정적인 감정은 동정심, 불쌍함, 싫어하는 감정의 감소, 친근함 등을 모두 포함하고 있다. 후에 인질사건에 대해 이야기하면서 그녀는 "그가 총에 맞은 것은 너무 가슴 아픈 일이었다."고 이야기했다.

이처럼 인질범의 작은 호의는 인질에게 커다란 영향을 미칠 수 있다. 작은 호의는 인질에게 인질범이 완전히 나쁜 사람은 아니고, 나중에 적절한 시기가 되면 인질범이 자신의 잘못된 행동을 바로잡을 수 있을지 모른다고 생각하게 만들 수 있다.

어쩌면 이러한 심리학적 작용들이 여자들로 하여금 나쁜 남자를 좋아하게 만드는 것일지도 모른다. 나쁜 남자들이 처음에는 자기에게 나쁘게 굴다가 갑자기 작은 호의를 보여주거나 잘 대해주게 되면 그 남자의 작은 호의가 매우 크게 느껴지게 되고 그에게 커다란 매력을 느끼게 되는 것이다. 나쁜 남자가 초기에 보이는 거칠고 나쁜 행동들은 여자들에게 통제력을 행사하는 우두머리 수컷의 행동으로 보일 수 있다. 이것이 인질상황처럼 생명을 위협하는 정도의 강력한 것은 아니더라도 후에 나쁜 남자가 보여주는 작은 호의를 상대적으로 더 좋은 것으로 보여주게 만드는 토대를 만들 수 있는 것이다.

세 번 째는 바깥세상과의 단절이다. 스톡홀름 신드롬은 인질이 접할 수 있는 아이디어와 사고방식이 자신을 위협하는 사람의 것밖에 없을 때 잘 발생한다. 인질상황에서 인질들은 '계란껍질 위를 걷는 것' 같은 느낌을 항상 갖게 된다. 작은 말실수나 행동이 인질범으로 하여금 엄청나게 폭력적이고 위험한 행동을 하게 만들 수도 있다. 그리하여 인질은 살아남기 위해서 인질범의 관점을 통해 세상을 보기 시작한다. 결국 인질은 인질범을 기쁘게 하는 방법들과 그와 반대로 인질범을 화나게 하는 것들을 알아내게 되게 되어 인질범의 비위를 맞추고 인질범이 기뻐하는 말과 행동을 하게 되는 것이다.

　인질들의 이러한 행동 패턴들을 우리 주변에서도 쉽게 목격할 수 있다. 많은 사람들이 가정폭력 피해자 여성들이 왜 그렇게 남편들에게 맞고 살면서도 그런 상황을 벗어나지 못하고 그렇게 살고 있는지 궁금해 한다.

　그런데 가정폭력 피해자 여성들은 앞에서 설명한 인질들이 보이는 심리적 변화와 유사한 심리적 변화를 겪게 된다고 볼 수 있다. 폭력을 행사하는 남편이 생명을 위협하는 행동들을 하게 되면 큰 두려움을 느끼게 되고 가끔씩 보여주는 호의적인 행동들에 큰 의미를 부여하고 시간이 지나면서 남편의 관점에서 세상을 바라보고 남편의 심기를 건드리지 않는 행동을 하려고 노력하는 것이다.

　Patty Hearst의 경우에도 이러한 심리적 반응을 볼 수 있었다. Patty Hearst는 집에 있다가 납치되었다. 그녀는 옷장에 감금되어 심각한 정신적·육체적·성적인 학대를 받았다. 그녀는 후에 SLA(Symbionese Liberation Army)의 멤버가 되었는데 감금상태에서 풀려나 좀 더 많은 자유가 주어졌을 때 SLA는 집으로 돌아갈 것인지 조직에 남을 것인지 선택하도록 했다. Patty Hearst는 집으로 돌아가지 않고 SLA에 남아 함께 투쟁하기로 결정했는데 후에 그녀는 "나는 이것이 일종의 테스트라는 것을 알았다. 만약 내가 떠난다고 했다면 그들은 나를 죽였을 것이다."라고 말해 그녀가 떠나고 싶지 않아서 남은 것이 아니라 살기 위해 어쩔 수 없이 그렇게 하였다는 것이다.

　이러한 행동양식을 또 볼 수 있는 것이 북한이다. 그렇게 자신들을 폭압으로 통치하던 김일성이나 김정일이 죽었을 때 자신의 부모님이 돌아가신 것보다 더 서럽게 우는 모습을 보인다거나 김정일을 나쁘게 묘사하는 일체의 것들에 강한 반감을 드러내는 모습은 대한민국 사람들에게는 매우 이해하기 힘든 모습일 수 있다. 하지만 현재 북한의 상황도 인질들이 목숨의 위협을 받고 있는 하나의 거대한 인질상황이라고 볼 수 있기 때문에 그 안에서 인질상황에서 발생할 수 있는 여러 가지 현상들이 그대로 나타나고 있다고 볼 수 있다.

 그래서 많은 사람들이 통치자인 김정일이나 김정은을 기쁘게 하고 그들의 심기를 거스리지 않게 하는 행동들을 하게 된다. 그것이 가끔은 다른 사람들을 탄압하고 그들의 생명과 자유, 재산을 빼앗는 비인도적인 것일지라도 자신에게 통제권을 행사하고 생사여탈권을 가지고 있는 사람을 기쁘게 하는 일이라면 서슴지 않고 하게 되는 것이다.

 이러한 인간의 행동 양식은 밀그럼 교수의 실험에 의해서도 설명된 바가 있다.

 인간이 권위에 대해 복종하는 성향을 가장 잘 보여 준 실험이 있다. 예일대학의 밀그럼 교수는 '기억에 대한 연구'에 참여할 자원자를 모집하고 이들에게 학습과 기억에 대한 징계의 효과를 연구한다고 설명하였다. 이 실험에서 한 명은 학습자, 한 명은 선생 역할을 하고 단어를 제시한 후 기억력을 테스트하여 실수 할 때마다 전기 충격을 내리도록 하였다. 학생들은 서로 연관이 깊은 두 단어를 기억해야 했는데 답이 틀릴 때마다 15볼트씩 충격 강도를 높였다. 그런데 충격이 강해질수록 주의가 산만해져 더 많은 실수를 하고 충격은 더 강해졌고, 이에 따라 학습자의 고통도 커져서 150볼트에 이르자 선생 역할을 맡은 사람에게 소리를 지르며 항의하면서 그만두겠다고 하였으나, 연구자는 선생에게 실험을 계속하라고 지시하고 강도는 결국 300볼트까지 이르지만 선생은 계속해서 실험을 진행하여 400볼트에 이르러 거의 실신할 때까지도 계속하였다. 단 한 사람도 300볼트 이전에 실험을 중단하지 않았고, 300볼트에서 극도의 고통을 호소하자 극소수만 실험을 중단하였다. 결국 선생 역할을 한 사람의 2/3가 최종 볼트인 450볼트까지 부과하였고 이 결과는 여성 지원자들도 마찬가지였다.

왜 이런 현상이 발생했을까? 실험 참가자들의 사디즘이나 공격적인 성향 때문일까? 이 실험에 참가한 사람들은 범죄자들이 아닌 평범한 예일대 학생들이었기 때문에 이러한 설명은 설득력이 없다. 이보다는 합법적인 권위에 대한 복종의 의무감이 이러한 결과를 가져왔다고 보는 것이 옳을 것이다. 실험 도중 두 명의 연구자가 상반된 지시를 했을 때 누가 더 높은 사람인지를 알아내려고 노력하다가 결국 알아내지 못하자 전기 충격을 중단한 사실은 이러한 주장을 뒷받침하여 준다.

그리고 인질들의 이러한 행동양식은 '학습된 무기력'이라는 이론에 의해서도 설명될 수 있다.

외부세계로부터 철저한 단절은 인질들로 하여금 인질범의 관점과 세계관을 받아들일 수밖에 없는 환경을 만든다. 폭력과 협박이 존재함에도 불구하고 세상과 통하는 유일한 통로로서 인질로서는 인질범의 말을 받아들일 수밖에 없게 되는 것이다. 그리고 이러한 현상이 강화되면 인질들은 그들을 구하러 온 사람들을 향해서 공격성을 보이기도 하는 것이다. 인질이 인질범과 철저히 동화되게 되면 자신을 구하러 오는 경찰을 향해서 적개심을 보이고 인질범과 함께 경찰에 맞서 싸우기도 하는 것이다.

스톡홀름 신드롬의 네 번째 요소는 인질이 인질범의 살해위협으로부터 벗어날 수 없다고 인식하는 것이다. Elizabath Smart가 2003년 3월에 발견되었을 때 그녀가 왜 도망치지 않았는지에 대해 논쟁이 벌어졌다. 나중에 밝혀진 바에 의하면 그녀는 중간에 납치범으로부터 도망칠 기회가 많이 있었다는 것이다. 여기에 대해 Patty Hearst는 이렇게 이야기했다.

"인질들은 그렇게 할 수 없습니다. 그것은 불가능합니다. 인질이 엄청나게 협박당하고 학대당하다 보면 인질범이 하는 모든 거짓말을 믿게 되는 시점이 옵니다. 그래서 인질이 밖으로 나가서 도움을 청하게 되면 자신도 반드시 죽임을 당하게 되고 나아가 자신의 가족들도 죽임을 당하게 되리라고 굳게 믿게 됩니다. 결국 인질은 도움을 청하거나 도망가려고 하는 생각을 포기하게 됩니다. 결국 인질은 인질범이 부여한 새로운 Identity를 받아들이게 됩니다."

스톡홀름 사건에서도 인질범이 가지고 있던 반자동소총이 인질이 낚아챌 수 있는 거리에 있었지만 인질들은 총을 빼앗으려는 시도조차 하지 않았다고 한다. 인질상황에서 인질이 살아남을 확률을 높이려면 '문제'를 일으키지 않아야 하는데 탈출하거나 반항하려는 시도는 '문제'를 크게 일으킬 수 있기 때문에 많은 인질들이 그러한 시도조차 하니 않는 것이다.

스톡홀름 신드롬이 발달하기 위해서는 이외에도 추가적인 조건들이 좀 더 필요한데 인질과 인질범의 '거리'가 그것이다. 이 '거리'는 물리적인 거리뿐만 아니라 심리적 거리도 의미하는 것으로 우루과이에 파견된 영국 대사 Sir Geoffrey Jackson 의 납치사건이 좋은 예이다. Jackson 대사는 Tupamaro 테러리스트들에게 244일이나 잡혀 있었는데 이 기간 동안 테러리스트들은 대사가 그들이 하는 일이 얼마나 어리석고 멍청한 짓인지에 대해 설득할까봐 대사를 철저히 고립시키고 접촉을 피했다고 한다. 많은 인질사건에서 인질범들이 인질을 별도의 방에 가두어 두고 복면을 씌워 두거나 눈을 가리거나 입에 재갈을 물리고, 인질범들이 돌아가면서 보초를 선다.

 인질범은 인질에게 욕설을 하거나 비인간적인 대우를 하는 경우가 많은데 이러한 형태의 관계를 지속하게 되면 인질과 인질범 사이에 긍정적인 감정이 생겨나기 어렵다. 그런데 대부분의 인질사건에서 이러한 일은 매우 흔하게 일어난다. 따라서 인질범과 인질 사이의 종교나 인질이 다르다면 둘 사이에 긍정적 감정 감정이 일어나기 어렵다. 아랍 인질범과 이스라엘 인질의 관계가 그 좋은 예이다.

02-1
스톡홀름 신드롬 패러독스

스톡홀름 신드롬에 있어서 인질과 이를 외부에서 바라보는 제3자의 시각이 크게 대조를 이룬다.

첫 번째로 인질들이 자신을 인질로 잡은 인질범에 대해 자신의 목숨을 살려준 데 대해 감사함을 느끼는 데, 제3자가 보기에는 인질범은 인질을 붙잡고 그의 목숨을 위협할 권리가 전혀 없기 때문에 인질상황을 일으킨 것 자체에 대해 인질은 화를 내야 마땅한 상황이지 이를 고마워할 일은 전혀 아니라는 것이다.

두 번째로 인질범의 작은 호의의 영향력이 인질범이 주는 공포심을 넘어선다는 것이다. 앞에서 설명한 이 '작은 호의'라는 것이 인질범은 매우 친절하고 인간적인 사람으로 만드는데, 제3자의 시각에서는 인질범들은 인질의 생명과 안전에 전혀 무관심한 비정한 범죄자에 불과하다.

세 번째로 전문가들이 지적하듯이 인질들에게 '열려져 있는 문은 열려져 있는 것이 아니다.'라는 것이다. 많은 인질들이 인질상황으로부터 도망치려 하지 않는다는 것이다. 제3자가 보기에는 인질들이 분명히 도망칠 기회가 있었는데 그러지 않는다는 것이다.

네 번째, 인질들의 눈에는 인질범은 자신들을 보호하는 '좋은 사람'이고 경찰은 오히려 자기들을 공격하는 '나쁜 사람'인데, 제3자의 눈에는 인간의 기본권을 침해하고 범죄를 저지르고 있는 인질범이 '나쁜 사람'이고, 목숨 걸고 인질을 구하려고 하는 경찰이 '좋은 사람'인 것이다.

 다섯 번째, 인질들이 인질범의 주장이나 행동, 문제해결 방식 등에 동조하는 것이다. 제3자의 관점에서 보면 인질범들의 주장은 정상적이고 평균적인 인간의 시각에서 볼 때 전혀 받아들여지거나 동조하기 힘든 것들이라는 것이다.

 여섯 번째, 법정에서 인질들이 인질범에 대해서 불리한 증언을 하려 하지 않는다는 것이다. 이들은 자기들을 죽이겠다고 협박하고 많은 고통을 안겨 준 사람이었는데 말이다. 어떤 사람은 심지어 인질범을 변호하기 위해 기금을 조성하기까지 했다. 제3자의 관점에서 보면 인질범들의 범법행위는 법정 최고형에 처함이 마땅하지만 말이다.

 일곱 번째, 인질들이 인질상황이 종료된 이후에도 인질범들에게 충성심을 보이는데 제3자의 관점에서 보면 인질상황이 종료된 이후에도 인질들이 보이는 동정심과 충성심을 보이는 것이 비현실적이고 비정상적으로 보인다.

 여덟 번째, 인질들은 석방된 이후에도 인질범들이 따라와 자신들에게 위해를 가할 것이라고 생각하는데, 제3자의 관점에서 보면 인질범은 법의 심판을 받고 교도소에 투옥되기 때문에 인질에게 다시 위해를 가할 가능성은 전혀 없어 보인다.

경찰에 대한 반감

 스톡홀름 사건에서 가장 두드러진 것은 인질들이 가졌던 '경찰에 대한 반감'이다. 스톡홀름 사건에서 인질 한 명은 TV 방송국에 전화를 걸어 자신은 인질범보다 경찰이 더 두렵다고 이야기 하였다. 그녀는 경찰이 인질들의 목숨을 가지고 장난을 하고 있으며 인질범들의 주장에 일리가 있다고 계속해서 두둔을 하였다. 인질들이 이렇듯 경찰에 대해 반감을 보이는 데는 몇 가지 이유가 있다.

우선 인질들은 경찰이 시간을 끌고 있다고 느낀다. 경찰이 빨리 행동하지 않아 상황이 계속해서 더 악화되고 있다고 느끼는 것이다. 또한 경찰이 물러나면 인질들도 풀려날 수 있을 거라고 생각한다. 인질들에게는 경찰이 오기 전까지는 아무 일도 일어나지 않았던 것처럼 생각되기 때문이다. 경찰이 나타나고서 자신들은 실질적인 피해자가 된 것이다.

인질들은 경찰이 겨누는 총에 인질범뿐만 아니라 자신들도 다칠 수 있다는 것을 잘 알고 있다. 인질들은 경찰의 훈련, 절차, 전술들에 대해서 잘 모르는 민간인들이기 때문에 경찰이 자신들을 인질범들과 구분하여 안전하게 사건을 해결할 수 있으리라는 것을 잘 알지 못한다. 그래서 경찰이 공격을 개시하면 자기들도 인질범과 함께 총에 맞아 죽게 될 것이라고 생각하게 되는 것이다.

그런데 설상가상으로 인질범들이 옷을 바꿔 입자고 하면 이러한 공포는 더 커지게 되는데 실제로 이런 일이 실제 인질상황에서 드물지 않게 일어난다. 그리고 또 경찰이 공격을 시작하면 실제로 인질이 죽을 가능성이 커지는데 한 연구결과에 의하면 경찰이 공격할 때 인질들이 대부분 사망하는데 이는 반드시 인질범에 의한 것이 아니라는 것이다.

경찰에 대한 공포는 가정폭력 사건에서 더욱 심화될 수 있다. 가정폭력 상황에서는 인질이 인질범을 돕기 위해 많은 일들을 할 수 있고, 경찰을 막기 위해 어떠한 일이라도 하는 경우가 많이 있다.

게다가 경찰이 나타나게 되면 인질범은 갑자기 서두르게 되고 폭력적이 되는 경우가 많다. 특히 경찰 협상팀이 나타나게 되면 범인은 더 흥분하고 두려워하며 화를 내는 경향이 있다. 인질들은 인질범이 인질에게 위해를 가함으로써 경찰 협상가에 대한 통제권을 얻으려고 할 수 있기 때문에 이러한 상황을 두려워할 수밖에 없다.

일반적으로 인질상황에서 인질들은 세 단계의 심리적 변화를 겪게 된다. 첫 번째 단계는 '부정의 단계'로 자신이 인질 된 것을 믿지 못하고 받아들이지 않으려고 하는 단계이다. 두 번째 단계는 '현실 인식 단계'로 이 단계에서 인질들은 자신들이 인질이 된 것을 인정하게 된다. 세 번째 단계는 '트라우마적 우울감 단계'로 분노, 포기, 안절부절함, 성남 등 여러 가지 감정이 범벅이 되는 '자기 비난'의 단계이다. 이 단계에서 인질들은 이런 상황이 벌어지게 된데 대해 자신을 비난하기도 하지만 대개는 다른 사람에게 상황에 대한 책임을 돌리려고 하는데 이때 경찰은 가장 좋은 표적이 되게 된다.

이러한 상황에서 스톡홀름 신드롬이 발생하였다면 경찰에 대한 반감은 더욱 커지게 될 것이고, 경찰이 진압작전을 개시하게 되면 인질은 경찰의 지시를 따르지 않고 인질범 편에서 경찰에 대항해 싸우는 일이 발생하게 되는 것이다. 이렇게 인질범 편에서 싸우는 인질이 방패 역할을 하면서 인질범을 막아서게 되면 경찰로서는 상황을 안전하게 진압하는 것이 극도로 어려워지게 된다.

그리고 경찰에 대한 반감은 인질이 풀려난 다음에 더 강화될 수 있다. 인질범에게 감정적으로 동화된 인질은 인질범에게 유리하게 하기 위해서 경찰과 언론에 잘못된 정보를 줄 수도 있기 때문에 인질이었다가 풀려난 사람에게 정보를 얻을 때에는 매우 주의해야 한다.

협상심리 백과사전

학습된 무기력

학습된 무기력이론은 1975년 셀리그만(Seligman)에 의해 처음 발표되었다. Seligman은 학습된 무기력이란 '어떤 유기체가 자신의 환경을 통제할 수 없다고 생각하게 되면 그 결과 이를 통제하려는 시도 자체를 포기할 수 있다. 결국 포기하는 것을 학습한다.'라고 주장하여 무기력도 학습이 된다고 보았다.

Seligman에 의하면 인간이 자신이 통제할 수 없는 힘겨운 상황에 직면하여 자신의 노력으로 상황을 바꾸지 못할 것이라고 생각하게 되면 무력감에 빠지게 되고 이러한 무력감이 지속되게 되면 일정한 학습효과가 발생된다는 것이다.

Seligman과 Maier는 두 집단의 개를 사용하여 실험을 실시하였는데, 이들은 구금 장치 안에 개들을 넣고 가죽 끈으로 묶어 놓고는 개들에게 강한 전기충격을 주었다.

A집단의 개와 B집단의 개에게는 정확하게 동일한 강도와 횟수의 전기충격이 가해졌고, A집단의 개들과 B집단의 개들을 짝을 지어 주어 A집단의 개가 충격을 끌 때마다 B 집단의 개들의 전기충격도 꺼지도록 하였다. 이렇게 하여 A, B 두 집단에 대해 정확히 동일한 전기충격이 이루어지도록 하였다. 단지 상이한 점은 A집단과 B집단의 개들이 자신들에게 가해지는 충격에 대해 할 수 있는 역할이었다.

다시 말해, A집단에 속해 있는 개들은 환경에 대해 어느 정도 통제를 가할 수 있지만 B집단에 속한 개들은 그렇게 할 수가 없었다. A 집단의 개들은 코 근처에 장치된 관자를 밀어냄으로 충격이 시작될 때마다 전기충격을 중단시킬 수 있는데 반해 B집단에 있는 개들에게는 그런 통제장치가 없었다. B집단의 개들은 아무리 노력해도 전기충격에서 벗어 날 방법이 없었던 것이다. 즉, A집단은 어떤 통제를 할 수 있는 반면에, B 집단은 참을 수밖에 없었다.

그 후 A, B 집단의 개들은 왕복회피상자에서 충격 회피 방법을 학습 받았다. A집단의 개들은 이전에 어떤 전기충격과 같은 실험적 경험이 없는 개들과 마찬가지로 이를 빨리 학습하였다. 처음에는 개들이 충격이 시작될 때까지 기다렸다가 장애물을 뛰어 넘었으나, 나중에 가서는 유예된 시간이 끝나기 전에 장애물을 뛰어 넘어서, 전기충격을 완전히 회피했다.

그러나 이전의 구금 장치에서 도피 불가능한 전기충격을 받았던 B집단의 개들은 매우 상이하게 행동하였다. 처음에는 미친 듯이 이리저리 뛰거나, 짖거나 으르렁거리다가 이윽고 금세 훨씬 수동적이 되었다. 그들은 앉아서 낑낑거리거나 충격이 가해지는 것을 단순히 받아들였던 것이다. 이 개들은 전기충격이 왔을 때 다른 상자로 뛰어 넘어가서 손쉽게 전기충격에서 벗어날 수 있었지만 전혀 그렇게 하지 않았던 것이다. 이들은 충분히 회피 가능한 충격을 받았음에도 불구하고 무기력을 학습하여 아무런 회피행동을 하지 않았다.

학습된 무기력에 관한 실험연구는 초기에는 쥐, 고양이, 물고기, 원숭이를 비롯한 동물들을 대상으로 이루어졌으나, 1970년대에 들어와서는 인간을 대상으로 광범위하게 이루어졌다.

인간에게 적용된 학습된 무기력 실험연구는 1974년 Hiroto에 의해 실시되었다. Hiroto는 대학생을 대상으로 듣기 싫은 소음을 들려주고 버튼을 누르면 소음이 꺼지도록 하였다. 회피가능집단은 버튼을 누르면 소음이 꺼지는 것을 학습하였고, 이와 짝지어진 결합집단은 이를 통제할 수 없었고, 통제 집단에게는 어떠한 소음도 들려주지 않았다.

그런 후에 모든 피험자들을 셔틀상자(finger shuttle box)에서 충격 회피학습을 실시 한 결과, 회피가능집단과 통제집단의 피험자들 모두 손을 옮기는 반응을 보였으나 결합집단 피험자들은 이를 회피하지 못하였다. 이들 대부분은 그냥 수동적으로 앉아서 불쾌하고 고통스러운 소음을 받아들였던 것이다.

하지만 이후에 이러한 학습된 무기력 연구 결과에 대해 반론들이 제기되기도 하였다. 이들 실험들이 인간의 학습된 무기력을 설명하는 데에는 많은 문제점과 한계가 있다는 것이다. 물론 일부 가정폭력의 피해자와 아동학대의 피해자들이 가해자를 살해하는 등의 폭력을 회피하기 위한 행동들을 하기도 하지만 많은 피해자들이 이런 상황을 회피하려는 시도조차 하지 않고 그저 수동적으로 폭력을 받아들이는 모습을 보이는 것을 보면 학습된 무기력 이론이 현실에서 나타나는 현상들을 설명하지 못한다고 비판하기는 어려운 면이 있어 보인다.

02-2
납치 피해자 Top 10.

1. 아만다 베리(Amanda Berry), 지나 데지저스(Gina Dejesus)와 미셸 나이트(Michelle knight) (2013년 5월 6일 구출)

이 세 여성의 악몽은 2002년 미셸 나이트(Michelle Knight)가 21세의 나이로 클리블랜드에서 사라지면서 시작되었다. 1년 후에 아만다 베리(Amanda Berry, 16세)가 사라졌고, 2004년에 지나 데지저스(Gina Dejesus, 14세)가 사라졌다. 이 여성들은 정신병자에게 잡혀 거의 10년에 걸쳐 여러 번의 임신과 유산을 했고 적어도 한 명의 아이를 낳았다.

체인과 밧줄로 묶여 있었지만 결국 도망할 기회가 찾아왔다. 그녀들의 인질범인 에리얼 카스트로(Ariel Castro)가 외출을 나가자 베리는 도와달라고 소리를 질렀고, 이것이 용감한 이웃인 엔젤 코르데로(Angel Cordero)와 챨스 렘지(Charles Ramsey)의 주의를 끌었다. 베리는 이들에게 자신과 자신의 아기가 이 집에 감금되어 있다고 이야기했다. 그러자 이 두 사람들은 문 아래쪽을 발로 차 구멍을 뚫었고 이 구멍을 통해 베리가 아기를 안고 빠져 나왔다. 이들은 곧장 이웃집으로 가서 911에 전화를 걸었고, 경찰이 출동하여 다른 두 명의 여성도 구출하였다.

2. 제이시 리 두가드(Jaycee Lee Dugard) (2009년 8월 26일 구출)

1991년 6월 10일, 당시 11살 이었던 제이시 리 두가드(Jaycee Lee Dugard)는 캘리포니아, 사우스 레이크 타호(South Lake Tahoe)에서 집에서 스쿨버스 정류장으로 가는 도중에 납치되었다. 납치범인 필립 가리도(Philip Garrido)는 그녀 옆으로 차를 세우고 Stun 건으로 그녀를 공격해 쓰러뜨린 다음 차에 태워 달아났다. 이 납치장면을 그녀의 양아버지가 목격을 하고 추격을 하였고 경찰도 어린 소녀를 찾기 위해 광범위한 수사와 수색이 이루어졌지만 이후로 8년 동안 이 소녀를 찾지 못했다. 가리도는 그녀의 집에서 150 마일 떨어진 곳으로 그녀를 납치하고 연속적으로 강간하여 2명의 딸을 낳게 만들었다. 그녀는 가리도의 뒷마당에 살았는데 가리도는 마당에 높은 울타리를 치고 쓰레기들로 둘러싸인 텐트에서 그녀가 살도록 했다.

그러던 중 2009년 8월에 인질범인 가리도가 그의 아내 낸시와 함께 두 명의 여자아이들을 데리고 UC 버클리를 방문했는데, 이들의 부자연스러운 행동이 사람들의 이목을 끌었고 마침내 이들을 체포하게 만들었다.

두가드의 케이스가 모든 인질 사건 중에 아마도 가장 극단적인 사건일 것이다. 장장 18년간이나 납치생활을 했으니 말이다.

이들 범죄자 부부는 결국 법정에서 두가드를 납치하고 성폭행한 것을 인정하여, 필립 가리도는 431년 형을, 낸시는 36년 형을 선고받았다.

3. 나타샤 마리아 캄푸쉬(Natascha Maria Kampusch) (2006년 8월 23일 탈출)

나타샤 마리아 캄푸쉬(Natascha Maria Kampusch)는 1998년 3월 2일(당

시 10살) 납치를 당하여 납치범, 볼프강 프리크로필(Volfgang Priklopil)의 지하실에 8년 동안 감금되어 있었다. 지하실로 들어가는 출입구는 찬장으로 가려져 있었다. 이 작은 지하실은 철로 보강된 콘크리트로 만든 문이 달려 있었다. 더구나 완벽하게 방음이 되는 이 방에는 창문도 없어서 탈출을 더욱 어렵게 만들었다.

그럼에도 불구하고 그녀는 납치범이 자신의 차를 세차 하기 위해서 잠깐 밖으로 나온 틈을 타서 2006년 8월 23일 극적으로 탈출하였다. 그녀는 이웃집으로 달려가서 경찰에 신고를 하였다. 그런데 나타샤는 스톡홀름 증후군을 보였는데 자신의 납치범인 볼프강 프리크로필이 자살했다는 소식을 듣고 눈물을 터뜨렸다고 한다.

나타샤는 그녀의 책에서 납치되어 있는 동안 프리크로필이 자신에게 숲으로 수영하러 가도록 허락한 것에 대해 매우 감사했다. "나는 납치범이 보여주는 이처럼 작은 호의에 대해서도 말로 표현할 수 없는 감사를 느꼈고, 지금도 그러하다."고 썼다. "그 당시에 나는 사람들의 작은 제스쳐에도 민감하게 반응했는데, 내가 아무 것도 할 수 없는 세상에서 작은 선함이라도 발견하고 싶었기 때문이었다." "하루는 내가 그에게 당신을 용서합니다. 왜냐하면 사람은 누구나 실수를 저지르기 마련이니까요."라고 하기도 했다고 한다. "어떤 면에서 보면 나의 가족과 아이덴티티를 앗아간 그가 이제 나의 가족이 되었고, 그의 병적인 환상이 나의 현실이 되었습니다."

나타샤는 후에 오스트리아 채널 플러스 4에서 자신의 토크 쇼를 진행하였고, 2010년에는 자신의 이야기를 쓴 자서전, '3096일'을 출간하였다.

4. 엘리자베스 스마트(Elizabeth Smart) (2003년 3월 12일 발견)

2002년 6월 5일, 브라이언 데이비드 미첼(Brian David Mitchell)이 칼을 휘두르며 유타주 솔트 레이크 시티에 있는 엘리자베스 스마트(Elizabath Smart)의 집에 침입하여 당시 14세였던 엘리자베스를 납치해 갔다. 가족들은 엘리자베스의 사진과 납치범의 몽타쥬를 TV에 제공했고, 이 사진들은 '미국 최고의 수배자(America's most wanted)'라는 TV 프로그램을 통해 전국에 방송되었다. 그리하여 2003년 3월 12일 납치범이 회색 점퍼, 선글라스, 베일로 가리고 엘리자베스와 함께 다니는 것이 이 방송을 보았던 한 시민에 의해 목격되었고, 그가 경찰에 신고하여 범인이 바로 검거되었다. 미첼은 현재 무기형을 선고받고 연방교도소에 수감되어 있다.

그런데 스마트는 나중에 자신이 받은 종교적 교육이 자신으로 하여금 감금상태로부터 도망치지 못하게 하였다고 한다. 그녀는 그녀 자신이 강간을 당했기 때문에 더 이상 '순결하지 않다.'고 생각하였는데 자신에게는 이것 하나만으로도 납치범으로부터 도망치지 못할 충분한 이유가 되었다고 한다. 또한 납치범들은 스마트가 '쓸모없는' 인간이라고 느끼도록 만들어서 자신이 도망쳐서 집으로 돌아가더라도 가족들이 더 이상 사랑해 주지 않을 것이라고 생각하게 만들었다고 한다.

"저는 제 영혼이 깨져버린 것처럼 느껴졌고, 더 이상 사람이 아니라고 생각되었습니다. 어떤 사람이 저 같은 사람을 사랑하고 받아주고 보살펴 주겠냐는 생각이 들었습니다. 아무런 의미를 부여할 수 없었습니다."

5. 케이티 비어스(Katie Beers) (1993년 1월 13일 발견)

케이티 비어스는 1992년 자신의 10번째 생일을 이틀 앞둔 12월 28일 뉴욕에서 납치당하였다. 케이티 가족의 친구였던 존 에스포지토(John Esposito)는 케이티에게 생일 선물을 준다고 꾀어서 자신의 집으로 데려갔다. 여기서 그는 케이티를 자신의 창고 밑에 있는 콘크리트로 된 방에 17일 동안 감금했다. 1993년 1월 13일 경찰이 납치범의 벙커를 발견하였고, 거기서 공포에 떨고 있는 소녀를 발견하였다. 그녀는 납치범이 자신을 강간했다고 진술했고 범인은 현재 중형을 선고받고 수감 중이다.

6. 콜린 스텐(Collen Stan) (1984sus 탈출)

콜린 스텐은 카메룬(Cameron)과 제니스 후커(Janice Hooker)에 의해 납치되어 1977년부터 1984년까지 7년 이상 성노예로 살았는데, 법정기록에 의하면 FBI 역사상 유래가 없을 정도로 혹독한 감금생활을 한 것으로 드러났다. 악몽은 1977년 카메룬 후커가 친구 집 파티에 가기 위해 히치하이킹을 하는 스텐(Stan, 당시 20세)을 납치하면서 시작되었다. 이후로 7년 동안 스텐은 차마 입에 담기 힘든 방법으로 온갖 고문과 성적 학대를 당하였다.

카메룬은 스텐에게 'The Company(회사)'라는 조직이 항상 그녀를 감시하고 있고 만약 도망치려고 하면 그녀를 잔인하게 고문하고 그녀의 가족들을 죽여 버릴 거라고 믿게 만들었다고 한다. 이런 온갖 협박에도 불구하고 스텐은 1984년에 탈출하였는데, 스텐이 탈출하자 카메룬의 아내인 제니스는 카메룬이 또 다른 성노예를 찾아 나설 까봐 걱정이 되기 시작했다고 한다. 제니스는 스텐에게 카메룬이 소위 '회사'라는 조직의 일원이 아니라는 것을 이야기해 주었고, 결국 경찰에 남편을 신고하였다.

스텐은 현재 매우 훌륭한 삶을 살고 있다. 그녀는 대학에서 사서 회계학 학위를 따고 결혼을 하여 딸을 낳았다. 그리고 학대받는 여성들을 도와주는 단체에 가입하여 활동하고 있다. 카메룬은 납치, 성폭행 등 여러 가지 죄목으로 104년 형을 선고받고 복역 중이다.

7. 스티븐 스테이너와 티모시 와이트(Steven Stayner and Timothy White) (1980sus 3월 1일 탈출)

스티븐 스테이너(Steven Stayner)는 7살 때 캘리포니아, 머시드(Merced)에서 납치되었다. 1972년 12월 4일 오후, 학교에서 집으로 돌아가는 길에 어빈 에드워드 머피(Ervin Edward Murphy)라는 사람이 스티븐에게 접근하였다. 어빈은 아동 강간범인 케니스 파넬(Kenneth Parnell)이라는 사람을 스승 같은 존재로 모시고 있었다.

스티븐은 14세가 될 때까지 붙잡혀 있었는데 스티븐이 사춘기에 접어들자 파넬은 더 어린 아이를 납치하려고 했고, 실제로 1980년 2월 14일, 캘리포니아 유키아(Ukiah)에서 5살 난 티모시 와이트(Timothy White)를 납치하였는데 이것이 스티븐을 매우 불쾌하게 만들었다. 1980년 3월 1일, 파넬이 야간 시큐리티 일을 하기 위해 나간 사이에 스테이너는 와

이트와 함께 탈출하였고 유키아까지 히치하이킹을 하여 경찰서로 가서 신고를 하였다. 그리하여 다음 날인 1980년 3월 2일, 파넬은 이 두 소년을 납치한 혐의로 체포되어 7년형을 받았다. 이 일로 인해 캘리포니아 의회는 유사한 납치사건에 있어서는 연속적인 수감이 가능하도록 주법을 바꾸게 되었다.

그런데 불행하게도 스테이너는 1989년 직장에서 집으로 돌아오는 길에 교통사고를 당하여 사망하였다.

8. 패티 허스트(Patty Hearst) (1975년 9월 체포)

패티 허스트(Patty Hearst)는 여류작가인 윌리엄 랜돌프 허스트(William Randolph Hearst)의 손녀로써 납치 피해자이자 유죄판결을 받은 은행강도라는 이중적 지위를 가지고 있다. 그녀의 납치 사건은 아마도 스톡홀름 신드롬에서 가장 유명한 사건 중 하나일 것이다. 테러집단에 의해 납치되었던 그녀는 1974년 자신을 납치한 '심바이니스 해방군(Symbionese Liberation Army, SLA)'라는 테러리스트 그룹에 가담하였다. 이 테러집단의 멤버들은 그녀가 SLA에 가입하여 은행 강도에 참여하도록 세뇌한 것처럼 보이며, 또한 단순한 은행강도가 아닌 것은 분명해 보인다.

결국 FBI는 그녀를 체포하여 7년의 징역형을 선고받도록 했으나, 그녀는 감옥에 간지 2년도 채 되지 않아 지미 카터 대통령에 의해 특별사면을 받고 가석방되었다.

9. 프랭크 시나트라 주니어(Frank Sinatra, Jr.) (1963년 탈출)

　가수인 프랭크 시나트라 주니어(Frank Sinatra, Jr.)는 전설적인 뮤지션인 프랭크 시나트라(Frank Sinatra)의 아들이다. 1963년 12월 8일, 프랭크(당시 19세)는 허라스 레이크 타호(Harrah's Lake Tahoe)에서 납치되었다. 이틀 후, 그의 아버지가 24만 달러의 몸값을 지불하고 바로 풀려났다. 베리 키난(Barry Keenan), 조니 어윈(Johnny Irwin)과 조 암슬러(Joe Amsler)는 역사상 가장 유명한 연예인 중 한 명을 납치한 혐의로 체포되어 오랜 동안 감옥신세를 지게 되었다.

10. 헬렌 오브 트로이

　역사상 가장 미스터리 한 납치극은 트로이의 헬렌일 것이다. 그녀는 그리스 신화에서 가장 중요한 납치 사건 중 하나에 등장한다. 첫 번째는 아테네의 테세우스가 헬렌을 제우스의 딸이라고 생각하고 납치한다. 신화에서 테세우스는 영웅으로 알려져 있지만 납치한 헬렌을 강간하였다고 한다. 얼마 후 그녀의 오빠들이 아테네로 쳐들어가 헬렌을 구해 온다.
　헬렌은 그 후에 스파르타의 왕에게 시집을 가는데 트로이의 왕자 파리스의 유혹에 넘어가 트로이로 건너간다. 분노한 스파르타의 왕은 여러 그리스 도시국가들과 연합하여 트로이를 공격한다. 그 이후에는 독자들도 잘 아는 바와 같이 양쪽 모두는 큰 피해를 입게 되고 헬렌은 결국 스파르타로 돌아간다.

협상심리 백과사전

강산이 변하는 것이 빠를까? 사람이 변하는 것이 빠를까?

옛날 어느 연못에 전갈과 개구리가 살고 있었다. 전갈은 연못 건너편으로 가고 싶었지만 수영을 할 줄 몰랐다. 그래서 옆에 있던 개구리에게 부탁했다. "개구리님, 저를 업어서 연못 건너편까지 데려다 주실 수 없을까요?" 그러자 개구리가 "싫어요, 연못을 건너다가 당신이 나를 찌르면 어떡합니까?" "아닙니다. 제가 당신을 쏜다면 저도 같이 죽을 텐데 제가 그렇게 하겠습니까? 저는 맹세코 절대 당신을 쏘지 않을 겁니다. 그러니 제발 저를 건너보내 주세요, 부탁합니다."

그러자 마음이 약해진 개구리는 절대 쏘지 않을 거라는 맹세를 재차 받고 나서 전갈을 업고 연못을 건너기 시작했다. 그런데 중간쯤 왔을 때 등 뒤에 있던 전갈이 갑자기 개구리를 꼬리로 찌르고 말았다. 화가 난 개구리가 물었다. "아니 왜 저를 쏜 겁니까?", 그러자 전갈이 말했다. "글쎄요, 저도 그러지 않으려고 했는데 저도 모르게 그만… 저는 전갈이잖아요…"라고 하면서 개구리와 함께 연못 바닥으로 가라앉고 말았다.

이 우화에서처럼 인간의 본성은 참으로 바꾸기 어려운 것이다. 지나가던 누군가가 와서 전갈을 맹비난 하더라도 똑같은 상황이 되면 전갈은 또 개구리를 찌르고 말지 모를 노릇이다.

쌍권총 크로울리라는 사람이 있었다. 서부 개척시대의 무자비한 총잡이로 많은 사람을 죽였고 심지어 경찰관까지도 죽인 살인마였다. 그런데 그가 체포되어 교도소에 수감되었는데 그는 "자신은 온화한 사람이고 자기 자신을 지키려고 한 것뿐인데 이렇게 되었다."고 했다.

미국의 유명한 마약조직 두목으로 많은 사람을 마약중독자로 만들고 또 많은 사람을 살해한 알 카포네도 "나는 나의 젊은 시절을 사회를 위해 바쳤지만 사람들은 나에게 범죄자라는 낙인을 찍었다."고 했다. 일반 사람들이 볼 때 엄청나게 흉악한 범죄자들도 마음 속 깊숙이는 자신을 비난하지 않는 것이다.

한 사회복지과 교수님이 수년간 교도소를 방문하면서 재소자들과 대화를 하고 나서 필자에게 이런 말을 한 적이 있다. "제가 볼 때 살아 있는 사람 중에 마음 속 깊이 자신이 잘못 됐다고 생각하는 사람은 하나도 없습니다. 자기 자신을 진심으로 비난하는 사람들은 이미 죽었겠지요. 그러니까 살아있는 사람 중에는 진심으로 자기가 잘못했다고 생각하는 사람은 없는 것 같습니다." 범죄자들이 그러할 진데 일반인들은 어떠하겠는가?

범죄학에는 '중화의 기술'이라는 것이 있다. 범죄자들은 누군가 자신을 비난하면 자신의 죄를 뉘우치고 반성하는 것이 아니라 자신을 비난하는 사람을 비난하고 자신이 범죄를 저지를 수밖에 없었던 상황이나 환경을 비난하며 나아가서 피해자를 비난하여 자신의 범죄행위를 희석시키는 기술을 가지고 있는데 이것을 '중화의 기술'이라고 한다. 예를 들어 절도범이 자신이 절도를 한 이유에 대해 피해자가 부주의하게 문을 열어 놓아 자신이 쉽게 집안으로 침입할 수 있게 했고 집이 가난하여 학교에 가지 못했기 때문에 배운 게 없어 도둑질 밖에 할 게 없다고 하는 것이다.

존 가트만 박사는 사랑에 과학적으로 풀이할 수 있는 어떤 공식이 존재하지 않을까하는 생각을 가지고 『사랑의 방정식』을 구하기 위해 3000쌍의 커플을 30년간 연구했다. 사랑이라는 것이 수학공식처럼 수식으로 풀 수 있는 성질의 것은 아니기 때문에 어떻게 방정식을 구할 수 있는가도 의문이기도 하지만 어떤 방식으로 커플들 사이의 사랑에 대해 조사하는가하는 방법론도 문제일 것 같다. 가트만 박사가 사랑에 대해 연구하기 위해 선택한 방법은 커플들의 커뮤니케이션 방식이다.

박사는 커플들이 대화하는 모습을 관찰하고 녹화하였는데 오랫동안 이들을 추적조사해 보니 커플들이 어떠한 대화방식을 가지고 있느냐가 이들의 관계가 유지되느냐 그렇지 않느냐를 결정하게 된다는 것을 발견했다. 집안,

학벌, 경제조건 등의 요소들이 아닌 대화방식이 사랑에 있어서 결정적인 요소라는 것이다. 이와 함께 가트만 박사가 발견한 것은 『×5』의 법칙인데 커플들이 깨지지 않고 관계가 유지되려면 'Negative input' 한 번을 상쇄하기 위해 'Positive input' 다섯 번이 필요하다는 것이다.

일반적으로 사람들은 'Negative input'을 한번 하면 이를 상쇄하기 위해 'Positive input'을 한번만 하면 되는 것으로 생각한다. 예를 들어, 부하직원이 보고서를 엉망으로 써서 '김대리, 보고서가 이게 뭐야, 발가락으로 썼나?'라고 한 번 혼냈으면 '김대리, 내가 아까 야단쳐서 미안한데 저녁 때 내가 소주 한잔 사 줄게'라고 하고 술 한번 사주면 0이 될 것이라고 생각하기 쉬운데 그것이 아니라 밥 사주고 술 사주고 칭찬해주는 등의 'Positive input'을 다섯 번 해야 한다는 것이다. 만약 아내를 한 번 화나게 했으면 이를 만회하기 위해 꽃 사다주고, 외식시켜주고, 옷 사주고, 청소도와주고 설거지해 주어야 겨우 화난 게 풀어질 수 있다는 것이다.

왜 이런 현상이 발생할까? 그것은 사람이 '은혜는 물에 새기고, 원한은 돌에 새기기' 때문이다. 사람은 남이 나에게 잘해 준 것은 쉽게 잊어버리는 반면 못해 준 것은 가슴 깊이 새기는 경향이 있다는 것이다. 그런데 'Positive input'을 이렇게 여러 번 한다는 것이 쉬운 일이 아니기 때문에 'Positive input'을 하려고 하기 보다는 차라리 'Negative input'을 하지 않는 편이 수월하다. 필자는 이런 사실을 알고부터는 다른 사람에게 상처 주는 말이나 행동을 하지 않기 위해 극도로 조심하게 되었다.

그리고 단순히 관계를 유시하는 것을 넘어 잉꼬커플이 되려면 'Negative input' 과 'Positive input'의 비율이 1대 20이 되어야 한다. 1 대 20이라는 숫자가 너무 많게 느껴지는 사람도 있을 수 있지만 'Negative input'을 하지 않는 것이 습관이 되면 20이 아니라 100, 1000이라도 할 수 있게 된다. 이것은 후에 설명하게 될 '왜 비난의 칼을 내려놓는 것이 중요한지'에 대한 중요한 이론적 근거가 된다. 협상 대상자와의 관계를 유지하는 것도 커플들 사이와 마찬가지로 'Negative input'을 많이 하게 되면 라포형성이 어렵게 되고, 'Positive input'을 많이 하면 라포형성에 도움이 되기 때문에 평소 사랑의 방정식을 몸에 익히는 훈련을 하는 것이 협상에 큰 도움이 된다.

03
이란 인질 사건

 1979년 11월 4일 한 무리의 이란 학생들이 테헤란에 있는 미국 대사관으로 쳐들어 가 60여명의 미국사람들을 인질로 잡았다. 이 인질사건의 직접적인 원인은 지미 카터 대통령이 이란에서 추방된 친미 성향의 독재가 샤(Shah)가 암치료를 받기 위해 미국으로 들어오는 것을 허락한 것이었다. 그러나 이 인질사태는 단순히 샤의 치료 때문만은 아니었다. 그것은 미국의 이란 내정에 대한 간섭을 끝내고 이란의 과거와의 단절을 선언하기 위한 것이었다.
 이것은 또한 혁명의 지도자인 반미성향의 목회자 아야톨라 루홀라 호메이니(Ayatollah Ruhollah Khomeini)의 국내적 국외적 위상을 높이기 위한 것이기도 했다. 이들은 인질들을 1981년 1월 21일에 풀어주었는데 총 444일 만이었다. 이들은 로날도 레이건 대통령이 취임연설을 한 지 몇 시간 후에 인질을 풀어주었는데 역사학자들은 이 사건 때문에 지미 카터 대통령이 재선에 실패한 것으로 보고 있다.
 이번 인질 사태는 약 반세기 전에 일어난 일련의 사건들에 그 뿌리를 두고 있다. 이란과 미국 사이의 긴장관계는 석유 때문에 발생하였다. 영국과 미국의 기업들이 이란에서 처음 발견되었을 때부터 원유의 상당부분을 장악하고 있었고, 그들의 기득권을 포기하려는 생각이 전혀 없었다. 그러나 1951년 새로 선출된 이란 수상 무하마드 모사드(Muhammad Mossadegh)가 석유사업을 국유화하려는 계획을 발표하였다. 그러자 미국의 CIA 와 영국의 첩보기관은 모사드를 서방에 보다 우호적인 인물로 교체하려는 비밀계획을 세우게 된다.

티피-아젝스(TP-Ajax)라고 명명된 이 작전을 통해 모사드는 축출되고 1953년 8월에 새로운 정부가 들어서게 된다. 새로운 리더는 모하마드 레자 노모 팔라비(Mohammed Reza Nomo Pahlavi) 라는 이란의 왕족이었다. 샤정권은 세속적이고 반공산주의이며 친서방적이었다. 샤는 수천만 달러의 해외 원조를 받는 대신 이란 석유 매장량의 80%를 미국과 영국에게 주었다.

CIA와 석유사업자들의 입장에서 보면 1953년의 쿠데타는 성공이었다. 사실 이 작전은 냉전시대의 비밀 작전의 모델이 되어, 1954년 과테말라에서의 정권 교체와, 실패하긴 했지만 1961년의 쿠바 개입작전이 이루어졌다. 이란인들은 미국의 내정간섭에 매우 분개했다. 샤는 냉혹하고 전횡적인 독재자가 되어 사박(SAVAK)이라고 불리는 비밀경찰을 통해 수천 명의 사람들을 고문하고 살해하였다. 게다가 이란정부는 경제가 악화되는데도 미제 무기를 구입하는데 수천만 달러를 쏟아 붓고 있었다.

1970년대가 되자 이란인들은 샤정권에 지칠 대로 지쳐있었다. 이란인들은 결국 아야톨라 루홀라 호메이니(Ayatollah ruhollah Khomeini)라는 급진적인 성직자에게 신임을 보여주었는데 이란인들은 그가 외세의 개입을 끊고 이란의 자립을 보장해 줄 것이라고 기대하였다. 1979년 7월 혁명주의자들은 샤를 권좌에서 내몰았고, 샤는 이집트로 도망하였다. 아야톨라 샤가 떠난 자리에 군사적 이슬람 정부를 세웠다.

미국은 중동에서 미국에 대한 적대감을 불러일으키는 것을 두려워하여 그들의 오랜 동맹을 도와주러 오지 않았다. 그러나 1979년 카터 대통령이 축출된 지도자가 악성 종양을 치료하기 위해 미국에 오는 것을 승인하였다. 카터 대통령의 이러한 결정은 정치적이라기보다는 인도주의적인 것이었다. 그렇지만 그것은 불난 집에 부채질을 하는 격이었고, 결국 이란의 반미감정은 폭발하고 말았다.

11월 4일, 샤가 뉴욕에 도착하자마자 일단의 학생들이 테헤란에 있는 미 대사관의 문을 부수고 들어와 대사관을 장악하였다. 이들은 그곳에서 66명의 인질들을 잡았는데 이 중 13명을 얼마 되지 않아 바로 풀어주었다. 이들은 대부분 흑인 여성들이었는데 호메이니가 보기에는 이들도 이미 미국의 압제에서 고통 받는 사람들이었던 것이다. 그리고 얼마 후 14번째 인질이 건강상의 문제로 풀려나 집으로 돌아가 52명의 인질이 대사관에 남아 있었다.

외교적인 노력이나 미국내 이란 자산의 동결 같은 경제적인 제재도 호메이니의 반미 감정에는 별다른 영향을 미치지 못하였다. 한편 인질들은 아무도 크게 다치지는 않았지만 아주 다양하고 무서운 방법으로 고통 받고 있었다. 이들은 눈이 가려진 채로 TV카메라와 야유하는 군중 앞을 줄지어 걸어가야 했고, 책을 읽거나 말을 하는 것이 금지되었으며, 옷조차 거의 갈아입을 수 없었다. 인질로 잡혀있는 기간 내내 인질들은 자신들이 언제 고문을 당하거나 죽임을 당할지 모르는 상태에 있었다.

카터 대통령은 지루한 외교적인 접촉이 성과가 없자 무력으로 인질들을 구출하기 위해 다소 위험할 수 있는 '독수리 발톱(Eagle's Claw)'작전을 준비하도록 했다. 카터 대통령은 최정예 부대원들을 보내 인질들을 구출해 오려고 했다. 그러나 작전을 수행하는 날 불어 닥친 엄청난 모래바람이 헬리콥터 오작동을 불러왔고 그 중 하나가 추락하여 8명의 군인들이 사망하여 결국 작전은 취소되고 말았다.

1980년 대통령 선거를 앞두고 계속해서 이란 인질 사태 미해결 관련 뉴스가 나가자 카터 대통령은 무능하고 나약한 대통령으로 국민들에게 비춰지게 되었고 결국 선거에서 대패하게 되었다.

협상심리 백과사전
거짓말 테스트

사람들이 얼마나 거짓말을 잘 하는지를 알아 볼 수 있는 간단한 실험이 있다. 자신이 자주 사용하는 손의 검지로 자신의 이마에 Q자를 써라. 그러면 자신이 읽을 수 있게 Q의 꼬리를 오른쪽으로 그리는 사람이 있고 다른 사람이 읽을 수 있게 꼬리를 왼쪽으로 내리는 사람이 있을 것이다. 이 테스트는 '자기 감찰(self-monitoring)'수준을 측정할 수 있게 해 주는 것으로 일반적으로 자신이 읽을 수 있게 글자를 쓴 사람보다는 다른 사람이 읽을 수 있게 글자를 쓴 사람이 자기감찰 수준이 높다고 한다.

자기감찰 수준이 높은 사람은 다른 사람이 자신을 어떻게 볼지에 관심이 많기 때문에 다른 사람의 기대에 자신을 맞추려는 경향이 강하고 이에 따라 거짓말을 할 가능성도 높아지는 것이다. 이에 반해 자기감찰 수준이 낮은 사람은 다른 사람의 눈을 많이 의식하지 않으므로 굳이 거짓말을 할 필요를 많이 느끼지 못하는 것이다.

한 연구에서 사람들에게 지난 2주일 동안 자신들이 한 모든 대화와 거짓말에 대해 일기를 쓰게 한 적이 있다. 연구팀이 이 일기를 분석한 결과 대부분의 사람들은 매일 두 번 정도 거짓말을 하고 대화의 3분의 1에는 어느 정도의 속임수가 들어 있으며, 5개의 거짓말 중 4개는 들키지 않고 지나가고, 60퍼센트 이상이 적어도 한 번은 배우자에게 거짓말을 한 적이 있으며, 80퍼센트 이상이 일자리를 얻기 위해 거짓말을 한 적이 있다고 한다.

코넬대학교의 로버트 크라우트(Robert Kraut)와 로버트 존스턴(Robert

Johnston) 교수는 진짜 웃음과 가짜웃음의 차이를 알아보기 위해 볼링을 치는 사람들을 연구했다. 그들은 볼링을 치는 사람들의 표정과 점수는 물론 볼링 레인을 쳐다보는지 친구들을 쳐다보는지도 기록했다. 연구결과 사람들은 단지 4퍼센트만이 혼자서도 웃었다. 그러나 친구들과 눈이 마주쳤을 때는 42퍼센트나 미소를 지었다. 이것은 사람들이 사교적인 이유로 자신이 진짜 행복하거나 즐겁지 않더라도 우울하거나 슬퍼 보이지 않기 위해서 가짜 웃음을 짓는다는 증거로 볼 수 있다.

04
님로드 인질사건

　1980년 4월 30일 오전 11시 20분, 극렬 무장단체인 '아라비스탄 해방 민주혁명운동' 소속 단체원 6명이 런던에 있는 이란 대사관에 난입하며 대사관 내에 있던 사람들 26명을 인질로 잡았다. 이들은 이라크의 지원을 받는 반호메이니 단체 소속원들로 남서부 유전지대인 아라비스탄의 자치를 요구하였다. 테러범의 리더인 알리 무하마드는 인질들을 제압하고 나서 다음과 같은 요구사항을 내놓았다.
　"하나, 우리는 인권과 제반 법적 권리를 요구한다. 둘, 우리는 아라비스탄 지역민의 자유와 자치를 인정해 줄 것을 요구한다. 셋, 우리는 교도소에 수감된 91명의 아라비스탄 애국자들의 해방을 요구한다. 만약 이러한 요구를 5월 1일 정오까지 받아들이지 않을 경우, 대사관은 인질들과 함께 폭파될 것이다."
　테러범들은 자신들이 인질들을 완전히 통제하고 있다고 생각했지만 사실은 인질 중에 외교사절 경호팀 소속의 트레버 록 경관이 있었고, 트레버 경관은 런던 경시청에 비상호출신호를 보냈던 것이다. 런던 경시청에서는 이 비상호출을 통해 대사관에 테러범들이 침입한 사실을 조기에 알아차리고 즉시 대테러반 C13을 현장으로 바로 출동시켰다.

런던 경찰은 C13을 출동시켜 대원들을 대사관 주변 곳곳에 배치하였고, 기술팀인 C17에서는 전자감청 장비를 설치하여 대사관 테러범들의 대화내용을 감청하기 시작했다.

한편 테러범의 대사관 난입 상황은 경찰의 최정예 대테러 부대인 파고다 팀에게 전달되었다. 파고다 팀은 특정한 부대가 지정되는 것이 아니라 A·B·C·D의 4개 지역대가 6개월마다 돌아가면서 임무 대기를 하는 것이었다. 파고다 팀은 레드 팀과 블루 팀, 2개의 팀으로 구성되는데, 한 개의 팀이 부대에서 대기를 하는 동안 다른 팀은 현장에서 훈련을 실시한다.당시에는 헥터 굴란 소령이 지휘하는 B지역대가 대기하고 있었는데, 영내에서 사격훈련을 하고 있던 도중 출동명령이 떨어지자 장비를 차량에 싣고 현장으로 출동할 수가 있었다.

대원들은 현장에 도착하자마자 현장을 점검하고 인질구출계획을 수립하기 시작했다. 이들의 1차 계획은 대사관 건물 1층의 유리창을 깨고 진입하는 것이었는데, 1층과 2층의 유리창이 방탄소재로 되어 있어, 헤리퍼드의 본부에서는 방탄유리를 파쇄할 폭약을 준비하는 한편, 정보팀에서는 50여개의 방으로 이루어진 대사관의 축소모형을 만들기 시작했다.

인질극 첫날 밤, 테러범 리더 오안은 몸이 아픈 여성 인질 1명을 석방하였다. 그리고 조금 있다 남성 한 명이 위장장애를 일으키자 테러범들은 경찰에게 의사를 보내줄 것을 요구했지만 경찰이 이를 거부하자 결국 다음 날 이 남성도 석방해 주었다. 이들 석방된 인질들은 경찰에게 대사관 내부 상황에 대한 중요한 정보를 제공하여 주었다.

그러나 이들이 제공해 준 정보에도 불구하고 대사관이라는 공간은 인질 구출작전을 실시하기에는 부적절한 곳이었다. 대사관은 5층 건물로 방이 무려 50개나 있었기 때문에 테러범이 어느 곳에 위치하고 있는지를 알아내는 것부터가 매우 어려웠다. 경찰에서는 각종 감청장치와 집음 장치 등을 이용하여 테러범의 위치를 찾으려 했고, 이러한 노력의 결과 테러범들은 3층에 있고 인질은 2층에 있었는데 암호실에는 5명의 여성이, 텔렉스실에는 15명의 남성이 있었고, 나머지 4명은 테러범들에게 이리저리 끌려 다니고 있었다.

전술팀이 이렇게 진압작전을 위한 준비를 하는 동안 협상팀은 테러범들과 지루한 협상을 이어갔다. 사흘의 시간이 흘렀지만 협상에 별다른 진전이 없자 오안은 화를 내기 시작했고, 협상팀에서는 분노하고 있는 오안을 달래기 위해 그의 요구사항을 라디오방송에 내보내 주기로 하였다.

그리하여 오안이 성명들을 발표하였으나 라디오에서 방송이 나오지 않자 오히려 테러범들을 더 흥분하게 만들었는데, 방송국의 실수로 테러범들은 채널 2를 듣고 있는데 방송은 채널 4로 내보냈던 것이다.

흥분한 오안이 영국 국적의 인질을 가장 마지막에 석방하겠다고 하자 협상팀에서는 오안의 새로운 요구사항을 그대로 기록하여 다시 뉴스에 방송하겠으며, 테러범들을 요르단 대사를 통하여 이라크로 피신할 수 있도록 하겠다는 제안을 추가로 하였다.

그러나 이러한 협상팀의 노력에도 불구하고 인질극 엿새째인 5월 5일, 사건이 벌어지고야 만다. 테러범들이 이란 대사관의 공보관인 아바스 라바사니를 사살한 것이다.

18시 30분경 테러범들은 라바사니의 시신을 대사관 정문 앞에 던져 놓았고, 자신들의 요구사항이 관철되지 않으면 30분 안에 또 다른 인질을 사살하겠다고 협박을 하였다.

사태가 이렇듯 악화되자 마거릿 대처수상은 구출작전을 실행하기로 결심한다. 19시 07분, 경찰의 현장지휘관인 존 델로 경무관은 파고다팀장인 마이클 로즈 중령에게 출동명령을 내린다.

파고다팀의 계획은 4인 1조로 구성된 5개 팀을 동시에 투입하여 테러범들을 소탕하고 인질들을 구해내는 것이었다. 외부에서 지원팀이 최루탄과 섬광탄을 터뜨리면 1팀은 옥상으로 침투하여 섬광탄을 투척하며 중앙계단을 내려가 5층을 제압하고, 2팀은 옥상에서 건물 후면에서 레펠링을 하여 3층 발코니로 진입하여 소탕하며, 3팀은 옆 건물 2층 발코니에서 대사관 발코니로 건너가 소탕한다. 그리고 4팀이 대사관의 후문을 뚫고 들어가 1층을 제압하면, 5팀은 지하로 내려가서 지하를 장악한다. 대사관 뒤의 정원에서는 지원조가 대기하다가 탈출시킨 인질들을 모아 놓고 그 중에 혹시 있을지 모르는 테러범을 가려내기로 하였다.

19시 23분, 드디어 작전이 시작되었다. 2팀 대원 4명이 진입을 위해 로프를 내리고 창문으로 다가갔다. 첫 번째 강하조는 안전히 발코니에 내렸지만, 두 번째 강하조는 내려오다가 실수로 창문을 깨뜨려 소음을 냈다. 이때 경찰 협상팀과 전화통화를 하고 있던 오안은 "이상한 소리가 나니 살펴보고 오겠다."며 권총과 수류탄을 들고 상황을 파악하려 했다. 이에 굴란 소령은 진입작전이 발각되었음을 알고 곧바로 진입명령을 내렸다. 명령이 떨어지자 5개팀은 동시진입을 시작했고 지원조는 최루탄을 투척하고 전기를 끊었다.

돌입명령과 동시에 1팀은 옥상에서 섬광탄을 터트렸다. 2층 발코니로 넘어간 3팀은 취재진들이 지켜보는 가운데 성형폭약을 창문에 설치했다. 안에서는 인질인 시미언 해리스가 이를 쳐다보고 있었고, 대원들은 해리스에게 뒤로 물러나 엎드리라고 손짓했다. 이에 해리스가 뒤로 물러나 엎드리자 3팀은 즉시 창문을 폭파했다. 그러나 폭발력이 너무 강하여 건물 안 바닥에도 구멍이 나버렸다.

  3팀 대원들은 이 구멍을 피하여 영사 집무실 내부로 뛰어 들어갔고, 영사 집무실을 통해 2층으로 진입한 3팀은 바로 옆방인 비서실에서 테러범 리더인 오안을 발견했다. 오안이 창밖에 있던 대원을 발견하고 권총을 발사하려고 하자 트레버 록이 오안과 몸싸움을 벌였다. 이때 대원 하나가 방안으로 섬광탄을 던져 놓고, "비키세요!"라고 소리치자 트레버가 옆으로 비켰고 곧바로 대원들이 기관단총을 발사했다. 15발의 탄환이 오안의 머리와 몸통에 쏟아졌다.

  3팀 2인조가 집무실로 돌입하려는 순간 4팀 대원이 계단을 따라 올라와 3팀 대원들의 뒤로 붙었다. 이들은 문을 박차고 집무실 내부로 돌입했다. 테러범 타미르가 소파 뒤에 숨어서 권총을 쏘며 저항하자 대원들이 일제히 발포하여 무려 21발의 탄환이 테러범의 몸에 박혔다.

  이렇게 테러범들이 차례로 제거되는 사이, 다른 팀들은 계단을 중심으로 경계망을 펴고 인질들을 차례로 내려 보내고 있었다. 계단을 따라 건물 밖으로 인질들을 내보내던 중, 지원조 중 한 명이 곱슬머리 남자에게 다가갔다. 곱슬머리 남자의 손에 수류탄이 들려있음을 확인하고는 곧바로 테러범에게 발사하려고 했다.

  그러나 그의 뒤쪽에 다른 대원이 서 있었기 때문에 그는 기관단총을 돌려 쥐고는 개머리판으로 테러범을 내려쳤다. 개머리판에 얻어맞은 테러범은 계단 아래로 굴러 떨어졌다. 그러자 계단 아래쪽에 있던 대원들이 일제히 총을 발사하여 테러범의 몸에는 탄창 4개 분량의 탄환이 쏟아졌다. 그의 몸에는 78발의 총알구멍이 났고 몸에는 27발의 탄환이 남아있었다.

  건물 내부의 총성이 차츰 잦아들었다. 건물은 화재와 연기로 둘러싸여 있었고, 대사관 앞 정원에는 19명의 인질들이 포박당한 채 바닥에 엎드려 있었다. 그런데 인질들 가운데 마지막 남은 테러범인 파우지 바다비 나자드가 숨어있었다.

  파우지는 숨죽이고 바닥에 엎드려 대원들에게 발각되지 않기를 기도하고 있었지만 인질들 중 한 명이 파우지를 알아보고는 대원들에게 알렸고 대원들이 파우지를 체포하면서 작전은 종료되었다. 작전 종료시각은 19시 34분이었다.

  애초에 프랑스 경찰은 무력진압 시 인질의 40% 정도가 사망할 수 있다고 예측했다. 그러나 실제 구출과정에서는 인질 1명이 사망했고, 테러범 6명 가운데 5명은 사살, 1명은 체포했으며, 경찰 측 사상자는 전혀 없었다. 그야말로 명백히 성공한 작전이었다. 대테러작전의 교본으로 알려진 이 세기의 인질 구출작전에 소요된 시간은 겨우 11분이었다.

05
마르세유의 인질사건

1994년 12월 24일, 크리스마스이브. 알제리의 우아리 부메디엔 공항은 크리스마스를 하루 앞두고 많은 승객들로 붐비고 있었다. 파리행 에어프랑스 8969기도 거의 만석이 되어 승객들로 북적이고 있었다. 승객들이 거의 자리를 잡고 앉았을 무렵 4명의 무장요원이 항공기로 들이 닥쳤다.

이들은 자신들이 '공항보안경찰'이라고 하면서 승객들에게 여권을 보여 달라고 하였다. 알제리 경찰이 종종 항공기에 들어와 여권을 검사하는 일이 있기는 했지만 그렇게 하더라도 통상적으로 무기를 휴대하고 있지는 않기 때문에 승무원들은 의아해 하였다.

그러던 중 테러범들은 갑자기 본색을 드러내고 총기와 수류탄, 다이너마이트 등을 꺼내 보이며 승객 220여명과 승무원 12명을 인질로 잡았다. 승객들과 승무원들을 제압한 테러범들은 기내방송을 통해 "우리는 자비로운 병사들이다. 신께서 우리를 선택하셨고, 우리는 신의 이름으로 전쟁을 수행할 것이다."라고 이야기 하였다. 승객들은 비로소 자신들이 이슬람 무장단체에 의해 인질로 잡혔다는 사실을 알고 큰 충격에 빠졌다.

이슬람 무장단체들은 단순인질범들과 달리 확신범들이기 때문에 잔혹한 행동을 서슴지 않는다는 것을 잘 알고 있었기 때문이다. 테러범들이 유독 에어프랑스 항공기를 점거한 것도 에어프랑스 항공이 프랑스 국적기였기 때문인데 이를 통해 프랑스에 대한 자신들의 반감을 표출하려는 것이었다.

한편 경찰에서는 8969가 아무런 연락을 취하지 않고 이륙을 하지 않자 무언가 잘못되었다는 것을 알아차리고 '닌자'라고 불리는 최정예 부대를 출동시켜 항공기를 에워 쌓다. 기내에 있던 테러범들은 비행기 밖에 있는 진압부대원들을 발견하고는 "알라는 위대하다."라고 외치면서 비행기 문을 닫고 대치를 시작하였다.

테러범들은 기내에 있던 인질들을 남자와 여자로 구분하여 앉혔고, 승무원을 비롯한 모든 여성들에게 베일을 쓰도록 했다. 베일이 없는 경우는 기내용 담요로라도 가리게 하였다. 테러범들이 이렇게 한 것은 여성들이 공공장소에서 신에게 머리를 그대로 드러내는 것은 불경이라고 생각하기 때문이었다. 이들은 이렇게 하는 한편 진압부대의 공격에 대한 대비도 게을리 하지 않았는데, 조정실과 비행기 중간에 폭발물을 설치하였고 진압부대원들을 속이기 위해 남성 승무원의 옷을 빼앗아 입기도 하였다.

이렇듯 상황이 심각하게 돌아가자 알제리의 내무장관인 압둘라만 메지안-샤리프가 직접 나서서 테러범들과의 협상을 시도하였다. 그는 공항 관제탑으로 가서 무전을 통해 테러범들과의 대화를 시도했는데 테러범들은 압둘라만 장관과의 대화를 거부한 채 자신들의 입장만을 전달하였다. 이들의 요구사항은 이슬람구국전선의 지도자인 아바시 마다니와 알리 벨하지를 즉각 교도소에서 석방하라는 것이었다. 이에 대해 알둘라만 장관은 테러범들이 원하는 것을 얻고자 한다면 여자와 아이들을 우선 풀어달라고 하였다.

  그러나 테러범들은 인질들을 풀어 줄 생각이 없었다. 그들은 알제리 정부가 자신들의 요구사항을 들어주지 않을 것 같다고 판단하고 요구사항을 변경하여 자신들이 프랑스로 날아갈 수 있도록 해달라고 하였다. 그러나, 알제리 정부도 강경한 태도를 취하여 이들의 요구에 순순히 응하지 않았다. 게다가 항공기 승강용 트랩도 아직 기체에서 분리하지 않은 상태였고 진압부대가 활주로에 차량을 세워 놓아 이를 치워주지 않으면 비행기가 이륙하는 것을 불가능하였다.

  그러자 테러범들은 자신들의 강경한 입장을 보여주어야 한다고 생각하였다. 이들은 항공기에 탑승하고 있던 경찰관 한 명을 끌고 나와 머리에 총을 쏘아 사살하고는 비행기 밖으로 시신을 던져 버렸다. 그러나 그럼에도 불구하고 알제리 정부가 자신들의 요구사항을 들어주지 않자 이번에는 알제리 주재 베트남 대사관에서 근무하는 외교관을 추가로 사살하였다.

  일이 이쯤 되자 프랑스 정부가 가만히 앉아서 상황을 지켜보고만 있을 수 없었다. 물론 알제리 정부는 자국 문제에 외국군대를 끌어들이고 싶지 않았으나 프랑스 정부는 다른 나라에서 발생한 일이지만 자국의 국적기에서 발생한 사건이므로 자신들의 영토고권에 대한 침해이고 이에 대해 자신들이 물리력을 사용하여 해결할 수 있다고 생각하였다. 이에 프랑스 총리 에두아르 발라뒤르는 알제리 정부에 항공기를 빨리 이륙시켜 프랑스로 보내줄 것을 강하게 요구하였다.

  그러나 알제리 정부가 이에 응하지 않자 프랑스 정부는 대테러부대인 국가헌병대 진압단(GIGN)을 현지로 급파하였다. 사건이 발생한지 9

시간만의 일이었다. 특공대원들이 알제리로 타고 간 비행기는 피랍된 비행기와 동일한 기종인 에어버스 A300B2-1C형이었는데, 이는 현장에서 작전을 할 때 기내 상황에 최대한 익숙하도록 하기 위한 조치였다. 특공대원들이 스페인에 도달하였지만 알제리 정부는 여전히 프랑스 병력이 자국의 영토에 들어와서 작전을 수행하는 것에 반대하는 입장을 표명하고 있었다.

날이 바뀌어 크리스마스가 되었다. 이 때 프랑스에 놀랄만한 정보가 하나 전달되었다. 테러범들의 진정한 목적은 자신들의 동료를 교도소에서 석방시키는 것이 아니라 항공기를 프랑스 파리의 에펠탑에 충돌시키겠다는 것이다. 이 첩보가 사실이라면 2001년에 발생한 9/11테러 때 테러범들이 비행기를 납치하여 뉴욕의 쌍둥이 빌딩을 충돌한 것이 전혀 새롭고 창의적인 공격은 아닌 것으로 보인다. 이미 오래전부터 테러범들이 이러한 계획을 세웠던 적이 있으니 말이다.

이런 상태에서 테러범들은 인질 일부를 석방하기 시작했다. 첫 날에는 여성 인질들을 석방하는 것을 거부하던 테러범들의 어떤 이유로 심경의 변화를 일으켰는지 모르겠으나 이들은 63명에 달하는 인질을 석방하였다. 아마도 이 날이 크리스마스여서 이들 나름대로 크리스마스 선물을 한 것일지도 모르겠다.

한편 알제리 정부도 상황을 해결하기 위해 나름대로의 노력을 기울이고 있었다. 이들은 테러범의 리더인 압둘 야히아를 설득하기 위해 그의 어머니를 현장으로 데려와 항복을 권유하도록 했다. 하지만 이것이 오히려 야히아를 더욱 자극하는 계기가 되었다.

압둘의 어머니처럼 인질상황에서 협상가와 테러범 이외에 협상에 참가하게 되는 사람을 '제3 중재자'라고 한다. 제3중재자에는 가족, 친지, 애인, 선배, 종교지도자 등 대상자를 설득하는데 도움이 될 것이라고 판단되는 어느 누구라도 될 수 있다. 아주 가끔은 협상가가 직접 하는 것보다 제3중재자가 범인을 설득하는 것이 더 효과적일 때가 있다.

하지만 대부분의 경우에 제3중재자는 범인과 감정적으로 강하게 결부되어 있는 경우가 많고 협상의 기본원칙이나 인질범을 설득하는 방법들에 대해 훈련이 전혀 되어 있지 않기 때문에 협상에 득이 될 때보다 독이 되는 경우가 더 많다. 따라서 '제3중재자'의 투입은 신중에 신중을 더해야 하는 것이다. 그런데 알제리 정부는 이런데 대한 지식이 전무하고 협상이라는 개념 자체가 제대로 정립되어 있지 않았기 때문에 이런 우를 범한 것이다.

흥분한 압둘은 프랑스 대사관에서 근무하는 주방장을 끌어내 21시 30분까지 이륙을 허가하지 않으면 이 사람을 살해하겠다고 협박하였다. 그러나 알제리 정부가 최종 시한까지 아무런 조치를 취하지 않자 실제로 이 주방장을 사살하였다.

상황이 이렇게 되자 프랑스 정부의 흥분도 극에 달했고 알제리 정부에 당장 항공기를 이륙시키지 않으면 알제리 정부가 모든 책임을 져야 할 것이라고 압박하였다. 그러자 더 이상 견디기 힘들었던 알제리 대통령은 피랍 39시간 만인 12월 25일 23시에 피랍 비행기의 이륙을 허가한다.

테러범들은 기장에게 파리로 날아갈 것을 지시했다. 그러나 이틀 동안 공항에 대기하면서 기내에 전기가 들어오도록 하기 위해 연료를 너무 많이 사용하여 파리까지는 안 되지만 마르세유 까지는 갈 수 있다고 대답하였다. 그런데 사실은 연료 문제가 아니라 프랑스 정부가 비밀리에 무전으로 기장에게 항공기를 마르세유 마리냥 공항에 착륙시킬 것을 지시했던 것이다.

한편 스페인에 대기하고 있던 특공대원들은 테러범들보다 더 빨리 마리냥 공항에 도착하기 위해 재빨리 마르세유 공항으로 이동하였다.

피랍기는 12월 26일 03시 33분에 마리냥 공항에 도착하였다. 그리고 연료를 주유해야 한다는 핑계로 공항터미널에서 멀리 떨어진 급유장소로 인도되었다. 사실 이렇게 한 것은 연료 주유보다는 인질구출작전을 보다 원활하게 하기 위함이었다. 프랑스 측 협상자로 알랭 게행(Alain Gehin) 마르세유 경찰청장이 나섰다.

급유장소로 이동한 테러범들은 항공연료를 무려 27톤이나 급유해 줄 것을 요청했다. 마르세유에서 파리까지 가는 데는 10톤 정도의 연료만 있으면 되는데 말이다. 이들은 아마도 파리로 날아가 에펠탑이 충돌할 때 많은 연료가 비행기에 실려 있어야 폭발력을 높일 수 있기 때문에 이러한 요구를 하는 것으로 생각되었다.

또한 프랑스 정보당국이 파악한 바에 의하면 테러범들은 폭발물을 항공기 출입문에는 설치하지 않고 조정석과 중심부에 설치하였는데, 이는 특공대의 진입을 저지하려는 것이 아니라 항공기를 보다 효과적으로 폭파시키기 위한 것으로 보였기 때문에 많은 연료를 요구하는 것 또한 파리 이외의 다른 곳으로 날아가기 위한 것이라기보다는 항공기의 폭발력을 높이기 위한 것으로 판단되었다.

08시경, 프랑스 특공대원들은 협상을 통해 기내에 음식과 물을 추가로 공급해 주기로 하였고 이를 위해 항공보급요원으로 변장하여 음식과 물을 가지고 기내로 들어갔다. 이들은 기내로 들어가서 출입문이 장애물로 막혀 있지 않고, 부비트랩도 설치되어 있지 않을 것을 파악했고, 도청장치와 적외선 감시장치 등도 테러범들 모르게 심어 놓고 왔다.

프랑스 정부는 보다 효과적인 작전수행을 위해 테러범들에게 파리 대신 주요 언론사들의 본부가 소재하고 있는 마르세이유에서 언론사들과 인터뷰를 하는 것이 어떠냐는 제안을 했다. 일반적으로는 테러범들이 언론과의 인터뷰를 하게 해달라고 요구하는데 이 사건의 경우에는 거꾸로 경찰 측에서 먼저 테러범들에게 언론과 인터뷰를 하도록 권하였다.

이것은 매우 이례적이긴 해도 전술적 관점에서 보면 매우 영리한 것이었다고 판단된다. 테러범들이 언론과 인터뷰를 하도록 함으로써 인질들을 항공기 후방으로 보내고 테러범들은 1등석에 모이게 하여 진압작전을 보다 용이하고 안전하게 할 수 있는 구조를 만들 수 있었던 것이다.

이제 남은 한 가지 과제는 어두워질 때까지 협상을 지연시키는 것이었다. 어둠을 이용하여 항공기 주변에 GIGN 대원들이 모두 배치가 끝났을 때 작전을 실행하면 완벽한 제압이 가능할 터였다. 그러나 이런 바람은 이루어지지 않았다.

프랑스 특공대는 이 작전을 보다 완벽하게 수행하기 위하여 야간에 이를 수행하기를 원하였다. 어둠을 틈타 작전을 수행하게 되면 모든 것이 자신들이 원한대로 돌아갈 것 같았다. 그러나 이러한 그들의 바람은 이루어지지 않았다. 프랑스 정부가 계속 시간을 끄는 것을 참지 못한 테러범들이 항공기를 공항터미널 쪽으로 이동시켜 관제탑 아래쪽에 정지시킨 것이다. 만약 이곳에서 항공기가 폭발한다면 인질들뿐만 아니라 공항에도 상당한 피해를 주게 될 것이다.

이렇게 상황이 변화되자 특공대장인 파비에 소령은 저격수들을 공항터미널 옥상으로 재배치하고 항공기용 계단차량 3대와 30명의 진압병력을 준비시켰다.

마리냔 공항에 착륙한 지 12시간이 넘었지만 언론 인터뷰가 이루어지지 않자 테러범들은 화가 났다. 15시경 테러범들은 기장을 위협하여 항공기를 터미널 방향으로 접근시켜 관제탑과 가까운 아래쪽에 정지시켰다. 이 장소는 공항터미널과도 가까운 곳이었다. 만약에 테러범이 여기서 자폭한다면, 피해는 항공기에 그치지 않고 공항터미널까지 미칠 것이었다.

이렇게 피랍기가 장소를 옮기자 GIGN은 전술적으로 불리해졌다. 기존의 모든 병력 배치를 변경해야 했다. 파비에 소령은 우선 저격수들을 공항터미널 옥상으로 재배치하여 조종석 내부를 관측하도록 했다. 또한 병력을 재조정하여, 항공기 진입 병력 30명을 선발하고 항공기용 계단차량 3대를 준비했다.

이들은 작전이 개시되면 1개팀은 항공기 후방으로 접근하여 인질들을 구하고, 다른 1개팀은 항공기 우측으로 접근하여 테러범들을 사살하는 것이었다.

17시 되어서도 프랑스 정부가 연료를 공급해 주지 않자 테러범들은 남성 인질 한명을 끌어내 사살하기 위해 코란의 기도문을 낭송하기 시작하였다. 그리고는 출입문을 열고 이 남성에게 총을 발사하고는 관제탑을 향해서도 총을 발사하였다. 상황이 이렇게 되자 프랑스 총리는 공격명령을 내렸고, 파비에 소령은 신호탄을 발사하며 대원들에게 공격을 지시했다.

특공대원들은 미리 계획된 대로 3대의 계단차량을 이용해 항공기로 진격하였다. 그런데 출입문 쪽으로 접근한 계단 차량이 항공기 선체보다 조금 높아 계단차량을 항공기에 바짝 붙이면 출입문을 개방할 수가 없었다. 그래서 차량을 1미터 정도 후진시킨 상태로 특공대원이 문에 매달려 출입문을 개방해야 했고, 이렇게 하는 동안 시간이 조금 지체되었다.

이렇게 진입이 지연되자 테러범들은 구출작전이 시작되는 것을 알게 되었고 기습의 효과도 현저히 떨어지게 되었다. 테러범들은 특공대원들에게 사격을 시작했고 특공대원들도 응사하여 테러범 한 명을 사살했지만 출입문 앞에 있던 특공대원 4명 모두 부상을 당하였다.

테러범들이 앞쪽 출입문에서 특공대원들과 교전을 벌이고 있는 사이 나머지 팀원들은 항공기 뒤쪽에서 인질들을 탈출시키기 시작했다. 대원들은 항공기 뒤쪽 출입문을 개방하고 들어가 조종석 쪽으로 전진하여 테러범들의 진입을 막고 인질들을 미끄럼틀을 이용하여 비행기 밖으로 대피시켰다.

조종석 쪽에서는 격렬한 총격전이 계속되었는데 테러범들과 함께 조종석에 있던 부조종사가 조종석 유리창 밖으로 뛰어 내려 도망쳤다.

이렇게 되자 저격수들이 테러범들을 조준하기 더 수월해 졌고 추가로 2명의 테러범을 더 사살하였다. 이제 테러범은 단 한 명만 남았지만 조종석 출입문이 방탄문이었기 때문에 테러범은 거의 20분 동안 격렬히 저항하다가 결국 총에 맞아 쓰러졌다. 조종실에 있던 기장과 다른 승무원은 무전을 통해 마지막 테러범이 사망하였다는 사실을 알렸다. 이들은 운 좋게도 이처럼 격렬한 총격전 속에서도 부상을 당하지 않고 무사히 살아남았다. 이들은 테러범들의 시체를 은폐물로 삼아 총에 맞지 않았던 것이다.

17시 35분, 구출작전을 시작한 지 22분 만에 파비에 소령은 지휘본부에 "작전 종료되었음. 피해는 제한적임."이라는 무전을 날린다. 장장 54시간에 걸친 인질극이 마침내 막을 내리는 순간이었다. 166명의 인질들은 모두 무사히 구출되었고 특공대원들이 9명 부상을 당하기는 하였으나 사망자는 없는 성공적인 작전이었다.

　GIGN은 프랑스 국가헌병에 소속된 특수부대로 '국가헌병대 진압단'의 준말이다. GIGN은 1972년 뮌헨 올림픽 테러를 계기로 창설되었는데 창설 당시에는 조직원이 15명에 불과했으나 1984년에는 48명, 88년에는 57명, 2000년에는 87명까지 증원되었으며, 1994년 인질구출 작전 수행 당시에는 60여명으로 늘어나 있었고, 2007년에는 다른 특수부대와 통합하여 400명에 육박하는 대규모 조직으로 성장하였으며, 장군으로 진급한 파비에가 초대 지휘관을 맡았다.

06
리마 일본대사관 인질사건

주 페루 캐나다 대사인 앤소니 빈센트(Anthony Vincent)는 반군 지도자인 네스터 설파(Nestor Cerpa)가 혼란스러워 하는 것 같아 보인다고 생각했다. 빈센트 대사는 설파에게 13명의 투팍 아마루(Tupac Amaru) 조직원들이 1996년 12월 17일부터 일본 대사관에 붙잡고 있는 72명의 인질들을 풀어줄 것을 요구했다. 대사가 이야기하는 동안 자신들이 좋아하는 축구팀의 T 셔츠를 입은 8명의 조직원들이 테이프를 감아서 만든 공을 차면서 건물 주변을 돌기 시작했다.

대사관을 장악한 지 벌써 5개월이 되었는데 이들은 지루함을 달래고 긴장을 줄이기 위해 매일 치루는 의식처럼 공을 차고 있었다. 이들이 공을 차는 모습을 다른 조직원들은 2층 발코니에서 난간에 몸을 기대고 내려다보고 있었다. 페루 군 지휘관들은 건물 아래에 터널을 뚫어 공을 차는 조직원들 바로 발아래에 강력한 플라스틱 폭탄을 설치하였다. 빈센트 대사는 설파와 그의 조직원들에 대한 공격명령을 기다리면서 터널 안에 웅크리고 있는 중무장한 병사들의 머리를 밟고 지나갔다.

2시간 후에, 약 3시 13분쯤 알베르토 후지모리(Alberto Fujumori) 대통령은 마침내 지난 몇 주간 이 순간만을 위해서 연습해 온 병사들에게 공격명령을 내렸다. 병사들이 스위치를 누르자 엄청난 폭발이 일어났고 이 폭발로 설파는 부상을 당하였다. 지상과 터널을 통해 수백 명의 병사들이 건물 안으로 몰려 들어갔다.

 정문을 통해 들어 간 병사들은 건물 옆쪽의 창문을 통해 최루탄을 던져 넣었다. 페루군들은 엄청난 총알 세례와 수류탄으로 살려달라고 비는 2명의 여성 조직원을 비롯하여 대부분의 게릴라 조직원들을 사살하였다. 후에 후지모리 대통령이 부인하기는 했지만 포로로 잡은 조직원들도 데려가서 총으로 사살하였다고 한다. 게릴라 조직원들도 페루군 2명을 사살하기는 했지만 페루군은 14명의 납치범들을 모두 사살하고 인질 전원을 구출하였다.

 그러나 페루군들은 여기서 그치지 않고 이 장면을 보고 있는 잠재적 테러범들에게 명확한 메시지를 보내기 위하여 이미 사살되어 누워있는 사람들의 앞머리를 다시 한 번 확인 사살하였다. 후지모리 대통령은 잠시 후 현장에 도착하여 '반군들이 완전히 진압되었다.'고 선언하였다.

 후지모리 대통령은 자신이 트레이드마크처럼 즐겨 입는 흰 셔츠 위에 방탄조끼를 입고 아수라장이 된 대사관 부지를 개선장군처럼 돌아보았다. 그는 TV를 통해 전 세계에 방영되는 상태에서 총탄으로 벌집이 된 반군들의 시체를 밟은 채로 병사들과 악수를 나누었다. 병사들은 대통령 주위로 모여서 주먹을 불끈 쥐고 허공을 때리면서 누가 먼저라고 할 것 없이 애국가를 부르기 시작했다.

 후지모리의 '치욕의 위기상황'은 12월 17일 아무런 경고 없이 갑자기 닥쳐왔다. 18세기에 스페인에 대항한 원주민의 이름을 딴 투팍 아마루 반군들이 일본 황제의 생일을 축하하기 위한 파티가 벌어지고 있는 일본 대사관에 들이 닥쳤다. 반군들은 건물 뒤쪽을 날려 버려 커다란 구명을 만들었고, 샴페인을 따르던 웨이터들은 자동소총을 꺼내어 450명의 손님들에게 바닥에 엎드리도록 명령했다. 반군들은 빈센트 대사와 그의 아내 루시를 비롯해서 10여명의 중요한 외교관과 사업가들을 인질로 잡았다.

몇 시간 후에 반군들은 80여명의 여성인질들을 풀어주었다. 다음 날 빈센트 대사는 그리스와 독일 대사와 함께 풀려났는데 반군의 우두머리인 설파가 투옥되어 있는 450명의 투팍 전사들을 풀어주기 위한 협상을 진행하도록 한 것이다. 다음 몇 주 동안 대부분의 나머지 인질들도 풀려났다. 남아 있던 인질들은 페루 공무원과 군 장교, 그리고 20명의 일본인들이었다.

그러나 후지모리가 단호하게 교도소에 수감되어 있는 투팍 게릴라들을 풀어주기를 거부하자 인질들의 분위기는 매우 어두워졌다. 상황은 점점 더 악화되어 가는 것처럼 보였고, 인질들은 오늘 밤 잠이 들면 다음날 깨어나지 못할 것 같은 불안감을 느꼈다. 인내심이 점점 바닥이 나고 있었다.

빈센트 대사가 반군들과 협상하기 위해 대사관을 부지런히 오가는 동안, 정부의 대테러 전문가는 은밀하게 '챠빈 드 호타(Chavin de Huantar) - 고대 페루 문명에서 '특별한 에너지와 포스'라는 진압작전을 준비하고 있었다. 그들은 대사관 주변의 주택에 하이테크 장비들을 설치하였다.

이와 함께 진압군들은 도청 장치를 몰래 들여가 인질들의 셔츠와 라이닝 등에 설치하였다. 전직 장군인 캐스통 리바네즈(Gaston Libanez)는 1980년대에 페루의 국가정보원을 설립하는 데 관여하였는데 그에 의하면 사태가 발생하고 나서 페루정부는 4천만 불 어치의 복잡한 정보장비들을 미국으로부터 구매하였다고 한다.

4월 20일은 매우 중요한 날이었다. 이 날 발표된 여론조사에 의하면 대통령의 정보기관이 민간인을 고문한 것으로 기소된 후 후지모리의 지지도가 크게 떨어진 것으로 나타났다. 후지모리 대통령은 내무부장관을 해임하고 강직한 장군 한 명을 신임 내무부장관으로 임명했다. 그리고 빈센트 대사는 설파가 인질들의 진료를 위한 방문 횟수를 줄이겠다고 보고하면서 인질들의 안위가 크게 걱정되는 상황이 되었다. 후지모리 대통령은 대사관 아래에 파놓은 5개의 터널에 최종적으로 140명의 병사들을 투입하였다.

하지만 인력보다는 기술이 더 중요하였다. 후지모리 대통령은 도청장비를 통해 인질들과 인질범들의 정확한 위치가 파악되기 전에는 공격을 할 수 없다고 하였다. "저는 지속적으로 정보팀과 연락을 취하였고 결국 인질범들과 인질들의 정확한 위치를 알고 있었습니다."라고 후지모리 대통령은 이야기했다.

화요일 오후에 대통령은 폭탄을 터뜨리도록 신호를 주었고 곧 바로 공격이 시작되었다. 설파는 이 공격으로 큰 부상을 입었지만 다친 몸으로 인질들이 있는 2층으로 기어가기 시작했다. 그러나 진압군들이 곧 들이닥쳐 그를 사살하였다.

인질들 중 한 명이었던 볼리비아 대사 조르고 구무시오(Jorgo Gumucio)는 공격이 임박하다는 것을 알고 있었는데 왜냐하면 그들은 비밀리에 페루 해군가가 이틀 연속 정부가 대사관 주변에 설치한 확성기를 통해 들려오면 곧 공격이 있을 것이라는 신호라는 것을 전달받았기 때문이다. 그리고 공격이 시작되기 바로 직전에 페루 제독에게 경고의 메시지가 전달되었는데 이 제독은 그가 잡혀 있는 내내 라디오

수신기를 숨기고 있었다.

사살된 인질범들 중에 상당수는 아직 어린 친구들이었는데 이들의 시신을 본 빈센트 대사는 안타까움에 눈물을 흘렸다고 한다. 그에게는 이 장면이 폭력과 테러로 얼룩진 페루의 아픈 자화상이었던 것이다. 하지만 여론은 별다른 동정심을 표하지 않았다. 인질 구출 작전 직후에 후지모리 대통령의 지지도가 38퍼센트에서 67퍼센트로 수직 상승하였다.

일본인 이민 2세인 알베르토 후지모리는 1990년에 처음 페루 대통령으로 선출된 때부터 페루가 안고 있는 난제들을 엄청난 열정으로 풀어나가는 것을 보고 사람들은 그를 '일제 어뢰'로 불렀다. 인플레이션을 막기 위해 정보보조금을 획기적으로 삭감하였는데 이를 보고 사람들은 '후지쇼크(Fujishock)'이라고 불렸고, 그가 취한 급진적인 정책들은 모두 '프레지덴셜 스나미(Presidential Tsunami)'라고 불렸다. 그를 비판하는 사람들은 종종 그를 '람보'라고 불렀지만 그는 '사무라이'라고 불리는 것을 더 좋아했다.

후지모리는 정권을 잡은 지 8일 만에 인플레이션을 잡기 위한 획기적인 대책들을 내 놓았고, 정부의 부패문제와 마르크스주의 게릴라문제를 해결하기 위해 군부의 지원을 등에 업고 1992년 의회를 해산하고 거의 100명의 판사를 해임하였다. 이리하여 거의 독재자 수준의 권력을 손에 쥔 그는 수천 명의 반군들과 죄 없는 시민들을 체포를 하였다. 투팍의 지도자인 빅터 플레이(Victor Polay)와 '빛나는 길(Shining path)'의 지도자인 아비마엘 구즈만(Abimael Guzman)이 체포됨으로서 반군의 중추가 꺾인 듯 했다.

이렇게 사회가 안정되고 경제가 부흥하자 후지모리는 1995년 전 UN

사무총장 자비에 페레즈 드 쿠엘라(Javier Perez de Cuellar)를 쉽게 선거에서 이기고 재선에 성공하였다. 그러나 재선된 지 얼마 후 경제가 나빠지고 인권단체들이 교도소에서 반군에 대한 부당한 처우에 대해 그를 비난할 때쯤 리마 대사관 사건이 터진 것이다. 거의 도박에 가까운 강경한 진압작전을 통해 인질들을 구출한 후지모리 대통령의 지지도는 급상승하였기 때문에 그간의 비판과 반감을 쑥 들어가고 말았다.

리마 증후군이라는 것은 인질범들이 인질들에게 동정심을 느끼고 인질들에게 동화되어 온정을 베푸는 현상을 말한다. 이 사건에서 반군들은 대사관을 장악하고 바로 며칠 뒤 아주 중요한 인질을 포함해서 상당수의 인질들을 석방하였다. 그리고 공격 당일 날도 인질들이 비교적 자유롭게 활동할 수 있도록 내버려 두었다.

인질범들은 왜 이런 행동을 하는 것일까? 여기에는 여러 가지 이유가 있을 수 있을 것이다. 인질범들 중 일부가 많은 인질을 잡는 것에 동의하지 않았을 수도 있고 그저 단순히 죄 없는 사람들을 많이 잡아 놓고 있는 것이 싫었을 수도 있다.

이렇게 인질을 풀어주는 사람은 대부분 인질들에게 음식을 가져다주거나 상처를 치료해 주는 사람들이다. 이런 행동들을 통해 인질들에게 애착을 느끼고 인질들의 안위를 염려하게 될 수 있다.

협상심리 백과사전

거짓말

사람들, 특히 여자들이 가장 많이 하는 거짓말 중의 하나는 자신의 나이와 몸무게일 것이다. 미국의 여배우 루실 볼은 젊음을 유지하는 비결이 '정직하게 살고, 천천히 먹고, 나이를 속이는 것'이라고 말했다고 한다. 그녀는 실제로는 1911년생이었는데 1941년생이라고 주장했다고 한다. 그리고 코미디언 그레이시 앨런은 자신의 나이를 철저히 비밀에 부쳐서 그녀의 출생년도가 자료에 따라 1894년, 1895년, 1897년으로 나타나고 심지어는 1906년이라고 나타난 곳도 있다고 한다.

나이가 무엇이기에 정직해야할 저명인사들조차 나이를 속이는 것일까? 캘리포니아 대학교의 알버트 해리슨(Albert Harrison) 교수는 인명사전에 실린 9000여명의 나이를 조사한 결과 미국 독립기념일(7월 4일), 크리스마스(12월 5일), 새해 첫날(1월 1일) 3일 전후에 태어난 사람들의 숫자를 조사했다. 확률적으로 따지면 이 때 태어난 사람은 다른 날 태어난 사람들과 비율적으로 동일해야 한다. 그러나 이 시기에 태어난 사람이 다른 날 태어난 사람들보다 훨씬 더 많았다고 한다. 우연히 이렇게 될 확률은 100분의 1정도라고 하니 많은 유명 인사들이 자신의 출생일을 속였다고 보아야 할 것이다.

07
모스크바 극장 인질사건

 2002년 10월 23일 밤 9시, 크렘린 궁전에서 4킬로미터 정도 떨어진 모스크바의 두브로브카 극장에서는 러시아 최초의 브로드웨이식 창작 뮤지컬 〈노르 오스트〉 공연이 한창 진행 중이었다. 뮤지컬의 제2막이 시작되고 잠시 후 소총을 든 한 무리의 사람들이 나타나 총을 쏘면서 배우들을 무대 아래로 몰아냈다. 하지만 이 때까지도 관객들은 이것이 공연의 일부인지 알았다. 그러나 몇 명의 테러범들이 더 올라와 총을 쏘아대자 그제야 관객들은 이것이 더 이상 쇼가 아니라는 것을 알았다.

 극장에 난입한 것은 체첸 출신의 테러범들로 모두 42명이었는데 이 중 여자가 18명이나 되었다. 테러범의 리더는 25세의 모브사르 바라예프였다. 모브사르는 2001년 6월 러시아의 특수부대에 의해 사살된 체첸 반군의 지도자 아르비 바라예프의 조카였.

 모브사르는 인질들을 향해 자신들은 '제29사단'에서 파견된 자살특공대라고 말하고는 체첸에서 러시아군을 철수시키지 않으면 모든 인질을 사살하겠다고 밝혔다.

 인질극이 발생하자 크렘린은 재빠르게 대응하였다. 사건 발생 2시간 만인 오후 11시 블라디미르 푸틴 대통령은 테러범과 결코 협상하지 않을 것이며 러시아가 체첸을 독립시키는 일은 없을 것이라고 단호하게 천명했다. 경찰이 사건현장 주변에 차단선을 구축한 가운데, 연방보안국의 부국장인 블라디미르 프로니체프 장군이 현장지휘관이 되었다.

넓은 극장 안에는 900여 명에 이르는 인질이 붙잡혀 있었고 테러범의 숫자도 무려 40명이 넘었다. 하지만 가장 큰 문제는 테러범들이 극장 곳곳에 설치해놓은 사제폭발물이었다. 특히 여자 테러범들은 폭발물을 몸에 두르고 손에는 스위치를 들고서는 여차하면 버튼을 누를 태세였다.

구출작전을 담당하게 될 부대는 FSB의 최정예 특수부대인 알파 부대(Spets gruppa Alfa)였다. 700여 명의 정예대원으로 구성된 알파는 1974년 창설된 이래 수많은 대테러작전 및 인질 구출작전을 수행했다.

첫째 날 (2002. 10. 23. 21:15-24:00)

테러범은 휴대폰을 꺼내서 친구나 가족에게 인질로 잡혀있다고 얘기하라고 명령하였다. 테러범들은 바로 부비트랩을 설치하고, 러시아의 구출작전에 대비하여 극장 내부의 30여 곳에 폭탄을 설치하고, 약 110 파운드의 대형 TNT폭탄을 거리를 두고 2개의 장소에 배치하였다. 그리고 19명의 여자 테러범들은 약 1.75-4.5 파운드의 자살폭탄용 벨트를 착용하였다.

극장에 난입한 것은 체첸 출신의 테러범들로 모두 42명이었는데 이 중 여자가 18명이나 되었다. 테러범의 리더는 25세의 모브사르 바라예프였다. 모브사르는 2001년 6월 러시아의 특수부대에 의해 사살된 체첸 반군의 지도자 아르비 바라예프의 조카였다.

모브사르는 인질들을 향해 자신들은 '제29사단'에서 파견된 자살특공대라고 말하고는 체첸에서 러시아군을 철수시키지 않으면 모든 인질을 사살하겠다고 밝혔다.

극장 점거 30분 후, 인질극이 발생한 사실이 러시아 대통령 푸틴에게 보고되었다. 1시간 후에 경찰과 연방보안국(FSB)이 극장 주변을 완전히 포위하였고, 2대의 장갑차, 20대의 경찰차, 5대의 소방차와 구급차가 배치되었다. 지휘본부는 극장 옆의 보훈병원에 설치되었고, 러시아 연방보안국(FSB)의 부국장인 블라디미르 프로니체프(Vladimir Pronichev)가 현장지휘관으로 임명되었다.

사건 발생 2시간만인 오후 11시, 블라디미르 푸틴 대통령은 테러범과 결코 협상하지 않을 것이며 러시아가 체첸을 독립시키는 일은 없을 것이라고 단호하게 천명했다.

넓은 극장 안에는 900여 명에 이르는 인질이 붙잡혀 있었고 테러범의 숫자도 무려 40명이 넘었다. 하지만 가장 큰 문제는 테러범들이 극장 곳곳에 설치해놓은 사제폭발물이었다. 특히 여자 테러범들은 폭발물을 몸에 두르고 손에는 스위치를 들고서는 여차하면 버튼을 누를 태세였다.

그러나 이러한 험악한 분위기에도 불구하고 인질극이 시작된 첫날밤 테러범들은 이슬람교도, 임신부, 몇몇 외국인을 포함하여 150여 명을 석방하였다. 인질 중 2명은 도주를 감행했는데, 이 과정에서 1명이 부상을 당하였다.

인질극 이틀째인 10월 24일, 러시아의 유력정치인들로 구성된 협상단은 테러범들과 협상을 계속했다. 테러범들은 국제적십자사와 국경없는의사회의 대표들까지 협상테이블에 불러들였다. 이날 협상 결과 39명의 인질이 풀려났다.

한편 인질극 내내 어이없는 상황이 줄을 이었다. 인질극 첫날인 10월

23일에는 극장 매점 여직원이 술에 취해 잠이 들어 있다가 깨어나서 극장 안으로 들어갔다가 테러범들의 총에 맞아 사망하였다. 테러범들은 그녀가 FSB 요원이라고 생각했던 것이다.

둘째 날에는 지휘부의 지시와 상관없이 독자적으로 행동하던 콘스탄틴 바실리예프(Konstantin Vasilyev) 대령이 극장 입구에서 사살되었고, 상부의 지시도 없이 특공대원들이 인질들이 잡혀있는 관람석 근처에 도청장치를 설치하려다가 온수관을 터뜨리는 바람에 온 극장을 물바다로 만들고 말았다.

셋째 날 해질녘에는 한 남자가 인질 중에 자신의 아들이 있는지 확인해야 한다고 하면서 경찰 통제선을 뚫고 극장으로 달려 들어갔다가 테러범들에게 사살당하는 일도 발생했다.

인질극 사흘째, 러시아 당국은 국영방송을 통해 테러범들의 주장을 방송할 수 있도록 해주고 러시아인과 12세 이하의 아동 8명의 석방하도록 했다.

인질극 나흘째인 10월 26일 토요일이 되자 인질 구출작전을 새벽 3시에 실시할 것이라는 언론보도가 잇따랐다. 하지만 3시가 되어도 구출작전은 이루어지지 않았고 언론보도를 본 테러범들이 오히려 더 흥분하여 경찰에게 유탄발사기를 쏘아댔다.

그러나 이것은 진압군측이 준비한 고도의 심리전으로 실제 공격개시 시간은 5시이지만 3시에 공격한다는 거짓 정보를 흘려 테러범들을 잔뜩 긴장하게 만들고 3시에 아무 일도 일어나지 않자 긴장의 끈을 풀고 있을 때쯤인 5시에 공격한다는 것이다.

그런데 이번 작전은 여느 인질구출작전과는 확실히 달랐다. 구출대원들은 섬광탄을 터뜨리고 소총으로 공격하는 대신 극장의 환풍시설을 통해 펜타닐이라는 수면 가스를 주입하기 시작했다. 몇몇 테러범들은 가스마스크를 착용하고 방어할 준비를 하였다. 그러나 테러범 대부분과 인질들은 수면가스를 들이마시고 이내 무력해졌다.

알파 부대원은 금방 공격을 개시하지 않고 30분간 기다렸다가 극장에 진입하였다. 수면 가스의 효력이 나타나는데 30분 정도가 걸리기 때문이다. 그러나 방독면을 착용한 테러범들은 잠들지 않았고 알파부대원에게 저항을 시작했다. 극장 입구에서 테러범들은 알파대원들과 한참 동안 총격전을 이어갔고, 1시간 반 정도 지나서야 알파부대원들은 테러범들을 제압하고 극장 안으로 진입하였다.

극장 안으로 들어간 대원들은 테러범들을 닥치는 대로 사살했다. 테러범들이 극장 곳곳에 폭탄을 장착해 놓았기 때문에 테러범들이 깨어나서 폭발스위치를 누를까봐 이들을 모두 사살하기로 한 것이다.

오전 7시, 진압작전이 시작된 지 2시간이 지나자 알파부대원들은 인질들을 건물 밖으로 이동시키기 시작했다. 대부분의 인질들이 수면가스를 마셨기 때문에 의료진의 도움이 필요했지만 부대원들은 의료진의 접근을 차단하여 인질들은 치료를 받지 못했다. 그리하여 어떤 인질들은 자신의 구토물에 기도가 막혀 죽었고 어떤 인질들은 부자연스러운 자세로 인해 기도가 막혀 질식사 했다. 결과적으로 인질 129명이 사망하고 말았다.

협상심리 백과사전

거짓말

독일의 심리학자 슈테른(Luis William Stern)은 "거짓말은 속임으로써 어떤 목적을 달성하고자 하는 의식적인 허위의 발언(구술)이다."라고 정의하고 있다.

하버드대 아동정신과 로버트 콜즈(Robert Coles) 박사는 '거짓말은 의도적으로 상대방을 속이려는 행위이지만 지어낸 이야기는 공상의 산물로 어떤 의미에서 본인이 진실이라고 믿는 것에 다가가려는 행위'로 보았다. 일본에서는 '키 작은 아저씨'를 만나면 좋은 일이 생긴다는 믿음이 있는데 한 유명인이 작은 아저씨를 보았다고 한 이후로 많은 사람들이 자신들도 작은 아저씨를 보았다고 주장하기 시작했다.

'병적 허언증'은 거짓말을 하는 사람이 사실이 아님에도 불구하고 본인은 사실이라고 믿고 있는 현상을 말한다. 즉, 공상과 현실을 혼동하고 있거나 과거와 미래의 이야기가 뒤섞여 있는 것이다.

작화(作話)라고 부르는 현상이 있다. 악의적 거짓말을 하는 것이 아니라 엉터리 이야기를 지어내는 것을 말한다. 코르사코프 증후군(Korsakov's syndrome)이나 통합실조증(失調症) 환자 중에 이 작화증세를 보이는 사람들이 많이 있다. 18세기 독일의 뮌하우젠(Munchausen) 남작은 〈뮌하우젠 남작의 모험〉이라는 이야기의 주인공으로 실제 터키 전쟁에 참전하기도 했었다고 한다.

'도피 현상'이라는 것도 있다. '오전 8시의 두통'이라고 하는 것으로 학교가기 싫은 아이가 등교시간이 되면 머리가 아프고 어지러워지는 증상이다. 본인이 힘들어하거나 적응하기 곤란한 상황이 닥치면 신체기능에 이상이 나타나는 것이다. 중요한 시험에서 손이 떨린다거나 눈이 침침해서 글을 읽을 수 없는 등의 증상이다. 선생님께서 '꾀병 부리지 마라.'라고 하면 진짜로 아픈데 이해해 주지 않는다고 억울해 하는데 이 증상의 특징은 그 시간이 지나면 언제 그랬냐는 듯 아무렇지도 않다는 것이다. 그런데 문제는 본인은 거짓말을 한다는 인식이 없기 때문에 '거짓말 하지 마라'라고 해도 별 소용이 없다는 것이다.

 대학생이 가장 많이 거짓말한 상대는 부모였다. 그 다음은 친구, 그 다음은 상급자였다. 남성의 경우 부모와의 관계를 부드럽게 유지하려는 '합리화', '현장 모면'의 거짓말이 많았고 자신의 이익을 챙기는 '이해'거짓말을 많이 했다. 이에 반해 여성은 부모의 간섭으로부터 자신을 지키려는 '예방선', '합리화' 거짓말이 많았다.

 사회인의 경우 남성은 거짓말의 상대로 배우자, 친구, 부모, 상급자가 많았고 여성은 자녀가 가장 많고 다음이 부모, 친구와 배우자, 상사였다. 남성은 자녀보다 배우자에게 거짓말을 많이 했고 여성은 자녀에게 거짓말을 많이 하고 배우자에게는 별로 하지 않았다.

08 베스란 초등학교 인질사건

2004년 9월 1일 러시아의 북오세티야 공화국이 베슬란에 있는 제1공립학교에 학생 800명과 학부모 400명 등 약 1,200명의 사람들이 학교에 모여 들었다. '지식의 날'이라고 불리는 9월 1일은 러시아에서 새학년이 시작되는 날로 학부모들이 학생들과 함께 학교에 가기 때문에 학생들뿐만 아니라 많은 학부모들이 학교에 모여 든 것이었다.

이날 아침 북오세티야 공화국 바로 옆에 있는 잉구세티야 공화국의 프슈타크에서 한 무리의 무장세력이 자신들의 근거지에서 출발하여 베슬란으로 출발하였다. 그들은 베슬란으로 오기 전 잉구세티야의 경찰 술탄 구라체프를 납치하여 데리고 왔으나 오는 도중에 구라체프를 놓치고 말았고, 구라체프는 도주하여 경찰에 자신의 권총과 배지를 빼앗겼다고 이야기하였다.

아침 9시 10분, 테러범들은 제1공립학교에 훔친 경찰 밴 트럭 등에 탑승하고 학교에 난입하였다. 학부모와 선생님들은 러시아 군인들이 훈련을 하기 위해 학교에 들어오는 것으로 생각했다고 한다. 그러나 이들이 총을 난사 하면서 사람들을 건물 안으로 몰아넣자 이것이 훈련이 아니라는 것을 알게 되었다.

테러범들이 인질들을 건물 안으로 몰아넣는 과정에서 약 50명의 사람들이 학교를 빠져 나와 경찰에 신고를 하였다. 당시에 학교에 근무를 나와 있던 경찰관 2명이 있었는데 테러범들과 총격전을 벌이다가 사망하였다. 최초 총격전에서 이들 경찰관을 포함한 8명이 사망하였고 12명이 부상하였다.

테러범들은 엄청나게 많은 수의 인질들을 너비 10미터, 길이 25미터의 체육관으로 집결시켰다. 테러범들은 인질들의 휴대폰을 빼앗고, 할 말이 있는 사람은 러시아어를 사용하도록 했으나 몇 몇 사람들이 오세티야어를 사용하자 본보기로 한 사람을 사살하였고, 무릎을 꿇으라고 하는데 거부하는 학부모 한 사람도 바로 사살하였다.

인질들을 모두 집결시킨 테러범들은 교사와 교직원, 학부모 중에 힘이 세 보이는 남자들 20여명을 골라내어 체육관 2층 식당으로 끌고 갔다. 그들이 2층 식당으로 가고 나서 얼마 후 큰 폭발음이 들렸다. 한 테러범의 몸에 두르고 있던 폭탄벨트가 터진 것이다. 어린 아이들을 인질로 잡는 것을 반대한 테러범을 이들 인질들과 함께 식당으로 보낸 후 다른 테러범이 스위치를 누른 것이다. 테러범들은 이 폭발에서 살아남은 이들에게도 확인 사살을 가해 대부분이 죽임을 당하였다. 테러범들은 인질들에게 시체들을 건물 밖으로 던지도록 한 후 바닥의 피를 닦도록 했다.

사건이 발생하자 러시아 최정예 특수부대들이 배치되고 학교 주변은 통제되었다. 주변아파트의 주민들을 대피시키고 차단선을 설치했지만 대응이 허술하여 주변에 소방차를 대기시키지 않았고 구급차도 충분히 확보하지 못했다. 더구나 북오세티야는 총기소지가 자유로운 곳으로 인질의 친지들이 총을 들고 하나둘씩 학교 주변으로 모여들었는데 그 수가 거의 5,000여명에 이르렀다.

　인질범들은 체육관 내부에 급조한 사제폭발물들을 설치하고 특공대에 의해 테러범이 한 명 사망하면 인질 50명을, 테러범 1명이 부상하면 인질 20명을 살해할 것이며, 특공대가 진입하면 건물을 폭파시키겠다고 협박하였다. 인질범들은 또 2002년 모스크바 극장 때처럼 수면가스에 당하지 않기 위해 체육관의 유리창들을 모두 부수었다.

　북오세티야 대통령 알렉산드르 자소호프는 현장에 도착하여 테러범들과 협상을 시작하였으나, 러시아 연방보안국은 북오세티야 대통령 알렉산드르 자소호프를 배제하고 위기대책본부를 구성하였고 유엔 안전보장이사회를 소집하여 "인질의 무조건적인 석방"을 결의하였으며, 미국의 조지 W. 부시대통령으로부터 모든 형태의 지원을 약속받았다.

　다음 날, 인질석방을 위한 협상은 큰 진척을 보이지 않았고, 테러범들은 인질들에게 물과 음식을 주는 것조차 허락하지 않았고 학교 앞쪽에 쌓인 시신을 치우는 것조차 허락하지 않았다.

　점심 무렵이 되자 테러범들은 이구세티야 공화국의 전 대통령인 루슬란 아우셰프를 학교 안으로 들어오게 해 협상을 재개하였으며 인질 26명을 석방했다. 이들은 이와 함께 자신들의 요구사항이 담긴 비디오테이프와 서신을 전달했는데 체첸 반군 지도자인 샤밀 바사예프 명의로 된 이 서신을 통해 체첸 공화국의 독립을 요구하였다.

　한편 오후가 되자 음식과 물을 공급받지 못한 아이들이 갈증과 허기로 정신이 몽롱해졌고 일부는 기절하기까지 했다. 저녁이 되자 어른들까지 체력이 바닥나 정신을 잃는 사람이 나왔다. 테러범들은 15시경 경찰차를 향해 유탄발사기를 발사하여 경찰차를 불태웠으나 러시아군은 대응사격을 자제하였다.

인질극 사흘째, 대통령의 자문이자 경찰 출신의 아슬람벡 아슬라하노프 장군이 아이들을 대신해서 인질이 되기를 자처한 러시아 사회지도층 700여명의 명단을 가지고 테러범과 협상하기 위해 왔으나 그가 협상을 시작하기 전에 구출작전이 개시되었다.

 인질극 사흘째인 2004년 9월 3일 13시경, 구급대원들이 2대의 구급차로 학교 운동장에 버려진 시체 20구를 치우기 위해 학교로 다가가는데 체육관에서 폭발음이 들려왔다. 그러자 테러범들은 구급대원들에게 사격을 가하여 2명을 사살했다. 총격이 이루어진 바로 직후 체육관 지붕에서 폭발음이 들리고 화재가 발생했다. 이 폭발은 여성 테러범이 실수로 폭탄을 터뜨린 것으로 알려졌는데 이 폭발로 엄청난 혼란이 시작되었다.

 한편 이 폭발로 체육관 벽에 구멍이 뚫리자 인질 10여명이 도망쳐 나왔고 지역민병대가 테러범을 향해서 총을 쏘자 테러범도 반격하기 시작했다. 현장은 순식간에 아수라장이 되었고 러시아 특수부대도 공격을 개시하였다.

 러시아는 군 특수부대와 경찰부대, 전차, 장갑차, 헬리콥터 등 다양한 화력을 투입하였다. 이 진압작전은 섬세한 경찰의 인질사건 진압작전이라기 보다는 대규모 군사작전에 가까웠다.

 치열한 총격전을 통해 체육관에 들어간 특수부대원들은 인질들을 체육관으로부터 대피시키기 시작했는데 일부 탈진한 아이들은 자력으로 걸을 수가 없어서 특수부대원들이 안거나 업고 체육관을 빠져 나왔다.

 러시아 당국은 공격을 시작한 지 2시간 쯤 지난 시점에서 학교를 장악했다고 발표했으나 교전은 저녁때까지 계속되었고 테러범들은 건물 지하에서 저항을 계속하였다. 테러범 13명은 탈출하여 인근 건물로 피신하였는데 결국에는 러시아군이 전차와 로켓을 동원하여 모두 사살하였다.

한편 최초 폭발로 인해 체육관 내부에 발생한 화재가 무려 2시간이 지나도록 소방차가 현장에 진입하지 못하여 진압되지 않았고 결국에는 지붕이 무너지면서 인질 약 160명이 사망하였다. 그리고 그나마 구출된 인질들 중 700여명이 부상을 당하였는데 구급차는 불과 몇 대 밖에 되지 않았다.

결과적으로 인질 1,200여명 가운데 334명이 사망하였고 그 중 어린이가 156명이었다. 부상자는 783명이었고 러시아 최정예 부대원도 16명 사망한 것으로 알려졌다. 테러범은 31명이 사살되었고 1명은 생포되었으며 일부는 도주하였다고 한다.

체첸공화국은 카스피해와 흑해사이 카프카스(코카서스) 산맥일대에 있는 자치공화국으로, 경상북도 크기만한 1만9000㎢ 면적에 인구 80여만명이다. 전체인구의 약 90%가 이슬람교를 신봉하고 있고, 원래 러시아로부터 독립하여 살고 있었지만 1859년 러시아제국에 의해 강제합병되었다. 이후 1936년 소(蘇)연방내 자치공화국으로 편입됐다가 소연방이 해체되자 러시아로부터 가장 먼저 분리 독립을 추구하였으나 러시아는 1993년 새로 마련된 연방법안에 의거, 체첸을 러시아의 지방공화국으로 편입시켰다. 이에 체첸인들은 러시아로부터의 완전한 분리 독립을 요구하며 러시아와 유혈 충돌을 벌여, 1차 체첸전(1994~96년), 2차 체첸전(1999년~현재)을 일으켰다.

09
애리조나 교도소 사건

 2004년 1월, 미국 애리조나 주립 교도소에서 리치 와세나와 스티븐 코이라는 2명의 수감자가 2명의 교도관을 인질로 잡고 15일 동안 감시탑에서 경찰과 대치하는 미국 사상 최장의 교도소 인질 사건이 발생했다.

 2004년 1월 18일, 미국 애리조나 주립 교도소에서 수감자인 리키 와세나와 스티븐 코이는 교도관들의 감시가 소홀한 틈을 타서 식당 조리실로 숨어들었다. 이들은 미리 숨겨 왔던 무기를 이용해 식당 근무자들을 살해하고 그들의 옷을 빼앗아 입고는 건물 밖으로 나갔다. 교도소에는 어디나 곳곳에 감시탑이 설치되어 있다. 이곳에서 교도관들은 수감자들의 일거수일투족을 감시할 수 있고 교도소 내에서 폭동 등의 사태가 발생하였을 때 높은 곳에 위치한 감시탑에서 쉽게 아래쪽을 공격할 수 있었다.

 리치와 스티븐은 교도소 직원들의 옷을 입고 모자를 깊게 눌러 쓴 채로 교도관타워 아래로 가서 벨을 눌렀다. 당시 이 타워에는 남자 간수 한 명과 여자 간수 한 명이 근무하고 있었는데 남자간수가 아래를 내려다보니 교도소 직원들이 서 있으므로 아무 의심 없이 버튼을 눌러 아래쪽 출입문을 열어 주었다. 이렇게 하여 리치와 스티븐은 손쉽게 교도관타워로 올라갔고, 타워 위에서 아무런 대비를 하지 않고 있는 교도관 두 명을 바로 제압하였다. 이렇게 하여 미국 역사상 가장 긴 인질극 중 하나가 시작되었다.

 교도관타워가 장악당하고 교도관들이 인질로 잡히자 교도소에는 비상이 걸렸고 주경찰도 바로 현장으로 출동하였다. 주 경찰은 바로 협상본부를 설치하고 인질범들과 통화를 시도하였다. 그런데 범인 중 스티븐 코이는 타고난 강간범이었다. 스티븐은 14세에 자신의 어머니를 강간하여 어머니와 한 집에 살지 못하고 삼촌 집에서 살았다. 그러다가 다른 강간사건을 저질러 교도소에 수감되었다. 교도소의 식당 조리실에 들어갔을 때도 거기 있는 여직원을 강간하였다. 이런 타고난(?) 강간범이 여자 교도관을 그냥 둘리가 없었다. 스티븐 코이에게 교도관타워를 장악당하는 순간부터 이 여자 교도관의 지옥 같은 인질극이 시작되었다.

 2일째인 1월 19일, 인질로 잡혀 있는 교도관들이 가지고 있는 무기 일부를 밖으로 내보내는 조건으로 음식, 담배, 무전기 등을 들여보냈다. 전술팀이 감시탑에 감청 장치를 설치하였고, 인질범의 가족들에게 대치 상황을 알렸다.

 3일째인 1월 20일, 와세나는 협상요원들에게 자신은 2000년도부터 탈출을 준비해 왔다고 말하였다. 그의 말대로라면 이 사건이 단순히 우발적으로 발생한 것이 아니라 오랫동안 치밀하게 준비된 것이었다는 것이다. 인질범들은 치즈버거, 프렌치프라이와 담배를 원하였는데 협상요원들은 인질을 보여 주면 인질범들이 원하는 것을 들여보내 주겠다고 하였다.

인질 협상에서는 음식과 물처럼 협상팀에서 쉽게 구해줄 수 있는 물건이라 할지라도 그냥 주는 일이 없도록 해야 한다. 왜냐하면 작은 것이라도 인질범들이 자신들이 원하기만 하면 무엇이든 공짜로 얻을 수 있다는 생각을 가지게 되면 나중에 인질범들이 원하는 궁극적인 요구사항을 경찰이 들어주면서 인질을 풀어주라고 해도 이에 응하지 않을 가능성이 커지기 때문이다.

4일째인 1월 21일, 전술팀이 밤새도록 감시탑 주변 벽에 구멍을 뚫었다. 그런데 와세나가 감시탑 주변 벽에 구멍이 뚫린 것을 보고 감시탑 옥상에서 총을 발사하여 더 이상의 작업을 할 수가 없었다. 교도소 측은 인질범들에게 남은 수감 기간 동안 다른 교도소에서 복역할 수 있도록 하겠다고 제안하였다.

교도소 측에서 이런 제안을 한 것은 스티븐이 여자 교도관을 지속적으로 강간하고 있다는 사실이 교도소 교도관들에게도 알려졌고, 교도관들은 자신들의 동료에게 힘을 주기 위해 모두가 왼쪽 가슴에 노란 리본을 달고 있었다. 그리고 이러한 사실을 교도소 영내 방송을 통해 여자 교도관에게 들리도록 하였다. 나중에 구출된 다음의 인터뷰에서 여자 교도관은 동료들의 이러한 행동이 자신에게 큰 힘이 되었다고 하였다. 그리고 그녀는 세 명의 아이의 엄마였는데 아이들을 생각하면서 힘든 시기를 참아낼 수 있었다고 한다.

애리조나 교도소의 교도관들은 이 두 명의 죄수들이 자신들의 동료에게 하고 있는 끔찍한 행위에 대해 이를 갈면서 죄수들이 아래로 내려오기만 하면 가만두지 않으려고 하고 있었다. 와세나와 스티븐도 그동안의 경험으로 교도관을 공격하거나 다치게 하면 어떤 보복을 당하는지를 너무나도 잘 알고 있었다. 그래서 만약 이들이 경찰에 항복한다 하더라도 이 교도소에 다시 수감된다면 차라리 죽느니만 못 하리라는 것도 잘 알고 있었다.

따라서 교도소 측에서는 두 인질범들이 이런 점이 두려워 항복하지 못하는 일이 없도록 하기 위해 이러한 제안을 한 것이다.

5일째인 1월 22일, 와세나는 텔레비전 기자와의 인터뷰를 요청하였다. 협상팀에서는 이를 검토해 보겠다고 하였다. 그리고 다시 인질들을 보여 달라고 요구하자 인질범들은 인질들을 감시탑 옥상에서 보여 주었다. 인질범들이 어제 이야기한 것을 문서로 작성해 달라고 하여 로봇을 이용하여 인질범들에게 다른 교도소에서 복역할 수 있도록 해 준다는 각서를 전달하였다.

6일째인 1월 23일, 와세나가 이번에는 라디오 생방송 인터뷰를 요청하였다. 협상팀이 난색을 표하자 인질범들이 여자 인질의 손가락을 자르겠다고 위협하였다. 그러다가 와세나가 남자 교도관에게 총을 들이대고 죽이겠다고 협박하였다. 그러나 남자 교도관은 전혀 두려워하지 않고 "빨리 끝내라!"라고 하였다. 이 교도관은 이제 겨우 20세 초반의 젊은 친구였다. 그러자 와세나는 총을 거두더니 "너 같이 배짱 있는 친구는 일찍 죽기 아깝다."라고 했고, 협상요원들에게 다음날 남자 인질 제이슨 아흐를 풀어 주겠다고 하였다.

7일째인 1월 24일, 협상팀에게 인질범들이 서브웨이 샌드위치(Subway Sandwich)를 먹고 싶다고 하였다. 맥도날드라든가 다른 샌드위치는 먹기 싫고 꼭 서브웨이 샌드위치라야 한다는 것이다. 그런데 여기는 애리조나 사막 한 가운데로 가장 가까운 서브웨이 샌드위치 집에 가려고 해도 4시간이 걸렸다. 협상팀에서는 이런 점을 인질범들에게 이야기했으나 그들은 막무가내로 떼를 썼다. 협상팀에서는 하는 수 없이 4시간 떨어진 이웃 도시에 가서 샌드위치를 사왔고 이 특별식은 감시탑으로 배달이 되었다.

그리고 이날 늦은 오후, 어제 약속한 대로 남자 인질 제이슨 아흐가 감시탑에서 사다리를 타고 내려 왔다. 협상요원들은 무전을 통해 여자 인질 목소리를 듣고 그 모든 어려움에도 불구하고 그녀가 침착한 상태에 있음을 확인하였다.

8일째인 1월 25일, 와세나의 친척이 미국 중서부에서 애리조나 교도소로 도착하였다. 그리고 교도소의 각서의 유효성을 의심하는 이야기를 하였다. 협상팀에서는 믿으라고 했지만 그렇게 하지 못하겠다는 반응이었다.

9일째인 1월 26일, 와세나가 여자인질 보다는 남자 인질을 죽이는 것이 쉽다면서 여자 인질을 남자 인질로 교체해 줄 것을 요청하였다. 협상요원들은 이 요구에 대해 당장 응하지 않고 시간을 끌었다. 한편 교도소 측에서는 인질 구출을 위해 무력 투입 작전을 준비하였다.

10일째인 1월 27일, 전술팀이 수건, 담요 등을 전달하였고 인질범들은 여자 인질을 감시탑에서 보여 주었다. 와세나가 협상요원들과 사건 종결 후에 자신이 받을 처벌에 대해 논의하였다.

11일째인 1월 28일, 와세나가 처음으로 여동생과 전화 통화를 하였다. 여동생은 사건을 평화적으로 끝낼 것을 호소하였다. 여자 인질의 건강 확인을 조건으로 의약품을 감시탑으로 반입하였다.

12일째인 1월 29일, 이번에는 인질범들이 멕시코 음식을 먹고 싶다고 하여 전술팀이 감시탑으로 멕시코 음식과 담배 등을 들여보냈다. 그리고 전화로 의료진이 여자 인질과 통화하여 여자 인질의 건강상태를 확인하였다. 한편 와세나가 오래 전부터 요구하였던 KTRA 라디오

방송국과 인터뷰를 녹음으로 진행하였다.

13일째인 1월 30일, 전술팀이 다시 한 번 멕시코 음식과 음료수 등을 감시탑으로 들여보냈고, 의료진도 다시 여자 인질과 통화를 하였다.

14일째인 1월 31일, 와세나가 무장한 채 감시탑 옥상에 모습을 보이고 의사가 다시 전화로 여자 인질과 대화를 나누었다.

15일째인 2월 1일, 인질들이 사건을 끝내겠다며 스테이크, 구운 감자, 맥주와 깨끗한 옷을 요구했고, 이들의 요구대로 음식들이 반입되었다. 식사를 마친 인질범들은 협상팀과 투항 과정에 대해 구체적 사항들을 협의하였고, 협의를 마치자 약속한 대로 인질범 두 명과 인질 모두가 감시탑에서 내려왔다. 인질극을 시작한지 장장 15일만의 일이었다.

감시탑은 천연의 요새였기 때문에 특공대에서 인질들을 다치지 않게 하고 안전하게 진압을 할 방법을 찾을 수 없어 무력진압을 시도하지 않는 것이었기 때문에 인질범들이 원한다면 더 오랫동안 인질극을 이어갈 수 있었다.

그런데 인질범들은 왜 항복하고 내려온 것일까?

그들이 이쯤에서 항복을 한 진짜 이유는 냄새 때문이었다. 사실 감시탑에는 화장실이 없었기 때문에 인질범들은 사다리에서 올라오는 해치문을 열고 큰일을 보았다. 이 변들은 바로 아래로 떨어졌는데 15일 후가 되자 그 양이 상당하였고, 그 냄새들은 모두 위로 올라가서 자신들이 그걸 맡을 수밖에 없었다. 결국 자신들의 변 위에서 더 이상 잠을 잘 수가 없어진 인질범들은 이쯤에서 인질극을 끝내기로 한 것이다. 아마도 역사상 여러 인질극들 중에 변 냄새 때문에 상황이 종료된 것은 이 사건이 유일할 것으로 생각된다.

그리고 와세나와 스티븐은 사건 이후에 어떻게 되었을까? 교도소 측에서는 이들을 다른 교도소로 보내준다고 하였지만 과연 그 약속이 지켜졌을까? 사실 이들이 항복하고 내려오자 이들과의 약속을 지켜야 할지에 대해서 논쟁이 벌어졌다.

약속을 지키는데 반대하는 측에서는 강박상태에서 이루어진 약속은 무효이므로 지킬 필요가 없다고 주장하였지만 약속을 지키자고 주장하는 측에서는 다른 모든 수감자들도 이 사건을 예의 주시해서 지켜보았는데 만약 교도소 측이 약속을 지키지 않았다는 것을 알게 되면 향후에 이와 유사한 사건이 다시 발생하였을 때 협상을 통해 사건을 해결하는 것은 불가능하게 될 것이라고 주장하였다. 결국 약속을 지키자는 측의 주장대로 수감자들의 신뢰를 얻기 위해 눈물을 머금고 와세나와 스티븐을 다른 교도소로 이감하여 주었다.

당시 협상요원과의 인터뷰

인질 상황 처음 몇 시간 동안 협상요원들은 리키 와세나를 정신병자로 생각했다.

당시 협상요원으로 일했던 러튼버그는 상황이 어떻게 갈지 비교적 명확했다고 한다. 왜냐하면 와세나가 대화 통로였고 모든 것이 와세나를 통해 진행되었기 때문이다.

현재 사건은 끝이 났고 인질범들은 인질범들의 가족이 살고 있는 지역의 교도소로 이송될 것이다. 와세나는 위스콘신 주 교도소로, 코이는 메인 주 교도소로 이송될 것이다. 그러나 다른 교도소로의 이송 수감이 인질을 방면하도록 하는 협상 포인트였는지는 알려지지 않았다.

협상을 하는 동안 협상요원들은 음식을 인질범들의 탄약과 교환했다. 그러는 동시에 물, 커피, 담배 등도 거래의 다른 무엇인가를 위한 수단으로 사용하였다. 그러나 아주 작은 거래도 이행을 하는 데 몇 시간이 걸렸다.

시간이 그렇게 많이 걸린 데에는 많은 이유가 있었으나 그 이유는 명확히 말하지 않았다.

중요한 사항이 있을 때마다 여러 그룹의 사람들이 모였고 지휘부의 결정은 전술팀, 협상팀, 상황 감독관들의 합의를 기초했다. 사항에 따라서는 시장과 교도국장이 모여 협의를 하기도 했다.

협상은 점차적으로 인질범 와세나에 초점이 맞춰졌다. 협상요원들은 그에게 초점을 맞추었고 대화중에 와세나는 아동 범죄에 관련된 사람이나 수감되는 보호 구역에 수감되는 것에 대해 불만을 나타내곤 하였다.

협상요원들은 50여 명의 행정요원들과 함께 비좁은 곳에서 일해야 했다. 다른 협상요원들과 마찬가지로 러스튼버그는 처음 며칠 동안은 잠을 거의 자지 못했다. 그 후 협상요원들은 3~4시간의 잠을 자기 위한 수감자용 침대를 지휘부 거처로 가져왔다. 침대가 부족하여 다른 사람들은 책상 아래나 마룻바닥에서 잠을 잤다.

국토안보부를 위해서도 일을 하는 계약직인 햄릿은 협상팀 부근 외부에 자리를 잡았다. 그녀는 자기가 정리하는 정보에서 인질범들과 인질들의 행동을 예측할 수 있는 단서를 찾기를 바라면서 그들의 프로파일을 정리했다.

심리학자들은 와세나를 정신병자로 분류했는데 정신병자는 일반적으로 주의가 산만하고 심지어 사람을 죽이고도 죄책감이나 양심의 가책을 느끼지 않는다. 정신병자는 폭력적이고 규범을 지키지 않는다. 정신병자는 사람을 목적을 위한 수단으로 사용하고 때로는 단순히 충동적인 욕구의 만족을 추구하는 사람으로 변할 수도 있다. 정신병자는 종종 자기중심적이고 사람들의 관심을 끌기 원하며 그를 위해 위험을 감수하기도 한다. 많은 정신병자들이 유년기에 문제가 있다.

햄릿은 정신병자에게는 자신의 관심사가 가장 중요한 것이라고 말한다. 햄릿은 인질범들의 프로파일을 정리하고 협상에 필요한 것이 무엇인지 알기 위해 그들의 언어를 분석했다. 가끔은 인질범이 분열 단계로 진행할 때는 혼란스러울 때도 있었지만 어떤 때는 그가 감정을 발산하도록 하기도 하고 때로는 이성적인 사고를 할 수 있도록 하였다고 한다.

협상요원들은 때로는 신속하게 협상요원들을 교체하면서 와세나의 경계를 풀도록 하려고 노력했고, 그와는 반대로 그와 접촉을 계속하기 위해 그의 전화를 계속해서 기다리기도 하는 등 유연한 자세를 보였다.

와세나는 가끔씩 무장을 한 채 몇 시간 동안 감시탑 옥상에서 난간을 잡고 아래를 내려다보곤 했는데 협상요원들은 매일 그가 나올지를 물었다. 협상요원들은 그의 행동이 거래를 위한 것인지 혹은 연극인지 아니면 실제로 위협을 하려는 것인지, 무엇이 일어나는지 계속해서 물었다.

핼럿은 인질 가족들이 와세나와 대화를 하러 오기 전에 인질 가족들과 대화를 하는 데 많은 시간을 할애했다. 오랜 동안의 숙고 끝에 협상요원들은 사건의 평화적 해결을 위해 인질들의 가족들을 데려오기로 결정했다. 사건이 끝나갈 무렵 지휘부와 협상요원들은 그들이 방향을 제대로 잡았다는 것을 느꼈다. 인질범들과 긍정적인 상호 작용을 할 수 있었고 알려지지는 않았지만 많은 사항들에 대해 합의를 도출할 수 있었다.

사건 관계자들은 인질범들이 협상요원들을 점차 신뢰하고 있다는 것을 알게 되었다. 협상요원들은 와세나가 심적으로 동요하고 있다고 생각했다. 그러나 아무도 여자 인질이 풀려날 때까지 확신할 수는 없었다. 모든 사람들이 안전하게 감시탑에서 나올 때까지는 예측하지 못한 변수가 발생할 가능성이 있었기 때문이다.

협상심리 백과사전

치환

'치환'이란 어떤 사람에 대한 감정이나 태도를 무해한 대상으로 옮기는 것을 말한다. 예를 들어, 아버지에게 강한 애정을 품은 여성이 아버지와 같은 나이의 상사에게 애정을 품는다거나 어머니를 좋아하는 남성이 어머니와 닮은 여성에게 애정을 품는 것이다.

10
콜롬비아 인질사건

콜롬비아라는 이름은 아메리카 대륙을 처음으로 발견한 크리스토퍼 콜럼버스의 이름을 따서 지어졌다. 남아메리카 대륙의 북서쪽 끝에 위치한 콜롬비아는 복잡한 지형과 열악한 교통여건으로 농업과 광업 위주의 후진국형 경제체제를 가지고 있다. 세계 제2의 커피 생산수출국이며 남아메리카 제2의 산유국이지만 이보다 더 큰 수입원은 마약이다.

콜롬비아는 국토의 절반 가량이 여행자제지역, 나머지 절반은 철수권고지역이고 극히 일부 지역만 여행유의지역이다. 거대 마약범죄조직 콜롬비아 카르텔과 게릴라 잔당들이 여전히 활발하게 진행되고 있으며 대도시 지역에서의 살인율이 많이 줄었다고는 하지만 치안이 불안한 곳이 여전히 많다. 콜롬비아에서 특히 악랄한 테러활동으로 콜롬비아에 공포를 가져다 준 것은 바로 FARC(콜롬비아 무장혁명군, Fuerzas Armadas Revolucionarias de Colombia)였다.

1964년 창설된 FARC는 납치와 마약으로 재원을 충당하며 반정부 활동을 지속해왔다. 특히 FARC는 경찰관과 군인을 납치해 정부와 협상을 벌여 몸값을 뜯어내기도 했다. FARC는 또 협상력을 높이기 위해 정치인까지 납치하였는데, 젊고 유망한 여성 정치인 잉그리드 베탕쿠르가 2002년 대통령 선거 유세 도중 납치당했고, 얼마 지나지 않아 안티오키아 주지사인 기예르모 가비리아와 그의 보좌관이 납치당하기도 하였다. 2003년 5월 5일 콜롬비아 육군은 이들을 구출하기 위한 작전을 수행하였는데 헬리콥터의 엔진 소리를 들은 FARC 단원들은 주지사와 보좌관을 사살하고 그 자리를 떠 버렸다.

그리고 같은 해 FARC 단원들은 콜롬비아 남부를 정찰 중이던 항공기 1대를 격추하였다. 추락한 기체 속에는 노스럽그러먼社 소속 민간군사요원인 미국인 3명이 포함되어 있었다. 베탕쿠르와 이들 3명의 미국인들은 FARC 단원들에게 끌려 콜롬비아 남부의 밀림지역을 이동하며 포로로 생활을 계속하였다.

베탕쿠르는 이중국적자로 프랑스 국적도 지니고 있었다. 자국민이 납치되자 미국과 프랑스는 콜롬비아 정부를 강하게 압박했다. 그러나 한 번 큰 실패를 경험한 콜롬비아 정부는 섣불리 구출작전에 나서지 못했다.

콜롬비아 정부는 군경합동부대를 창설하여 더욱 정교한 구출작전을 마련하기 시작했다. 2008년 초 FARC의 지도자들이 에콰도르 영토에 있음을 확인하였는데 이 중에는 반군 지도자인 라울 레예스도 포함되어 있었다. 콜롬비아군은 반군 본부에 폭격을 하여 레예스를 포함한 지도부를 사살하였다.

정부군은 FARC의 정보교환방식을 연구한 결과 이들은 서로 접촉하지 않고 무전을 통해 의사소통을 한다는 것을 알아냈다. 그리하여 무려 20여 년간 필사적으로 노력한 결과, 콜롬비아군 정보국은 FARC의 통신암호체계를 완전히 해독할 수 있었다.

그러나 FARC 통신망에 침투하기 위해서는 단순한 암호해독 이상의 특별한 무언가가 필요했다. 반군 점조직의 리더인 세사르와 그의 상관인 모노 호호이 사이의 통신에 개입하여 양쪽을 모두 속여야 하는 것이다. 예를 들어 모노 호호이가 세사르에게 명령을 보내면 군 정보국이 이를 받아 모노 호호이에게 전달하는데 양쪽에서는 이 사실은 눈치채지 못하게 해야 하는 것이다.

정부군은 오랜 연습과 준비를 통해 세사르에게 3개조로 분산되어 콜롬비아 남부의 과비아레(Guaviare), 바우페스(Vaupés), 카케타(Caquetá)의 밀림에 위치하고 인질들을 한 군데 모아둘 것을 세사르에게 지시했다. 세사르는 순순히 인질들을 모아서 토마치판의 밀림지대에서 대기하며 다음 명령을 기다렸다. 2개월 동안 인질들은 100킬로미터가 넘는 밀림을 걸어서 집결지로 가야만 했다.

이렇게 인질을 구출하기 위한 최종작전이 준비되었고, 작전명은 '하케'였다. 하케는 영어로는 '체크'에 해당하는 체스용어로 '장군'이라는 의미였다.

정부군은 사상 최고의 기만작전을 구상했는데 가장 어려운 것은 세사르가 자발적으로 인질들을 데리고 나오도록 하는 것이었다. 오랜 궁리 끝에 정부군은 인권구호단체를 가장하여 세사르로부터 인질을 인도받는 방법을 생각해 냈다.

그리고 작전을 구상하던 도중 뜻밖의 기회가 찾아왔다. FARC의 수뇌부가 교체된 것이다. 2008년 3월, FARC의 최고지도자인 마누엘 마룰란다 벨레스가 사망함에 따라 알폰소 카노가 그의 자리를 이어받았다. 알폰소는 인질들을 직접 본 적이 없었기 때문에 새로운 지도자로서 인질들을 보고 싶어 할 것이다.

그리하여 정부군은 모노 호호이 명의로 인질 15명을 전부 알폰스 카노에게 헬리콥터 편으로 이송하라는 가짜 명령을 세사르에게 보냈다. 그리고 인질의 이송은 국제인권구호단체의 도움을 받는다고 덧붙였다.

　정부군은 작전을 수행하기 위해 우선 팀원들을 인권구호단체 요원으로 위장해야 했다. 이에 따라 팀 리더, 의사, 간호사, 국제적십자사 대표, 리포터와 카메라맨, 카노가 보낸 게릴라 2명 등 모두 8명으로 된 팀을 구성했다. 게릴라 역할을 맡은 요원 1명은 실제로 FARC의 게릴라였다가 정부군에 의해 포섭된 인물이었다.

　이들은 자연스러운 연기를 하기 위해 전문 연기 수업도 받았다. 대원들 몇 명은 너무 젊어보여서 일부러 배가 나와 보이도록 분장하기까지 했다. 이들은 또 가짜 홈페이지를 만들어 개개인의 신상정보들도 모두 수집하며, 치밀한 준비과정을 거친 요원들은 이제 게릴라들과 맞설 준비를 완벽히 마쳤다.

　2008년 7월 2일, 드디어 작전이 개시되었다. 농가에서 대기 중이던 작전팀은 이륙하여 접선장소로 날아갔다. 헬리콥터가 착륙하고 후방 램프를 내리자 게릴라들이 모습을 드러냈다.

　팀 리더가 내려가 세사르를 만나 악수를 나누었다. 헬기의 소음이 심해서 서로의 이야기를 잘 알아듣기 힘든 상황이었지만 세사르는 FARC 최고지도자를 직접 만난다는 사실에 흥분되어 있는 것처럼 보였다. 팀 리더는 세사르에게 자신은 '인권구호단체'로 활동을 하는 단체이고, 이번 이송을 하게 된 이유가 무엇인지를 설명하였다. 그리고 미리 준비한 책을 선물하여 세사르의 환심을 샀다.

　팀 리더뿐만 아니라 취재팀도 기만작전에서 중요한 역할을 했다. 리포터는 세사르에게 인터뷰를 요청하여 모든 게릴라들의 주의를 끌었다. 세사르는 자신이 갑자기 중요한 인물이 된 것 같아 우쭐한 기분에 빠졌다. 이렇게 혼을 빼어놓는 사이에 팀 리더는 리포터에게 갈 길이 바쁘니 방해하지 말라고 일부러 언쟁을 하기도 하였다.

 우여곡절 끝에 모든 사람들이 헬기에 탑승하자 조종사는 헬기를 곧바로 이륙시켰다. 후방램프도 승강용 사다리도 올리지 않았지만 지상에서 더 이상 시간을 지체할 수 없었기 때문에 조종사는 기체를 바로 들어 올렸던 것이다. 팀 리더는 창가로 몸을 내밀어 지상의 게릴라들에게 손을 흔들었다.

 잠시 후 헬기가 어느 정도 고도를 확보하자 사전에 계획된 대로 간호사 역할을 맡은 여성이 음료수를 들고 세사르에게 접근하였다. 간호사가 세사르에게 음료수를 건네주다가 헬기의 요동에 중심을 잃은 척하며 세사르의 무릎 위에 앉았다. 간호사가 미안하다고 하면서 웃음을 던지자 세사르도 흐뭇한 웃음으로 화답하였고, 바로 이 때 한 대원이 세사르의 얼굴에 강펀치를 날리고, 그의 머리를 헬기 벽면에 여러 차례 처박았다. 그리고는 바닥에 찍어 누른 후 팔을 꺾어 수갑을 채웠다. 대원들은 세사르의 팔과 다리를 추가로 포박하고 옷을 벗겨 흉기나 폭발물이 있는지 재빠르게 수색하였다.

 이와 동시에 헬기의 다른 한 쪽에서도 대원들이 가파스를 제압하였다. 이 쪽도 비슷한 방법으로 한 대원이 가파스에게 말을 걸어 주의를 끄는 사이 다른 대원이 기습펀치를 날려 가파스를 헬기 바닥에 쓰러뜨린 후 포박하였다.

 인질들은 갑자기 벌어진 상황에 적잖이 놀란 듯 했다. 두 사람을 제압한 요원들은 정부군 소속 특수요원들이며 인질들은 이제 구출되었다고 이야기해 주었다. 그제야 인질들은 자유의 몸이 되었다는 사실을 깨닫고 기쁨의 함성을 질렀다. 이들 가운데 가장 오래된 사람은 무려 20년 가까이 인질로 잡혀있던 사람도 있었다.

협상심리 백과사전

공상으로의 도피

현실에서 이루어지지 않는 일을 공상 속에서 실현하는 것이다. 어느 부인이 정신분열증을 앓고 있는데 그녀는 현실에서 가난한 남편에게 시집가 어렵게 살고 있고 불임이라 아이를 가질 수도 없었다. 그런데 그녀는 공상 속에서 영국의 귀족에게 시집가 매일 같이 파티를 즐기며 매일 밤 아이를 낳는다. 현실의 비참함을 이길 길 없는 가련한 한 여인이 공상 속에서 행복을 찾은 것인데 이것은 프로이드가 이야기하는 '방어 기재'의 한 형태이다. 현실이 너무 감당하기 어렵기 때문에 살기 위해서 가상의 공간을 만들어 내어 그곳에서 위안을 찾고 있는 것이다. 그렇다면 의사는 이 여인을 치료하는 것이 좋을까 아니면 공상의 세계에서라도 고통을 잊을 수 있게 하는 것이 좋을까?

11
머스크 앨라배마 인질사건

 소말리아는 영국 보호령이었던 북부와 이탈리아의 신탁통치를 받던 남부로 갈라져 있다가 1960년 통일되어 소말리아 민주공화국이 되었다. 그리고, 1969년 시아드 바레 장군이 쿠데타를 일으켜 1991년까지 22년간 대통령으로 군림했다.

 1986년 시아드 바레는 자신의 명령에 따르지 않는 부족들을 공격 하였는데 이것이 계기가 되어 소말리아 혁명이 시작되었다. 1991년 모하메드 파아 아이디드가 이끄는 군벌연합군이 정부군을 격퇴하고 시아드 바레 대통령을 축출하였다. 그런데 군벌연합의 통치에 반대하는 세력들이 생겨나면서 내전이 발발하였다.

 내전이 격화되자 소말리아 북서부 지역이 소말리랜드 공화국으로 독립을 선포하였으나 어느 누구도 이들의 독립을 승인하지 않았고, 북동부 지역의 푼트랜드도 1998년 자치 공화국을 선포했으나, 이들은 소말리랜드와 달리 명확한 독립을 주장하지는 않았다.

 1993년 미국이 소말리아 사태를 해결하기 위해 델타포스를 모가디슈 전투(1993년)에 파병했다가 두 대의 헬기가 격추당하고 18명의 병사가 목숨을 잃는 일이 발생했다. 이 사건은 후에 '블랙호크 다운"이라는 영화로 제작되었다.

1991년부터 20년간 지속된 내전으로 인해 40만 명이 사망한 것으로 추정되고, 57만 명은 난민이 되어 이웃 나라를 떠돌고 있으며, 140만 명이 자신들이 살던 곳에서 쫓겨난 것으로 알려졌다.

1991년 내전이 발생하고 소말리아가 무정부 상태에 빠지자 외국 어선들이 소말리아 해역에서 불법조업을 하기 시작했고, 심지어 독성 산업폐기물을 무단방류하는 일까지 벌어졌다. 이에 소말리아 어부들은 자신들의 바다를 지키기 위해 소총을 들고 바다에 나가기 시작했다. 이렇게 민간 자경대로 시작된 소말리아 어부들의 무장활동이 2000년대 중반부터 사업가와 군벌들이 개입하면서 공격적으로 바뀌었다.

이렇게 해서 나타난 것이 소말리아 해적들이다. 이들은 '아프리카의 뿔' 지역을 통과하는 상선들을 납치하여 인질과 선박의 석방금을 받는 납치 사업을 하기 시작한 것이다. 소말리아는 아프리카 국가 중 가장 큰 해안을 가지고 있고 이 지역을 통과하는 선박만 한 해에 2만 척에 이르기 때문에 어쩌면 해적활동을 하기에 가장 좋은 조건을 가지고 있는 나라라고 할 수 있다.

케냐 외무부에 의하면 2008년 한 해 동안 소말리아 해적들이 벌어들인 몸값이 미화 1억 5,000만 달러에 달한다고 한다. 1인당 국민소득이 2,000원도 안 되는 나라에서 실로 커다란 돈벌이가 되는 사업이 아닐 수 없는 것이다. 이리하여 선박거래소 브로커나 전직 군벌 등이 해적과의 유대관계를 바탕으로 자금조달이나 협상담당자로 나서서 수수료를 챙기는 등 하나의 산업 네크워크(?)를 구축하는 양상을 보이고 있다.

해적행위가 하나의 사업으로 발전하자 해적들의 조직과 수법도 점점 발달하여 납치할 선박을 선택하고 그 항로를 파악하여 알려주는 정보

제공조, 배를 나포해오는 나포조, 선주 및 피해자의 가족들과 협상을 전개하는 협상조, 그리고 마지막으로 돈을 받아오는 수금조로 세분화되어 있다.

한편 유엔 안전보장이사회는 결의안 1838을 채택하여 해당지역을 통과하는 선박의 국가들에게 군사지원을 해줄 것을 요청했다. 이에 따라 약 23개 국가들이 군함을 파견하여 해상경찰활동을 실시하고 있다. 우리나라도 2009년부터 청해부대를 파견하여 우리 상선들을 보호하고 있다.

그러나 이러한 보호활동에도 불구하고 2009년 4월 8일 미국 국적의 1만 7,000톤급 컨테이너선인 머스크 앨라바마호가 해적의 습격을 받았다. 머스크 앨라배마호는 세계식량계획(WFP : World Food Programme)이 소말리아와 우간다에 지원하는 구호물자가 담긴 400개의 컨테이너를 싣고 케냐 몸바사 항으로 향하고 있었다.

이 배에는 선장을 비롯한 20여명의 선원들이 타고 있었고, 무장보안요원은 한 명도 타고 있지 않았다. 그리고 해적이 접근하여 승선을 시도할 때 이를 저지할 수 있는 수단도 워터캐논(Water Cannon) 밖에 없었다. 그런데 이 워터캐논이라는 것도 접근하는 해적을 완전히 무력화시킬 수 있는 것이 아니라 단지 조금 불편하게만 만들 뿐이었다.

해적들은 우리가 영화에서 보듯이 거대하고 위용 넘치는 무시무시한 해적선박을 타고 와서 배를 제압하는 것이 아니라 아주 오래된 탈탈거리는 조그마한 고무보트에, 해적이라고는 달랑 4명이 타고 와서는 알라바마호의 측면에 밧줄을 걸고 올라가서 배를 빼앗았다.

승무원들은 재빨리 기관실로 피했고, 선장은 홀로 남아 해적의 인질이 되었다. 승무원들은 선교에서 조타를 할 수 없도록 기관구동을 차단하고 기관실로 대피하여 선박의 기관과 전원을 모두 차단하였다.

한편 배가 정지하자 해적 두목은 기관을 다시 구동시키기 위해 기관실로 내려갔고 기관실에 숨어 있던 기관장 일행들이 해적 두목을 붙잡았다. 이리하여 선장을 인질로 잡은 해적 3명과, 해적 두목을 인질로 잡은 승무원들 사이에 대치가 시작되었다.

피랍 12시간이 경과한 시점에서 승무원들은 해적과 서로 인질을 맞교환하기로 했으나, 해적들은 자신의 두목만을 돌려받고 필립스 선장을 돌려주지 않았다. 해적들은 필립스 선장을 인질로 잡고 구명정에 탑승하여 머스크 앨라배마호에서 탈출하였다.

피랍 사실을 통보받은 미 해군은 4월 8일 아덴만으로 이동 중이던 이지스 구축함 베인브리지를 현장으로 급파했다. 현장에 도착한 베인브리지는 바로 머스크 앨라배마호를 추적하기 시작했다. 베인브리지가 도착했을 때는 이미 해적들은 구명정으로 옮겨 타고 있었다. 미군 구축함은 구명정과 300미터 정도의 소총유효사거리를 유지하면서 연락을 시도하여 협상을 위한 무선통신을 구축하였다.

미군은 해적들과 계속해서 협상을 시도했지만 이렇다 할 진전을 보이지 못하였다. 그런데 이 인질사건의 특이한 점은 협상팀보다는 인질이 범인들과 협상을 더 많이 진행했다는 것이다. 필립스 선장은 흥분한 범인들을 진정시키고 범인들이 허튼 행동을 더 이상 하지 않도록 적절하게 조절하고 있었다.

그러던 중 피랍 사흘째인 4월 10일 필립스 선장이 구명정에서 탈출을 시도하였다. 해적들이 자기들끼리 언쟁을 벌이며 어수선한 틈을 타서 구명정에서 빠져나와 바다에 몸을 던졌다. 하지만 바다에서 헤엄쳐서 도망을 가 봤자 얼마 갈 수 없었기 때문에 곧바로 다시 해적들에게 붙잡혔다. 그리고 해적들은 필립스 선장이 미군의 지시를 받아 다시 탈출을 시도할 것을 우려하여 미군이 제공한 전화기와 무전기를 모두 바다에 버렸다.

구축함 베인브리지의 함장 프랭크 카스텔라노 중령은 협상전문가의 조언을 들어가면서 직접 해적 두목과 협상을 진행하였다. 한편 해적들은 필립스 선장을 소말리아로 데려가서 더 유리한 조건에서 협상을 진행하고자 하였다.

프랭크 함장은 이런 해적들의 의도를 알아차리고 구명정이 소말리아 해안으로 접근하거나 다른 해적선과 조우하는 것을 막기 위하여 고압의 물을 분사하거나, 시호크 헬리콥터의 바람을 이용하여 구명정의 움직임을 통제하였다.

양측의 계속되는 실랑이 속에 해적 중 한 명이 베인브리지호에 승선하여 함장과 협상을 벌인 결과, 구명정을 구축함이 견인하기로 하고 밧줄로 함정과 구명정을 연결하였다.

그러나 다음 날인 4월 11일 아침, 해적들이 갑자기 베인브리지의 호위함인 할리버튼에 사격을 가하기 시작했다. 다행히 부상자는 발생하지 않았고, 사태가 격해질 것을 우려하여 미군 측에서는 이에 응사하지 않았다. 해적들은 또 위성전화기를 이용하여 영국의 로이터 연합통신에 전화를 하여 자신들은 안전하고 미국을 두려워하지 않으며, 공격을 받으면 방어할 자신이 있다고 하였다.

상황이 이렇게 전개되자 미군은 더 이상 사태의 평화적 해결은 어렵다고 판단하고 해상대테러 전담부대인 데브그루에 작전수행을 명령했다.

데브그루의 전진 작전팀은 사건 현장으로부터 45분 거리에 위치하고 있었고, 본토의 버지니아비치 해군기지의 본대 인원 전원들도 작전 투입을 준비했다.

진압작전은 고도의 기만전술로 시작되었다. 협상팀은 해적들에게 인질의 생존을 확인하고 싶으니 선장의 모습을 보여 달라고 요청했고, 해적들은 필립스 선장을 구명정 밖으로 보이도록 했다. 그런데 바로 이 순간 함장이 바다로 뛰어들었고 그 즉시 구출작전이 시작되었다.

바다에 뛰어든 필립스 선장을 향해 해적들이 소총을 발사하려고 하자 데브그루의 저격수들이 해적들을 저격하여 사살한다. 당시 구명정은 베인브리지호로 부터 약 25미터 정도 떨어진 지점에서 견인되고 있었기에 저격수들은 어렵지 않게 해적들을 타격할 수 있었다.

한편 함상에서 협상을 진행하던 인질범 왈리무시는 곧 바로 체포되었다. 데브그루 대원들은 바다에서 필립스 선장을 구조하여 베인브리지에 승선시킨 후 대기 중이던 헬기로 육상으로 이동시켜 건강검진을 받도록 하였다.

필립스 선장은 오래지 않아 건강을 회복하고 자신의 경험을 바탕으로 하여 '선장의 의무'라는 책을 발간하였고, 이 이야기를 바탕으로 '캡틴 필립스'라는 영화가 제작되어 개봉되기도 하였다.

12
필리핀 버스 인질사건

  2010년 10월 23일, 버스 운전사 알베르토 루뱅에게 그날은 여느 월요일 아침과 마찬가지였다. 루뱅은 홍콩에서 온 21명의 중국인 관광객들을 태우고 마닐라 수도에 있는 '포트 산티아고'라는 스페인 유적지를 향했다. 이들은 이곳을 둘러 본 후 쇼핑을 하러 가기로 되어 있었다. 관광객들은 가벼운 인사를 건네며 차에 올라탔고 루뱅은 서서히 차를 몰아 포트 산티아고로 향했다.

  이날은 이들의 관광일정의 마지막 날로 오늘 관광을 마치면 모두 홍콩으로 돌아갈 예정이었다. 이들은 아쉬운 마음으로 마지막 여행지로 향하고 있었는데 자신들이 커다란 재난을 향해 가고 있다는 사실을 꿈에도 생각지 못하고 있었다. 20대의 젊은 여성인 반리는 어머니와 함께 여행을 하고 있었고 리여사는 41년 전 신혼여행으로 왔던 곳을 다시 한 번 추억하기 위해 남편과 이곳을 찾았다.

  버스는 얼마 후 포트 산티아고에 도착했고 관광객들은 이곳을 둘러보고 사진도 찍은 후 차로 돌아왔다. 바로 그 때 경찰 유니폼을 입은 사람이 M16 라이플을 어깨에 메고 커다란 가방을 한 손에 쥔 채로 버스에 올라탔다. 이 사람은 롤란도 멘도사 경감이었다. 그는 차에 올라타자마자 승객들을 향해서 "나는 총이 있다. 커튼 다 닫아!"라고 소리쳤다.

관광객들은 놀라서 서둘러 커튼을 닫았다. 그러자 멘도사는 버스 운전사에게 "문 닫아, 그리고 차를 리잘파크의 '큐리노 그랜드 스텐드'로 몰아!"라고 소리쳤다. 버스 운전사는 겁에 질려 순순히 버스를 운전하여 큐리노 파크로 이동하여 광장 중간에 차를 세웠다. 리잘 파크는 대통령 취임식을 거행하는 잘 알려진 공공장소였다. 멘도사는 사람들의 관심을 끌기 위해 일부러 이곳을 택하였다.

차가 서자 멘도사는 버스 핸들에 운전수의 손을 수갑으로 채웠다. 그리고는 자신의 가방을 열어서 중무장을 하기 시작했다. 무장을 마친 멘도사는 버스 앞 유리에 미리 준비해온 자신의 요구사항을 붙였다. 요구사항의 핵심은 자신에 대한 부당한 파면을 철회하고 자신을 경찰에 복직시켜 달라는 것이었다. 멘도사는 20년 이상을 경찰에 복무하던 전직 경찰관인데 피의자를 협박한 혐의를 받고 경찰에서 파면 당하였던 것이다.

얼마의 시간이 흐른 후, 올랜도 예브가 경정이 평상복 차림으로 버스로 다가왔다. 예브가 경정은 자신의 계급과 이름을 말한 후 "나는 협상가인데 당신을 도와주기 위해 여기에 왔다."고 했다. 그러자 멘도사는 예브가 경정에게 "Yes, Sir!"라고 존칭을 붙였다. 비록 지금은 인질극을 벌이고 있지만 경찰관 출신으로서 계급에 대한 예의를 갖추고 있던 것이다. 이렇게 처음 보는 사람에게 다가가 말을 걸고 자신이 원하는 대로 하도록 하는 것은 사실 굉장히 어려운 일이다. 하지만 위기협상은 바로 이것을 하고자 하는 것이고 그렇게 할 수 있는 방법이 있다. 제대로 하기만 한다면 말이다.

대치한 지 90분 정도가 경과한 후에 멘도사는 협상가에게 자신의 소송서류를 건네주면서 '자신을 경찰에 즉시 복직시켜 달라.'고 요청했다. 멘도사는 '나를 복직시킨다는 공문이 오면 바로 인질극을 풀고 나가겠다.'고 협상가에게 말했다.

위기 협상은 일반적인 협상과 그 맥락을 달리하지만 협상이 누군가와의 거래를 전제로 한다는 점에서는 일맥상통하는 점이 있다. 협상이라는 것이 누군가의 요구 조건이 있고 거기에 대한 자신의 입장과 의견을 제시하면 양 당사자 사이의 타협과 조정이 일어나는 것이다. 따라서 위기 협상에도 거의 필연적으로, 크든 작든 요구 사항이 제시되게 되고 이를 두고 대상자와 협상가 사이에 일정한 거래와 타협, 조정이 이루어지게 된다. 요구 사항이 이처럼 협상에서 피할 수 없는 요소이기는 하지만 협상가들은 되도록 요구 사항에 대해 이야기하는 것을 피하고 싶어 한다. 왜냐하면 위기 협상에서 제시되는 요구 사항은 대부분 협상가에게 부담을 주거나 들어주기 어려운 것일 경우가 많다.

예를 들어, 은행 강도가 인질을 붙잡고 자신들이 도주할 헬기와 돈 100억 원을 1시간 내에 마련해 주고 그렇지 않을 경우 인질을 10분에 하나씩 죽이겠다고 요구했다고 하자. 경찰이 그렇게 짧은 시간 내에 돈과 헬기를 마련하기도 어렵거니와, 인질범의 요구에 쉽게 응하게 되면 뉴스를 통해서 이를 본 다른 잠재적 범인들도 인질극을 벌이면 돈을 쉽게 벌 수 있을 것이라는 생각을 가지게 되고, 경찰은 이후에 더 많은 인질범을 상대해야 할 것이다.

요구 사항이 이처럼 크지 않고 작은 것이라도 부담스럽기는 마찬가지이다. 위의 예에서 대치 상황이 길어져서 배가 고프니 음식을 넣어달라고 하면 무슨 음식이 먹고 싶은지, 또 그 음식들은 어떻게 안으로 들여보낼 것인지에 대해서도 자세하게 범인들과 협의를 해야 한다.

미국 애리조나 교도소 사건 당시에는 범인들이 교도소의 감시 타워를 점령하고 교도관들을 인질로 잡아 30일이 넘게 인질극을 벌였는데 어쩔 수 없이 매일같이 이들이 먹을 음식 주문을 받고 넣어 주는 일을 해야 했는데, 한 번은 다른 햄버거는 안 되고 꼭 'Subway' 햄버거를 먹고 싶다고 하여 사막을 횡단해서 다른 도시에 가서 그 햄버거를 사다 주는 해프닝도 있었다고 한다.

또 음식을 들여보낼 때도 범인들이 총을 들고 있기 때문에 로봇을 이용하여 타워까지 음식을 운반하였다. 후술하겠지만, 요구 사항에 최종 시한(Deadline)이 붙여지게 되면 협상팀은 매우 곤란하게 된다. 위의 예로 든 것처럼 1시간 내에 돈과 헬기를 마련하지 않으면 10분에 한 명씩 인질을 죽이겠다고 할 경우 1시간이 경과하였을 경우 인질의 목숨이 위태로운 상황이 발생할 수 있다.

이처럼 요구 사항은 대부분 경찰에 부담을 주기 때문에 되도록 협상가가 먼저 대상자에게 요구 사항이 무엇인지를 물어보지 않는 것이 좋다. 하지만 협상이 진행되다 보면 어떤 형태로든 대상자가 요구 사항을 내놓게 마련인데, 이 경우 기본적으로 일단은 '안 된다'라고 답하지 않는 것이 좋다.

이는 대상자를 자극하지 않기 위함인데 그렇다고 '안 된다'라고 하지 말라는 것이 '된다.'라고 말하라는 의미는 아니다. 협상가는 요구 사항을 대할 때 항상 모든 가능성을 열어 놓고 융통성 있게 행동해야 하며, 협상가가 볼 때 전혀 실현 가능성이 없는 것일 지라도 그 자리에서 딱 잘라서 거부하거나 부정하지 않는 것이 좋다.

그러나 어떤 경우에는 대상자도 자신의 요구 사항이 터무니없고 실현 가능성이 없다는 것을 잘 알고 있는데 협상가가 마치 이것을 들어줄 것처럼 나올 경우, 전혀 자신의 요구 사항을 들어줄 의사가 없으면서 그 순간을 모면하기 위해 자신을 속이려 한다고 생각하게 되면 오히려 신뢰에 흠집을 내어 부정적인 결과를 가져올 수도 있다. 이러한 경우 어떻게 대응할 것인지는 협상팀 입장에서 매우 힘든 판단이 될 것이다.

요구 사항이 제시되었는데 이것이 들어줄 만하고 작은 것일 때, 예를 들어 마실 물과 담배를 요구한 경우, 이것을 그냥 아무 조건 없이 들어주는 것이 좋을까, 아니면 협상가가 이에 응해 주는 대신에 대상자도 무언가를 내

놓도록 하는 것이 좋을까? 어떤 사람은 아무 조건 없이 조그마한 것들은 그냥 주는 것이 신뢰 관계 형성에 도움을 줄 것이라고 주장하기도 한다.

그러나 대부분의 협상가들은 사소한 것이라도 인질범이 그것을 얻기 위해서는 자신도 무언가를 내놓아야 한다는 것을 인식하게 만드는 것이 중요하다고 한다. 즉, 협상이라는 것이 일방적인 관계(One-Way)가 아니라 쌍방적인 관계(Two-Way)이기 때문에 서로 주고받는(Give & Take) 관계가 형성되어야 한다는 것을 인식하도록 하는 것이 중요하다는 것이다.

만약 인질범이 자신이 원하는 것을 쉽게 얻게 될 경우 더 많은 것들을 요구하게 되고, 나중에 가서 중요하고 큰 것들이 충족되지 않았을 때 분노와 좌절감을 느끼고 극단적인 행동을 할 개연성이 커지게 된다. 따라서 작은 것 하나라도 그냥 인질범의 손에 쥐어주는 일 없이 일정한 노력을 기울이거나 반대급부를 주어야만 얻을 수 있도록 해야 한다.

예를 들어, 범인이 물과 담배를 원할 경우 이를 들여보내 주는 대신에 인질과 통화할 수 있도록 해 주면 원하는 것을 주겠다고 하고, 범인이 이에 응할 경우 인질에게 "경찰이 당신들을 구하기 위해 지금 최선을 다하고 있으니 조금만 더 힘을 내라."고 격려의 말을 할 수가 있다.

인질의 요구 사항에 쉽게 굴복하고 무엇이든 다 들어주는 것은 자신이 '통제권(Control)'을 쥐고 있다는 생각을 고착화할 우려가 있다. 인질범은 총을 쥐고 있기 때문에 자신이 다른 사람을 통제하고 있고 또 그렇게 할 수 있다는 생각에 사로잡혀 있는 경우가 많다.

이렇게 상황을 통제하고 있다는 범인의 생각은 현실적으로 사건 현장 안에서만큼은 사실이기 때문에 일정 부분 이를 인정해 주는 것이 좋다. 후에 자세히 논의하겠지만 범주 설정(Boundary Setting) 차원에서 봉쇄 상황 안에서의 통제권은 범인이 쥐고 있고, 그런 만큼 그 안에서 일어나는 모든 상황에 대한 책임 또한 범인에게 있다는 것을 주지시킬 필요가 있다.

인질범은 자신이 사건 현장에서 무슨 일을 벌이더라도 그것이 자신의 책임이라고 인정하기보다는 경찰이 자신을 압박해서, 아니면 인질이 지나치게 저항해서라는 식으로 다른 사람에게 죄책(Guilt)을 떠넘기려고 하는 경향이 있다. 만약 경찰이 이를 인정하여 어떤 일이 벌어지더라도 범인은 전혀 책임이 없고 경찰의 책임이라고 하면 범인은 더욱 쉽게 아무런 죄책감 없이 극단적인 행동을 취할 가능성이 커진다. 따라서 범인의 통제권은 인정하고, 그 권한에 상응한 책임이 따름을 명심하도록 하는 것이 중요한다. 그러나 범인이 자신의 물리적 지배력이 미치는 곳을 넘어선 범위까지 - 협상팀이나 통제선 밖에 있는 사람들 - 완전한 통제권을 행사할 수 있다고 믿게 하는 것은 문제를 야기할 수 있다.

대다수의 범인들이 경찰에게 가장 처음 하는 말이 '꺼져'라고 하였는데, 이때 범인의 심기를 건드리지 않기 위해 "알았다, 경찰은 물러가겠다."라고 거짓말을 하게 되면 범인도 경찰이 사건 현장을 내버려두고 갈 리 만무하다는 것은 잘 알고 있고, 시간이 지나도 경찰이 물러가지 않으면 협상가에 대한 신뢰를 상실하고 더 이상의 협상은 어려워질 것이다.

따라서 이러한 경우에는 적당히 얼버무리려 하지 말고 현실 확인(Reality Check)을 해 주는 것이 좋다. "경찰은 시민의 안전을 위해 사건을 해결해야 하는 것을 당신도 잘 알고 있지 않느냐. 사건이 해결되기 전까지 우리는 절대로 물러가지 않을 것이지만, 대화가 계속해서 이루어지는 한 진입 작전을 시도하지도 않겠다."라고 하여 누가 보아도 분명한 현실에 대해서는 있는 그대로 인정하고, 협상에 응하는 한 무력 진압을 하지 않을 테니 대화에 응하는 것이 좋을 것이라는 무언의 압박도 가할 수가 있다.

통제라는 문제도 현실 확인의 경우처럼 인질범이 무한대로 소유하는 것이 아니라 일정한 한계가 있음을 알려줄 필요가 있기 때문에 인질범의 모든 요구 사항에 대가 없이 응하는 것은 통제에 대한 잘못된 인식을 심어줄 수 있다는 측면에서 지양되어야 한다.

협상가는 자신을 기본적으로 좋은 의도를 가지고 인질범을 이해하고 공감해 주며 이야기를 잘 들어주는 사람이지만, 이와 함께 단호할 때는 단호하고 강인하며, 마음을 터놓고 다가갈 수 있지만 함부로 할 수 없는 권위를 가지고 있고, 이 분야에 전문적인 지식을 가지고 있는 사람으로 보이도록 이미지를 형성하여야 한다. 그런데 무조건 인질범의 요구에 굴복하는 것은 이러한 이미지 형성에 배치된다고 할 수 있다.

이렇게 작은 요구 사항 하나를 관철시키는 데도 노력을 기울여야 하고, 쉽게 얻을 수 있는 것이 아무것도 없다는 것을 차츰 인식하게 되면, 처음에 자신이 인질극을 벌이면 원하는 것은 무엇이든 이루어질 수 있을 것 같은 착각에서 점점 깨어날 수 있게 된다.

요구 사항이 제시되었다는 것은 협상 과정에서 매우 중요한 사건이기 때문에 모든 요구 사항이 제시된 시각과 내용, 그리고 만약 최종 시한이 붙어 있다면 최종 시한과 함께 상황판에 기록됨과 동시에 지휘부에 보고되어야 한다. 협상가들은 범인들과 이야기한 사항, 특히 요구 사항에 대해서는 절대 잊어버리지 않을 것 같지만 시간이 지나고 스트레스가 많아지면 잊어버리게 되고 사건이 종료되고 나중에 법정에서 이에 대해 진술해야 할 경우가 생길 수도 있다. 같은 이유에서 요구 사항에 대해서 무언가를 범인에게 응해 주었다면 이것에 대해서도 자세히 기록해야 한다.

아무리 사소한 요구 사항이라 할지라도 별로 중요하지 않다고 취급하고 무시해서는 안 된다. 협상가가 볼 때는 사소하고 의미 없어 보이는 요구 사항이라도 대상자에게는 큰 의미가 있을 수 있다. 협상에서 중요한 것은 나의 현실 인식이 아니라 대상자의 현실 인식이다.

협상가의 현실 인식을 중심으로 대상자와 이야기를 하면 대상자를 이해하기가 매우 어렵고 오히려 대상자를 비난하고 싶어질 때가 많다. 그렇게 되면 자신도 모르는 사이에 대상자를 질책하고 말싸움을 벌이게 된다. 이럴 경우 우리가 목표로 하는 신뢰 관계 형성은 저만치 멀어졌다고 보아야 한다. 따라서 세상을 어떻게 이해하고 어떻게 평가할지에 대한 나의 견해는 잠시 접어두고, 대상자의 관점에서 대상자의 잣대로 세상을 보도록 노력하며, 협상에서 중요한 것은 나의 현실 인식이 아니라 대상자의 현실 인식이라는 점을 다시 한 번 명심해야 한다.

대상자와 인질을 일부 석방하는 데 합의가 된 경우 몇 명의 인질을 석방할지는 범인이 먼저 얘기하도록 유도하는 것이 좋다. 범인은 인질을 두 명 정도 풀어 줄 생각이었는데 협상가가 한 명만 풀어달라고 하면 범인으로 보아서는 굳이 두 명을 풀어 줄 필요는 없으므로 한 명만 풀어 줄 수가 있다.

협상가는 인질들이 범인에게 주관적으로 얼마나 가치가 있는지 알 수 없기 때문에 범인으로 하여금 구체적인 숫자를 먼저 제시하도록 하고 이를 바탕으로 더 풀어 줄지 말지를 협상하는 것이 좋다.

대상자가 한 번 언급했다가 한동안 얘기하지 않은 요구 사항에 대해서는 협상에 도움이 되지 않는 한 먼저 꺼내는 일이 없도록 해야 한다. 이것은 앞에서 요구 사항을 경찰이 먼저 물어보지 않는 것이 좋다는 것과 같은 맥락이다. 요구 사항을 중심으로 협상을 진행하면 협상가에게 여러 가지 부담이 가중되기 때문이다.

대상자가 제시할 요구 사항에 대해서 미리 몇 가지 대안을 준비하는 것도 좋은 방법이 될 수 있다. 그러나 대안을 선정하고 제시하는 데에는 최대한 신중을 기해야 한다. 대상자가 정신분열증이나 편집증을 가지고 있는 경우 좋은 의도로 제시한 협상가의 대안을 나쁜 쪽으로 해석하여 분노를 나타낼 수도 있다.

그리고 대상자들은 협상가에게 실제로 협상가가 가진 권한보다 더 많은 권한을 부여하는 경우가 많기 때문에 무언가 일이 잘못되면 모든 책임을 협상가에게 돌리려는 경향이 있고, 더 심한 경우는 협상가가 자신을 함정에 빠뜨리기 위해 계략을 꾸몄다고 생각하기도 한다. 따라서 대안 제시는 신중하고 주의 깊게 이루어져야 한다.

멘도사는 1986년 마약 자금 밀수한 마약 자금을 운반하는 트럭을 잡아 10명의 최고 경찰관에 선정되기도 한 존경받는 경찰관이었다. 그런데 정년을 1년 앞둔 시점에서 공갈죄로 기소되어 파면당하고 말았다. 멘도사는 이 사건을 벌이기 2년 전 마약소지 혐의를 받고 있는 용의자를 협박하여 20만 불을 요구한 혐의로 기소되어 파면이 되었다고 했다.

멘도사의 혐의는 결국 무죄로 판명 났지만 파면되었고 이에 대해 연방 옴브즈만 사무실에 소청했지만 1년간 아무 소식을 듣지 못한 채 시간만 흘러갔다고 한다. 협상가는 멘도사의 주장이 일리가 있다고 생각했고 자신도 이와 비슷한 괴롭힘을 당해 봤기 때문에 멘도사에게 깊은 공감을 표시하고 마음속으로 멘도사를 동정했다고 한다.

상대방의 행동변화를 이끌어 내기 위해서는 필수적으로 유대감형성이 필요하고 유대감을 형성하기 위해서는 공감이 반드시 필요한데 이런 점에서 다른 사람보다 예브가 경정은 유리한 점을 가지고 있었다. 본인이 경찰로서 상대방과 유사한 일을 겪어 보았기 때문에 그 누구보다 멘도사에게 깊이 공감하고 유대감을 형성할 수 있었는데 결과적으로 이러한 강점을 잘 살리지 못하고 사태를 나쁜 방향으로만 진행시키고 만다.

차량 맨 앞쪽에 앉아 있던 노신사는 멘도사가 지나다가 자신을 쳐다볼 때마다 섬뜩한 공포를 느꼈다고 한다. 그는 경찰이 빨리 멘도사의 요구사항을 들어주어서 자신들이 풀려날 수 있기를 기대했지만 경찰에서 그의 요구사항을 들어주지 않고 대치상황을 이어가면서 시간만 속절없이 흘러가자 매우 짜증이 나고 초조해 지기 시작했다.

그러나 이 상황의 총책임자인 마닐라 시장은 자신들이 쉽게 인질범의 요구사항에 굴복할 경우 안 좋은 선례를 남기게 되고 이에 따라 앞으로 많은 퇴직 경찰관들이 인질극을 벌일 수 있다고 생각하여 쉽게 굴복하지 않았다고 한다. 그러나 이것이 과연 좋은 상황판단이었을까? 멘도사가 원하는 것이 수십 억 원의 현금이 아니라 자신의 복직을 통보하는 서류라면 그를 복직시켜주고 인질극을 벌인 것에 대한 책임을 물어 다시 체포하여 교도소에 보내면 되지 않을까?

굳이 나쁜 선례를 남기지 않기 위해 여러 명의 인질의 생명을 희생시킬 필요가 있었을까? 그리고 인질범의 요구사항을 들어준다고 해서 퇴직 경찰관들이 이런 일을 다시 벌인다는 것은 쉬운 일은 아닐 것이고 그런 상황이 설령 다시 벌어진다 해도 그 때가서 상황에 맞게 대응하면 될 것이다.

어쨌거나 시장은 협상가에게 협상을 통해 멘도사를 더 설득하라고 지시했고 이에 따라 협상가는 멘도사에게 약간의 연료와 음식을 제공하는 대가로 '불쌍한 아이들을 좀 보내 줘라.'라고 요구했고, 놀랍게도 멘도사는 여기에 순순히 응하여 아이들 3명과 여성 1명을 풀어주었다.

이것은 협상가가 매우 잘한 행동 중의 하나로 범인이 요구사항을 이야기할 때 그냥 들어주는 것이 아니라 자신이 무언가를 받으려면 하나를 내놓아야 한다는 '상호성의 법칙'을 인식시켜 주는 것이다. 인질범이 작은 것이라도 협상가로부터 공짜로 얻어 버릇하면 나중에 궁극적으로 모든 인질을 풀어주도록 하는 종국 협상이 타결되더라도 이 약속을 이행하지 않을 확률이 매우 커지는데 협상의 과정에서 사소한 거래들을 자꾸 성사시키면 최종 협상을 했을 때 이를 이행할 확률이 훨씬 더 커지는 것이다.

타이거와 폭스는 우리 인간은 '보은의 망(net of indebtedness)'을 통하여 노동을 분화시키고, 다양한 재화와 서비스들을 상호 교환하여 각 분야의 전문가를 탄생시켰으며, 각 개인들의 상호 의존성을 창출하여 마침내 매우 효율적인 인간 사회를 구성하게 되었다고 한다. 상호성의 법칙이라는 것은 말 그대로 사람들 상호 간에 상대방이 나에게 해 준 만큼 나도 해 준다는 것을 의미한다. 속된 말로 세상사 'Give and Take'이라고 하는 것이 바로 상호성의 법칙이라고 할 수 있다. 오는 말이 고와야 가는 말이 곱고, 오는 정이 있으면 가는 정이 있다는 것이다.

1985년 에티오피아는 극심한 가뭄에다 내전까지 겪고 있는 매우 심각한 상황이었다. 그런데 그해에 멕시코에서 지진이 발생하자 자기들 코가 석 자인데도 지진 구호를 위해 5,000달러의 구호 자금을 보내 주었다. 가뭄이 들어 자기들도 먹고 살기 힘들고 더구나 전쟁까지 겪고 있는 마당에 다른 사람을 도와준다는 것은 상식적으로 납득하기가 쉽지 않은데 어떻게 이런 일이 일어났을까? 그 이유는 1935년 에티오피아가 이탈리아를 침략했는데 이때 멕시코가 원조를 보내 주었던 것이다.

그런데 이러한 응보 내지는 빚을 갚는 것이 등가적(等價的)으로 일어날까? 대답은 '그렇지 않다'이다. 내가 100원어치를 해 주었지만 상대방은 10원어치를 해 줄 수도 있고 반대로 1,000원어치를 해 줄 수도 있다는 것이다. 우리 속담에도 되로 주고 말로 받는다는 말이 있는데 항상 준 대로만 받지는 않는다는 것이다.

따라서 다른 사람의 도움을 받거나 내 요구 사항이 관철되게 하기 위해 거창한 식사 대접을 하거나 좋은 선물을 해 주어야만 하는 것은 아니라는 것이다. 평소에 건네는 따뜻한 말 한마디, 커피 한잔, 사탕 한 개도 얼마든지 상대방을 빚진 상태로 만들 수 있다.

따라서 평소에 주변 사람들에게 작은 것부터 베푸는 것을 몸에 익히면 그런 것들이 쌓여서 결국에는 나에게 돌아오게 될 것이다. 옛날에는 학교에서 흥부처럼 사는 것이 옳다고 가르쳤는데 요즘 아이들은 흥부처럼 착하기만 해서는 잘될 수 없고 놀부처럼 자기 것을 확실히 챙기면서 살아야 한다고도 이야기한다는데, 흥부처럼 사는 것이 언뜻 보기에는 손해보고 사는 것 같아도 결국에는 자기에게 도움이 될 수 있다는 것을 보여 준 실험이라고 할 수 있겠다.

제2차 세계 대전 때 한 독일 병사가 있었다. 이 병사의 임무는 상대 참호에서 적군 병사를 생포해 오는 것이었는데, 과거에 적군이 포로로 잡히면 갖은 고문을 받고 잘못하면 포로수용소에서 죽는 경우도 있었다.

그러던 어느 날 그날도 여느 때와 마찬가지로 적군을 생포하기 위해 적군의 참호로 뛰어들었는데 때마침 적군은 식사 중이었다. 그런데 이 독일 병사가 갑자기 뛰어들어 총을 겨누자 빵을 먹던 병사가 무의식중에 빵조각을 불쑥 내밀었고, 이를 보고 당황해하던 독일 병사는 그 빵을 받아 들고 잠시 망설이다가 그냥 참호를 빠져나오고 말았다.

다른 때는 가차 없이 적병을 생포하던 이 병사가 단지 빵 한 조각, 그것도 먹던 빵에 목숨을 살려주고 만 것이다. 상호성의 법칙이 매우 엄청난 결과를 가져올 수 있음을 단적으로 보여 주는 좋은 예라고 하겠다.

위에서 상호성의 법칙은 반드시 등가적으로 일어나지 않는다고 했는데, 차 한 잔 같은 작은 호의도 빚진 감정을 유발할 수 있다고 한다. 미국에서 남녀가 데이트를 하는데 어떠한 이유에서든 자신의 비용을 남자 쪽에 부담시킨 여성은 이후에 그 남자와 성관계를 하게 될 가능성이 높다는 실험 결과가 있다고 한다.

작은 호의이지만 남에게 마음의 빚진 상태가 유발되는 것은 마찬가지이며 결국 어떤 형태로든, 때로는 받은 것에 비해서 훨씬 더 많이 되돌려 주게 될 때도 있다는 것이다. 그러나 이 사례는 문화적인 차이가 큰 다른 나라의 경우에 해당되는 것으로 우리나라의 경우에도 그대로 적용되기는 어려울 수 있으므로 단정적으로 말해서는 안 될 것이다.

상호성의 법칙을 협상에 활용해 보면 어떻게 될까? 일단 협상이라는 것이 대부분 요구 사항에 대해 이야기하게 되어 있기 때문에 양 당사자 사이에 요구 조건을 놓고 밀고 당기면서 거래를 하게 된다. 이때 상대방으로부터 얻기만 하고 나는 아무것도 내놓으려고 하지 않으면 거래가 제대로 이루어질 수 없다.

상호성의 법칙에서 강변하듯이 내가 궁극적으로 원하는 바를 쟁취하기 위해서는 일단 상대방을 빚진 상태로 만들어야 하고 그러기 위해서는 작은 부분들은 양보하고 상대방에게 베풀어 주는 것이 좋다고 하겠다.

그리고 대상자에게도 협상이라는 것이 'Give and Take'의 방식으로 이루어져야 한다는 것을 일깨워 주어야 한다. 범인이 총을 들고 인질을 잡고 있다고 해서 모든 것을 무조건 범인이 원하는 대로 응해 주다 보면, 자신은 내놓지 않아도 모든 것을 얻을 수 있다는 잘못된 생각을 가지게 되어 협상가가 원하는 방향으로 범인의 행동 변화를 이끌어 내기 힘들어지게 된다.

따라서 범인이 큰 요구 사항이 아닌 작은 요구 사항 - 예를 들어, 물이나 음식 같은 - 이라도 이것을 관철시키기 위해서는 자신도 무언가를 내놓아야 한다는 것을 알게 해야 하고, 어떤 것도 너무 쉽게 얻지 않도록 하여야만 기대치를 현실적인 수준으로 낮출 수 있고, 경찰이 제공하는 것들에 감사하고 만족감을 가질 수가 있다.

그리고 바로 이 대목에서 다시 한 번 멘도사라는 사람의 인간 됨됨이를 알 수 있는데 이렇게 쉽게 인질을 풀어주는 걸로 봐서 멘도사는 기본적으로 성정이 악한 사람이 아니고 거래도 할 줄 알고 신의도 지킬 줄 아는 사람으로 생각된다. 협상대상자의 난이도가 있는데 이런 유형의 대상자는 난이도를 따져 본다면 그리 어려운 협상대상자가 아니라고 볼 수 있다. 그럼에도 불구하고 비극적인 결말로 끝났다는 것은 매우 안타까운 일이 아니라고 할 수 없다.

그리고 이 후로도 무언가 요구사항이 있을 때마다 인질을 풀어달라고 했고 멘도사는 결국 7명의 인질을 풀어주었다. 인질이 7명까지 풀려나자 나머지 인질들도 자신들도 조금만 있으면 풀려나서 '오늘가려고 했던 쇼핑을 할 수 있겠구나.'라고까지 낙관적으로 상황을 바라보게 되었다고 한다. 그런데 정오경에 모든 미디어가 현장으로 몰려들어 폴리스라인을 마구 넘어갔지만 경찰은 아무것도 하지 않았다. 위기상황이 발생하면 협상을 하기 전에 먼저 선행되어야 하는 조치가 봉쇄와 고립인데 경찰은 이런 조치를 제대로 취하지 않았고 이러한 실수가 결국에는 커다란 재앙을 불러오게 된다.

이런 인질극이 벌어지고 신고를 받고 현장에 출동한 경찰관이 가장 먼저 취하여야 할 조치는 무엇일까? 무엇보다도 사건 현장을 봉쇄(Contain), 고립(Isolate)시키는 것이 선행되어야 한다. 현장을 봉쇄, 고립시키는 데는 여러 가지 이유가 있는데, 첫 번째 이유는 피해의 확산 방지이다.

위 상황에서 인질범이 어떤 무기를 소지하고 있는지 알 수 없으나 만약 총을 가지고 있다면 창밖으로 길 가는 행인들을 향해 총을 발사할 수도 있기 때문에 무고한 시민들이 다치지 않도록 통제선을 설치하고 그 범위 안으로 사람들이 들어가지 못하도록 해야 한다.

용산 철거민 사태의 경우 시위대가 망루에 올라 도로와 인도를 향해 화염병을 던져 자칫하면 지나가는 행인들과 차량이 피해를 입을 수도 있는 아찔한 순간도 있었다. 뒤늦게 차량과 행인들의 통행을 통제했지만 사실은 조금 더 빨리 이러한 조치가 취해졌어야 할 것이다.

두 번째 이유는 범인의 도주로 차단이다. 범인을 완전히 봉쇄하지 않을 경우 인질에게 해를 가하고 도주할 수도 있기 때문에 사전에 사방을 봉쇄해 놓아야 범인의 도주를 막을 수 있다.

세 번째 이유는 사건 해결의 촉진이다. 봉쇄와 고립은 단순히 물리적으로 사방을 틀어막는 것뿐만 아니라, 통신선, TV, 폐쇄 회로 화면 등 외부와 연락하거나 바깥에서 일어나고 있는 일들에 대한 정보를 얻을 수 있는 라인들을 끊는 것을 포함하는데 필요하다면 전기와 물 등을 끊을 수도 있다. 전화선이 살아 있으면 외부의 공범과 연락을 취하여 도주를 돕도록 할 수도 있고, TV선이 살아 있으면 24시간 뉴스 채널을 통해 경찰이 배치되는 상황과 기타 활동 내용에 관한 정보를 실시간으로 제공받게 된다.

따라서 범인은 최대한 봉쇄, 고립되어야 하는데 이렇게 고립된 범인은 외부에 관한 정보를 오로지 경찰 협상팀을 통해서만 얻을 수 있고, 의사소통을 할 수 있는 채널은 협상팀밖에 없기 때문에 싫든 좋든 경찰 협상팀과의 대화에 응할 수밖에 없어진다.

통제선은 1차(외부)와 2차(내부) 통제선으로 나누어 설치한다. 인질범은 내부통제선 안에 고착되게 된다. 대부분의 경찰기관에서는 전술팀장에게 내부 통제선 안의 모든 상황에 대한 지휘권을 부여한다. 아무도 전술팀장의 허락 없이는 내부 통제선 안으로 들어갈 수도 바깥으로 나올 수도 없다. 협상팀도 전술팀장이 내부 통제선 안에 들어가는 것을 허락하지 않으면 들어갈 수가 없다.

만약 협상팀이 내부 통제선 안에 들어가게 될 경우 전술팀원들과 같은 수준의 안전장구를 갖추어야 하고 은폐되고 방어막이 있는 장소에 위치해야 한다. 총기 사건이 발생한 경우 내부 통제선 안에서는 방탄복을 반드시 착용하여야 한다.

외부 통제선 안으로도 허가를 받은 사람들만이 출입할 수 있는데 누구를 들어오도록 허락할지는 해당 경찰서의 정책이나 상황에 따라 다를 것이다. 미국의 경우 어떤 경찰서에서는 내부 통제선과 외부 통제선 사이에 미디어 브리핑 포인트를 설치한다.

외부 통제선에서는 범인이나 인질의 가족, 친구, 구경꾼 등이 통제선 안으로 들어오는 것을 차단하여야 하고, 이들이 통제선 안으로 들어와 작전에 혼란을 주는 것을 막는 것이 매우 중요함에도 불구하고 이곳을 지키고 있는 경찰관들이 성실하게 근무하도록 하는 것이 어려운 경우가 많다. 외부 통제선을 지키는 경찰관들은 사건 현장에서 한 발 떨어져 있기 때문에 자칫 방관자의 입장에서 먼 산 불구경하듯 하는 마음 자세를 가지기 쉽기 때문에 오랜 시간 동안 성실하게 근무를 서지 못하는 경우가 많은 것이다.

미국의 한 경찰서에서는 외부 통제선을 지키던 경찰관이 휴대폰 통화를 하면서 걸어 나오는 사람을 세우고 알아봤더니 협상가와 전화로 얘기하던 범인이었다는 사실이 보고된 적이 있다. 또 다른 경찰서에서 협상가가 인질범과 얘기가 잘 되어서 여자 인질을 한 명 석방하기로 하고 이제 보내라고 했더니 "그 여잔 벌써 나갔다."고 한 사례가 보고된 적이 있다.

웃지 못 할 일이지만 협상이 여러 시간에 걸쳐 진행되면 초기에 긴장하고 경계를 서던 사람들도 시간이 지나가면서 긴장이 풀어지고 다른 데 정신을 팔게 되기 때문에 이런 일이 발생할 수도 있는 것이다.

통제선이 설치되면 경찰관들에게 그 경계를 분명히 고지하여 사건이 일어나고 있는 집 앞이나 사격이 이루어질 수 있는 곳에 차를 주차하지 말도록 고지하고, 공중파 방송을 통해 사건이 발생한 장소와 교통이 차단되는 구간을 알려 혼란을 사전에 방지해야 한다.

멘도사가 타고 있는 버스에는 TV가 설치되어 있어서 멘도사는 밖에서 일어나는 상황을 모두 볼 수가 있었다. 멘도사는 협상가에게 미디어가 자신에 대해 거짓말을 하고 있다, 명예훼손을 하고 있다고 하면서 분개했다. TV에서는 멘도사가 파면되게 된 사유를 마치 사실인 양 보도하고 있었던 것이다. 이에 멘도사는 자신에 대한 잘못된 보도를 바로 잡기 위해 협상가에게 기자를 불러달라고 요구하고는 버스 창문에 'Media Now'라고 크게 써 붙였다. 하지만 경찰에서는 기자를 불러주지 않았다. 멘도사는 다시 버스 창문에 '3:00 PM Dead Lock'이라고 써 붙였다. 최종시한을 설정한 것이다.

협상 대상자들은 요구 사항을 제시하면서 최종 시한을 붙이기를 좋아한다. 그냥 무엇을 해 달라고 하는 것보다는 시한을 정하는 것이 기다리기 덜 지루하고 자신의 의사를 상대방에게 더 강력하게 표현할 수 있을 것이라는 심리가 작용하기 때문일 것이다. 대상자는 최대한 빨리 이 불안한 대치 상황에서 벗어나고 싶기 때문에 요구 사항이 관철될 때까지 마냥 기다리고 있을 수는 없을 것이다. 그러나 협상가의 입장에서 보면 요구 사항에 최종 시한이 붙는 것 자체가 굉장히 부담스럽다.

만약 그 시간까지 요구 사항을 들어주지 않으면 인질이 죽는 등의 큰 문제가 발생할 수 있기 때문에 요구 사항을 들어주든지 아니면 무력 진압에 나서든지 결정을 해야 하지만 어느 것도 현장 사정상 녹녹치 않을 수 있다. 최종 시한에 대한 FBI 가이드라인은 최종 시한이 도래하기 얼마 전에 대상자에게 말을 걸어 자연스럽게 대화를 유도하여 대화 도중에 최종 시간이 도과하도록 만들라고 주문하고 있다.

양 당사자 모두 최종 시한이 도과하고 있다는 것을 알고 있지만 여기에 대해서 드러내 놓고 이야기하지는 않는다. 이때 협상가는 대상자와 대화시에 최종 시한에 대해 언급하지 않도록 주의해야 한다. 이렇게 무사히 최종 시한이 도과하고 대상자가 이에 대해 문제를 제기하지 않으면 최종 시한까지 어떤 요구 사항을 들어주지 않으면 인질을 해하겠다는 협박을 실행에 옮기지 않을 가능성이 커진다.

협상가는 자신이 먼저 나서서 언제까지 무엇을 해 주겠다고 약속해서는 안 된다. 예를 들어, 협상가가 10분 이내로 커피를 들여보내 주겠다고 약속하였다고 하자. 만약 10분 이내로 커피가 전달되지 않으면 대상자는 협상가가 거짓말을 했다고 생각하고, 이것이 자신의 주의를 의도적으로 다른 곳으로 돌리려고 한 말로 생각할 수 있다. 이렇게 사소한 일 때문에 생긴 불신으로 인해 신뢰 관계에 금이 가게 되고 결국 협상을 통한 평화적 사건 해결은 그만큼 멀어지게 될 수 있다.

이 때 갑자기 한 평상복 차림의 남자가 버스로 어슬렁거리면서 다가왔다. 그는 반팔 T셔츠에 반바지를 입었고 배가 많이 나왔으며 키가 작았다. 언뜻 보이서는 동네 부랑자 같은 모습이었다. 그가 버스에 거의 다가왔을 때 경찰들이 다가와 그의 뒤춤에서 총을 **빼앗았다**. 그는 다름 아닌 멘도사의 친동생 그래그였다. 멘도사의 동생도 현직 경찰이었는데 형의 이야기가 TV에서 나오자 형을 돕기 위해 사건현장으로 온 것이었다.

경찰에서는 그래그와 간단히 이야기를 나눈 후 그래그를 협상에 투입하기로 한다. 협상에서 대상자와 협상가 이외에 협상에 참여하는 사람을 제3중재자라고 한다. 친지, 가족, 애인, 지역사회 인사, 종교 지도자 등이 제3중재자가 될 수 있는데 이 사건의 경우에는 같은 경찰직종에 종사하고 있고 마침 현장에 온 동생을 별다른 고민 없이 바로 협상에 투입하여 형을 설득하라고 한 것이다.

제3중재자(TPI)란 무엇인가?

제3중재자란 협상가 이외에 협상에 투입되는 제3의 사람으로 법 집행 기관에 소속되지 않은 사람을 말한다. 제3중재자는 크게 두 가지 형태로 구분될 수 있는데, 가족/동료와 공식/관료 중재자가 그것이다. 가족과 가까운 친구들은 대상자의 감정적인 면에 호소할 수 있어 '분리 후 타파' 전략에 도움을 주며 대치 상황에 있는 대상자들 사이의 결속을 약화시키는 역할을 할 수 있다.

이에 반해 관료들이나 다른 공식 중재자들은 대상자들의 상황 인식을 변화시키는 데 영향을 미칠 수 있고, 대상 집단이 받아들일 수 있는 중재안을 제시할 수 있다는 장점이 있다. 자유인(Freeman)과의 대치 상황에서 FBI 협상팀은 이 두 가지 형태의 제3중재자를 모두 사용하였다.

이 두 형태의 제3중재자 모두에 대해 협상팀에서는 적합성, 목적 달성을 위한 효과성 등을 철저하게 점검하였다. 이 사건에서는 다행히 제3중재자가 효과적인 것으로 드러났지만, 협상가나 위기 상황 관리자들은 모든 상황에서 제3중재자가 효과가 있는 만병통치약처럼 여겨서는 안 된다고 한다(FBI Bulletin, Oct. 1998).

우리나라에서는 인질 난동 사건이 1년에 전국적으로 약 10여 건 정도가 발생한다. 이는 미국에 비하면 사건이 거의 발생하지 않는 수준이라고 해도 과언이 아닌데, 이 얼마 안 되는 사건에 있어서도 거의 대부분의 경우에 제3중재자를 투입하였다. 충주 예성여고 사건에서는 인질범의 아버지를, 대구 팔공산 보성아파트 사건에서는 인질의 고모를 인질범과의 협상에 투입하였다.

물론 당시 이들을 투입한 경찰관들은 제3중재자가 무엇인지, 제3중재자를 투입할 때는 어떤 점에 주의하여야 하는지도 제대로 알지 못했기 때문에 사전에 제3중재자와 인터뷰를 실시하여 인질범과의 관계, 중재를 하려는 목적 등을 파악하는 절차는 모두 생략되었다. 그 결과 두 경우 모두 협상을 타결시키는 것이 아니라 오히려 인질범의 감정을 더 격앙시켜 상황을 더욱 악화시켰을 뿐이었다.

경찰은 일단 사건이 발생하여 자신들이 범인과 대화를 해야 하는 상황이 되면 우선 일면식도 없는 낯선 사람과 무슨 이야기를 하여야 하는 두려움을 갖게 된다. 여기에다 범인은 극도로 흥분하여 소리를 지르고 호통 치며 경찰과는 얘기하고 싶지 않다는 말을 자주하기 때문에 범인과 잘 알고 있는 가족이나 친구에게 대화의 책임을 떠넘기고 싶어진다. 일반적으로 가족이나 친지들이 아무래도 범인과 말이 잘 통할 것이고 이들이 하는 말을 잘 듣지 않겠나 하는 기대를 하는 것이 사실이다.

그러나 조금만 주의 깊게 생각해 보면 실제로는 오히려 그 반대라는 것을 알 수 있다. 범죄자나 비행 청소년들의 가정을 한번 들여다보자. 이들은 대부분 가정 형편이 어렵고 가족 구성원들 사이의 관계가 원만치 않은 경우가 많다. 많은 범죄자들이 부모들의 무관심에 방치되고 가족의 보호와 후원을 받지 못하기 때문에 범죄 행위에 빠져들게 된다.

따라서 이렇게 관계가 좋지 못한 가족 구성원이 현장에 와서 인질범을 비난하면서 "너는 우리 가족의 불명예이다."라는 식의 이야기를 하면 인질범은 극도로 흥분하고 화를 내게 된다. 예성여고나 팔공산 보성아파트 사태 때에도 범인의 아버지가 범인에게 호통을 치고, 인질의 고모가 범인을 비난하자 상황은 걷잡을 수 없이 악화되어 경찰이 억지로 제3중재자들을 끌어내야 하는 사태가 발생하였다.

   그래그는 형에게 전화를 걸어 "내가 형이 무죄라는 것을 이 사람들에게 설명하고 있다."라고 했고 멘도사는 이에 아랑곳하지 않고 "내 요구를 들어주지 않으면 인질을 죽이겠다."고 했다. 그러자 그래그는 "최종시한에 그런 짓을 하지 마라. 형의 불만사항을 내가 그들에게 이야기하겠다."고 하면서 멘도사를 설득하려 했다.

   최종시한이 약간 지난 시점에서 부시장이 멘도사의 요구를 검토하겠다고 알려 왔다. 그는 멘도사에게 직접 전화를 걸어 "제가 지금 옴브즈만 사무실에 있습니다. 누구와 이야기하고 싶습니까?"라고 물어보았다. 아마 이 부시장도 협상에 대해서는 전혀 지식이 없는 사람으로 보인다.

   멘도사가 옴브즈만 사무실에 불만을 품고 이런 일을 벌이고 있는데 이 상황에서 멘도사를 화나게 한 사람과 직접 통화를 하게 하면 더욱 격분하게 될 것이고 그러면 인질들의 안전을 보장하기 힘들어 질 것이다.

   사실 옴브즈만 사무실의 부의장인 오멜이오 곤잘레스는 멘도사의 사건을 해결해 주는 대가로 250,000페소 약 5,000달러를 요구했고 멘도사가 이에 응하지 않자 그의 사건을 처리해주지 않고 시간을 질질 끌었던 것이다.

   멘도사는 그가 전화를 받자마자 욕설을 해 대면서 '당신이 돈을 요구하고 내 사건을 처리해 주지 않았다.'라고 호통을 쳤다. 곤잘레스는 자신은 그런 적이 없다고 변명하면서 부시장에게 전화를 건네주었고 부시장은 사건을 검토해 보겠다고 한 후 전화를 끊었다.

옴브즈만의 결정을 기다리는 동안 초조해진 멘도사는 계속해서 버스 통로를 왔다 갔다 했다. 그는 한 자리에 가만히 있는 것이 어려워 보였다. 버스 뒤편에 앉아 있던 반리는 멘도사가 버스 앞 유리창에 전신을 노출한 적이 여러 차례 있었는데 스나이퍼들이 왜 저격을 하지 않는지 의아했다.

버스 앞 문 앞에 멘도사가 서 있을 때는 자기가 나가서 발로 차서 버스 밖으로 떨어뜨리고 싶다는 생각도 했었다. 그리고 심지어는 멘도사가 버스 문을 열고 두 명의 협상가들과 대화를 한 적도 있었다. 멘도사는 협상가들이 손만 뻗으면 잡을 수 있는 거리에 있었다. 그러나 협상가들은 아무런 행동을 취하지 않았고 멘도사를 체포할 수 있는 좋은 기회를 놓치고 말았다.

오후 5시가 되자 멘도사는 관광객의 리더 격인 사람을 버스 문 앞쪽으로 데려와 문손잡이에 수갑을 채웠다. 3시에 처음 최종시한을 설정한 이래로 여러 차례 최종시한이 도과했지만 정부에서 아무런 해결책을 내놓지 않자 멘도사는 점점 더 화가 나기 시작했다.

때마침 날은 저물고 비가 추적추적 내리기 시작했다. 사건 초반에 멘도사가 순순히 일부 인질들을 풀어주면서 이 사건이 생각보다 빨리 끝날 수 있을 거라는 낙관적인 전망은 내리는 비와 어둠속에 점점 더 묻혀 갔다. 멘도사는 점점 더 빠르게 말하고 크게 소리 지르기 시작했다.

멘도사의 목소리가 점점 더 커지고 격앙된 모습을 보이자 반리도 점점 더 불안해지기 시작했다. 이러다가 이 버스에서 무사히 내릴 수 있을까 하는 불안감이 엄습해 왔다. 반리는 이런 생각을 지우기 위해 자신의 손바닥을 어루만지면서 점쟁이가 생명선이 기니 오래 살 거라는 말을 떠올리면서 '나는 오늘 살아 나갈 수 있을 거야.'라고 계속해서 자기 암시를 걸었다.

이 시각, 언론사들은 극한의 취재경쟁을 벌이고 있었다. 그들은 어떻게 해서든 특종이 될 만한 건수를 잡기 위해 혈안이 되어 있었다. 그러던 중 대치 9시간 정도 경과한 시점에서 한 지방 라디오 방송이 잭팟을 터뜨린다. 멘도사와 전화 연결이 된 것이다.

이 방송국의 앵커, 기자와 멘도사가 동시에 3자 통화를 하게 되었다. 이 방송국에서는 멘도사와의 통화내용을 생방송으로 전국으로 내보냈는데 경찰에서는 이 사실을 까맣게 모르고 있었다. 협상상황이 발생하게 되면 대상자와의 협상도 진행해야 하지만 경계선을 지키는 사람과 언론을 통제하는 사람 등 각자 임무를 나누어 수행해야 한다. 그런데 제대로 된 통제본부 없이 현장에 있지도 않은 시장에게 직접 지시를 받아 대응하고 있는 상황에서 뭐하나 제대로 되는 게 없었다.

기자는 멘도사와 전화가 연결되자 바로 "현재 계획이 뭐냐?"고 물었다. 그러자 멘도사는 "좋은 소식이 있다. 부시장이 내 사건을 직접 검토하고 있기 때문에 조만간 좋은 소식이 있을 거다."라고 말했다.

일반적으로 위기상황에서 대상자에게 '다음 계획이 뭐냐? 구체적 계획이 있느냐?'라고 묻는 것은 자살상황을 빼고는 물어보지 않는 것이 좋다. 대상자가 별다른 계획을 세우고 있지 않는 경우에는 이런 질문이 오히려 대상자를 환기시켜 계획을 세우도록 하는 역효과를 낳을 수 있기 때문이다.

그전까지는 아무런 계획이 없던 대상자도 이런 질문을 받으면 갑자기 무언가 계획을 세워야 할 것 같고 이에 따라 "1시간 내로 내 복직을 인정하지 않으면 인질을 하나씩 죽이겠소."라고 말할 수 있는 것이다. 하지만 기자가 이런 사실에 대해 알 리 없었고 거침없이 멘도사에게 위험한 질문들을 쏟아내게 된다.

이 기자는 또 "만약 당신에게 불리한 결정이 난다면 어떻게 하시겠습니까?"라고 물어 본다. 그러자 멘도사는 "나에게 불리한 결정이 난다는 것은 불가능하다. 왜냐하면 내가 가진 모든 증거 서류들이 그 모든 걸 증명해 주고 있기 때문이다. 나에 대한 모든 혐의는 근거가 없다."고 반박했다.

위기상황에서는 흥분한 대상자를 진정시키는 데에 초점이 맞춰져야 하는데 기자는 아무 생각 없이 대상자의 흥분지수를 점점 더 높이고 신경이 예민해지도록 만들고 있었다. 이런 이유 때문에 훈련받지 않은 제3중재자가 협상에 끼어드는 것은 극히 조심해야 하는 것이다.

이런 와중에 Alfredo Lim 시장이 지휘소에 와서 협상가에게 서한문을 건네주었다. 협상가는 이 서한문이 멘도사를 격분하게 만들 것이라는 생각이 들었지만 시장의 권위에 맞서 이를 거부할 수가 없었다. 협상가는 결국 멘도사에게 서한문을 전달하였고 멘도사는 라디오 앵커와 연결된 상태였기 때문에 전화기에 대고 서한문을 읽어 내려가기 시작했다.

"친애하는 멘도사 경감님…

오늘 오후에 우리가 나눈 대화와 관련하여, 당신의 사건을 제가 직접 검토해 보겠다는 확약의 말씀을 드립니다. 제 말을 믿으셔도 좋습니다. 제가 당신의 입장을 이해하듯이 당신이 제 입장을 이해해 주신데 대해 감사드립니다."

멘도사는 편지를 읽고는 불같이 화를 냈다. "이 편지는 쓰레기다. 이

건 내가 원하는 게 아니야!" 멘도사는 계속해서 소리를 지르고 욕설을 해 댔다. 반리는 멘도사의 분노를 멀리서도 느낄 수 있었다. "나를 복직시켜 준다는 말이 없는 한 이런 편지는 아무런 의미도 없다!" 그러고는 협상가에게 욕을 하면서 자신을 바보취급 한다고 했다.

그러자 갑자기 멘도사는 협상가에게 자기 동생 총을 동생에게 돌려주었냐고 물었고 협상가는 아무 생각 없이 그랬다고 했다. 그러나 그래그는 총을 돌려받지 못했다고 했고 멘도사는 협상가가 또 거짓말을 했다며 엄청나게 화를 내었다. 그의 분노는 극에 달해 있었다. 그러더니 운전석 쪽 창밖으로 총을 쏘기 시작했다.

여기서 이제 모든 협상을 끝난 것으로 보인다. 정부 측은 멘도사에게서 신뢰를 완전히 잃어버렸고 협상가마저도 불신을 받게 되었던 것이다. 경찰은 이제 한시라도 빨리 진압작전을 수행했어야 하는데 전혀 상황파악을 하지 못하고 그냥 어정쩡한 상태로 바라만 보고 있었다.

멘도사는 "상황이 나아지지 않으면 문간에 서있는 남자를 쏘아 떨어뜨리겠다. 이 사람한테 총알을 박겠다. 예브라 경정은 날 바보취급하고 있다. 그는 거짓말쟁이다. 그 사람과 더 이상 대화를 하지 못하겠다."고 하면서 총을 쏘아 댔다.

이때 여전히 전화로 연결되어 있던 기자가 물었다. "당신은 정부, 옴브즈만, 경찰 그 누구도 믿지 못하는군요. 이 시점에서 누구와 이야기하고 싶습니까?" 그러자 "단지 미디어하고만 이야기하고 싶소. 그래야 사람들이 멘도사가 진짜 어떤 사람인지 알 거 같소."라고 했다.

그런데 미디어는 여기서 또 다른 큰 실수를 하고 만다. 스탠드 위쪽으로 가서 옥상에서 버스를 향해 총을 겨누고 있는 저격수들을 촬영한 것이다. 멘도사는 이것을 TV를 통해 모두 보고 있었다. 멘도사는 "저기 저격수들이 보인다. 그들을 철수시키지 않으면 문에 있는 인질을 죽이겠다."고 위협했다.

이때 협상가는 시장에게 멘도사의 요구를 들어주자고 요청했다. 그러나 시장은 안 좋은 선례를 남기면 파면당한 경찰들이 모두 인질을 잡고 난동을 벌일 거라며 거부했다. 시장은 계속 대화를 시도해서 멘도사를 지치게 만들자고 했다.

그리고 여기서 예브라 경정은 결정적인 실수를 하나 더 하게 된다. 멘도사의 동생 그래그를 인질사건의 공범으로 체포하자고 한 것이다. 이에 대해서는 시장도 승낙을 하고 경찰에게 그래그를 톤도로 옮기도록 지시했다. 이에 경찰들은 그래그를 검거하려고 했고 놀란 그래그는 미디어가 있는 쪽으로 달아나 땅 바닥에 주저앉아 살려달라고 애원했.

톤도는 시 외곽의 빈민촌으로 시체가 그냥 버려지는 곳이었다. 그래그도 26년 경찰생활로 톤도로 보내진다는 것이 무엇을 의미하는지 너무나 잘 알고 있었다. 멘도사는 자신이 톤도로 보내지면 흔적도 없이 사라질 것이라면서 기자들에게 울면서 보호를 요청했고 경찰은 이런 그래그를 강제로 옮기기 위해 질질 끌고 가기 시작했다.

그런데 멘도사는 버스에서 TV로 이 장면을 다 보고 있었고 "내 동생에게 왜 이러는 거냐? 내 동생은 이 사건과 아무런 상관이 없다. 만약 중단하지 않으면 여기 있는 사람을 모두 죽이겠다."라고 소리를 질렀다.

기자 툴포(Tulfo)는 경찰들이 멘도사의 경고를 듣고 있지 않다는 것을 알았다. 툴포는 멘도사가 한 말을 경찰에게 알리기 위해 달려갔다. 그러고는 경찰들에게 동생을 풀어주지 않으면 멘도사가 인질을 죽일 거라고 알려주었다. 그러나 이 시각에 시장과 고위 간부들은 사건 현장에서 1km 이상 떨어진 한 중국식당에 가서 저녁을 먹고 있었다. 상황을 통제할 사람인 지휘관이 현장에 없었던 것이다.

경찰이 그래그를 경찰차에 수갑을 채워 밀어 넣으려고 하자 멘도사는 마지막 경고를 날린다. "만일 경찰이 내 동생을 톤도로 데려가면 모든 인질들을 하나씩 죽이겠다."

지휘관이 없는 상태에서 인질범에 대한 진압이나 진정시키려는 노력 어느 하나도 제대로 되는 것이 없었다. 자신이 원하는 데로 하지 않으면 인질을 살해하겠다는 멘도사의 협박은 공허한 메아리가 되었고 그의 동생은 결국 경찰차에 태워져 이송되었다. 그러자 멘도사는 이성을 상실했다. 대치 11시간 만에 상황은 급전직하로 추락하였고 버스 안에서는 여러 발의 총성이 들려오기 시작했다.

버스 기사 알베르토 루뱅은 바로 자기 옆에 있던 사람이 총을 맞고 쓰러지는 것을 목격했다. 사방으로 피가 튀었다. 그 사람은 버스 문 앞 계단 아래로 쓰러졌다. 공포가 엄습해 왔다. 머리가 쭈뼛 서고 오금이 저려 왔다. 멘도사는 그 남자를 죽인 후 버스 뒤로 이동하면서 인질들을 하나씩 쏘기 시작했다. 오른 쪽 왼쪽을 번갈아 가며 인질들을 하나씩 죽여 나갔다.

반리는 다른 인질들이 총을 맞는 것을 보고는 그의 엄마와 함께 좌석 밑으로 들어가 가능한 몸을 작게 웅크렸다. 그때 한 남자가 멘도사에게 달려 들었다. 그 남자는 자신의 아이들을 보호하기 위해 몸을 던졌으나 이미 때가 너무 늦어버렸다. 멘도사는 그 남자의 가슴에 총을 쏘았고 그 남자는 맥없이 나가떨어지고 말았다.

멘도사는 버스 중간에 웅크리고 앉아서 버스 기사에게 "차를 움직여! 여길 떠나자!'고 소리쳤다. 버스 기사가 "경감님, 제 손에 수갑이 채워져 차를 몰수가 없습니다."라고 하자 "그냥 출발해!"라고 멘도사가 소리쳤다. 버스기사는 하는 수 없이 버스를 출발시켰다. 그 순간 '탕'하는 소리가 들리더니 버스가 멈춰서고 말았다. 특공대가 총을 쏘아 앞바퀴를 터뜨린 것이다.

루뱅은 이제 버스를 운전할 수 없게 되자 멘도사에게 사정했다. "경감님, 제발 저를 보내주십시오."그러자 멘도사는 "너는 그냥 거기서 죽을 거다."라고 소리 질렀다. 루뱅은 이제 선택의 여지가 없었다. 그는 지푸라기라도 잡는 심정으로 열쇠 체인에서 클립을 뽑아서 수갑 구멍에 밀었고 놀랍게도 탁하면서 수갑이 풀렸다. 루뱅은 운전석 옆 창문으로 빠져나와서는 걸음아 날 살려라 도망쳤다. 그는 전속력으로 경찰들에게 와서는 거친 숨을 몰아 쉬면서 멘도사가 모든 사람들을 죽였다고 말했다.

반리는 바닥에 엎드려 있었는데 첫 번째 총성이 들리고 나서는 한동안 주위가 너무도 고요해졌다. 비는 세차게 버스를 때리고 있었고 사람들의 팔 다리가 여기저기 좌석에서 삐져나와 있는 것이 보였다. 반리는 이들이 좋은 곳으로 가도록 계속해서 마음속으로 빌었다.

총성이 들린 후 얼마 있다가 특공대에 진압명령이 떨어졌다. 대원들은 슬래지 헤머로 버스 유리창을 강타하기 시작했다. 온 힘을 다해 여러 차례 유리창을 내려 쳤으나 버스 유리는 강화유리라 쉽게 깨지지가 않았다. 여러 차례 내리친 끝에 간신히 작은 구멍이 나자 버스 안에서 멘도사가 총격을 가하기 시작했다. 이렇게 해서는 유리에 구멍을 낸다고 하더라도 진입이 무척 어려운 상황이었다. 경찰과 멘도사 사이에 총격전이 벌어지자 반리는 '이제 곧 죽겠구나.'라는 생각이 들었다.

그런데 이런 난리 북새통인 상황에서 시장의 복직명령서가 협상가에게 전달되었다. 협상가는 멘도사에게 계속 전화를 했으나 멘도사는 받지 않았다. 경찰과 총격전을 벌이고 있는데 전화벨 소리가 들릴 리도 없었겠지만 이제 경찰과 대화를 할 이유도 없었다. 이럴 거라면 애초에 멘도사를 복직시켜준다고 했어야 했고 좋지 않은 선례를 남길까봐 버티려고 했으면 아예 끝까지 버텼어야 했다. 이 상황에서 내려온 복직명령서는 정말 이도 아니고 저도 아닌 결정이었다. 멘도사는 그렇게 원하던 자신의 복직결정이 내려졌다는 사실을 모른 채 격렬히 저항하고 있었다.

유리창을 통해 버스 안으로의 진입이 쉽지 않자 경찰은 앞문에 밧줄을 걸어 차를 이용하여 당겨서 강제로 문을 열려고 하였다. 그러나 죽은 사람이 차 문 앞에 끼어 있어서 문은 쉽사리 열리지 않았다. 이 작전이 실패하자 경찰은 차량 후미의 비상문을 차량을 이용하여 열어 젖혔다. 그리고 그 문을 통해 방패를 든 특공대원들이 진입을 하려 하였다. 그러자 멘도사가 M16 반자동 라이플로 총격을 가했고 특공대원 한 명이 총에 맞았다. 대원들은 놀라서 뒤로 후퇴했고 결국 버스 안으로의 진입은 다시 실패했다.

이제 별다른 좋은 방법이 없게 되자 특공대는 마지막 수단으로 최루탄을 버스 안에 투척했다. 멘도사가 최루가스를 견디지 못하고 밖으로 나오게 만들 심산이었다. 그러나 최루가스가 퍼지자 살아남아 있던 인질들이 기침을 하기 시작했고 멘도사는 기침소리가 나는 곳으로 가서 다시 총을 쏘기 시작했다. 최루가스가 살아 있는 인질들을 멘도사에게 알려 준 꼴이 되었다.

반리는 엄마가 기침을 하자 덜컥 겁이 났다. 그리고 자신도 기침을 크게 하지 않기 위해서 필사적으로 입을 막았다. 정말 이렇게 죽는구나 하는 생각이 들었다. 그때 2번째 최루탄이 다시 투척되었다. 그러자 멘도사는 더 이상 버티지 못하고 버스 문 밖으로 몸을 내밀었고 이를 본 스나이퍼가 멘도사를 쏘았다. 탕, 탕, 탕... 총 8발의 총을 맞고 멘도사는 버스 문에 몸이 반쯤 걸친 채 죽고 말았다.

Part 3. 스토리로 읽는 위기 협상 이야기 (우리나라편)

01
박제상의 인질 구출작전

볼모는 대립하는 국가 사이에 발생하는 정치적인 이해관계를 해결하기 위해 상호 안전을 보증하거나 배신에 대비하는 일종의 정치적인 담보물이다. 이는 무조건 정치적인 약자가 강자에게 신속을 표현하는 형태만이 아니라 현실적인 다양한 목적을 달성하기 위한 방편으로 행해졌으며, 볼모의 파견은 국내의 정치 동향과도 긴밀한 관련이 있다.

실성왕은 내물왕에 의해 392년 고구려에 볼모로 가게 되었는데 이는 광개토왕의 즉위(391년)를 계기로 고구려와 돈독한 외교적 관계를 맺는 한편 백제·왜의 공격으로부터 고구려의 도움을 받기 위함이었다. 실제로·광개토왕릉비에 보이듯 399년에 신라는 왜·가야의 연합세력의 공격을 받아 왕성(王城)이 함락되는 위기를 맞았으며, 이에 고구려는 400년에 병력을 파견하여 신라를 구원하기도 했다.

하지만 내물왕이 401년에 사망하게 되면서, 신라의 정치적 상황은 완전히 뒤바뀌게 되었다. 혈통상 즉위 순서에서 상당히 멀리 떨어져 있던 실성이 볼모생활을 통해 구축한 친고구려적 기반을 배경으로 그

이듬해인 402년에 즉위하게 되었던 것이다.

고구려의 도움을 받아 즉위한 실성왕이 가장 먼저 취한 정책은 바로 '402년 미사흔의 왜국 볼모파견'이었다. 실성왕은 자신의 정치적 적대세력이라 할 수 있는 '내물왕 직계 자손'을 볼모로 보냄으로써, 반대세력의 약화 내지 제거를 시도한 것이다. 이렇듯 미사흔이 왜국에 볼모로 파견된 것은 실성왕의 개인적인 원한과 아울러, 고구려의 지원 속에 반대세력을 제거하려 했던 실성왕의 정치적인 목적에서 비롯된 것이었다. 특히 미사흔의 왜국 볼모파견 이후에도 왜가 신라 왕성을 공격했다는 사실로 볼 때, 당시의 볼모파견은 화친 등의 효과는 없었으며, 오히려 그것이 실성왕의 적대세력 제거를 위한 정치적 행동이었다는 점을 잘 보여주고 있다.

실성왕은 미사흔과 복호를 각각 고구려와 왜국에 인질로 보내는 것에 그치지 않고, 눌지를 제거하여 내물왕계 직계 자손을 완전히 신라 중앙정치에서 소멸시키려 하였다. 「삼국사기」와 「삼국유사」에 따르면 실성왕은 고구려 사람을 불러 눌지를 살해하라는 명령을 내렸다고 한다. 하지만 눌지의 풍모와 덕망에 감화된 고구려 사람은 눌지에게 실성왕의 살해 계획을 알려주고, 그에 더해 군사력까지 제공함으로써 눌지가 실성왕을 시해하는 데 큰 도움을 주었다.

눌지왕은 즉위 이후 외국에 볼모로 가있던 동생들을 데려오기 위해 노력하였는데,

"나의 동생 둘이 왜와 고구려 두 나라에 볼모가 되어, 여러 해가 되었어도

돌아오지 못하고 있다. 형제의 정이라서 그리운 생각이 그치지 않소. 살아서 돌아오기를 원하는데, 어찌하면 좋겠는가?"라고 하였다. "신들은 삽량주간(歃良州干) (박)제상이 강직하고 용감하며 꾀가 있다고 들었습니다. (박제상이) 전하의 근심을 풀어 드릴 수 있을 것입니다."라고 하였다. 이에 (박)제상을 불러 앞으로 나오게 하고 세 신하의 말을 알려주며 (고구려와 왜에) 가주기를 청하였다. (박)제상이 대답하기를, "제가 비록 어리석고 변변하지 못하나, 감히 명령을 공경하여 받들지 않을 수 있겠습니까!"라고 하였다.

박제상은 언변에 능하고 지혜와 용기를 갖추고 있어 천거되었다고 한다. 이에 따라 「삼국사기」 내용을 근거로, 박제상은 사람을 꿰뚫어 보는 안목과 설득력 있는 언변을 지녔고, 국제정세에 정통한 지식을 바탕으로 외교적·전략적 수완을 발휘할 수 있는 능력을 갖추고 있었던 인물로 평가하기도 한다.

그리고 박제상의 이런 자질들은 미 FBI 협상가이드라인에 나타난 협상가 선발조건에도 부합하는 것이다. 미 FBI 협상 가이드라인에서는 다음과 같은 사람을 협상가로 선발할 것을 권고하고 있다.

1) 자기통제 및 감정 절제 능력이 뛰어난 사람

2) 스트레스 상황에서도 침착하고 차분한 사람

3) 대화 및 의사소통 기술이 뛰어난 사람

4) 차분하고 자신감 있는 사람

5) 상대방의 말을 주의 깊게 잘 듣는 사람

6) 팀워크가 좋은 사람

이러한 현대적 기준에서도 볼 때도 타국에 들어가 볼모를 구출하려면 엄청난 용기와 침착성이 요구되므로 1), 2), 4)번의 덕목을 지니고 있어야 하고 상대국 사람들을 설득하고 자신을 믿게 하여 인질을 구출하려면 3), 5), 6)의 덕목 또한 지니고 있어야 하는데 박제상은 이러한 덕목을 모두 갖추고 있으며 나아가 인질의 안전한 탈출을 위하여 자신을 희생하는 희생정신과 임무를 완수하려는 책임감까지 갖추고 있기 때문에 과히 진정한 위기협상가의 모든 조건을 갖추고 있다고 해야 할 것이다.

고구려에서 왕자 복호 구출

인질은 갈등 관계에 있는 국가 사이에 정치적 갈등을 해소할 목적으로 복속·화친 등의 명분과 함께 보내진 것이라 할 수 있다. 대외적 인질의 종류로 출질(出質)·교질(交質)·납질(納質) 등이 있다. 출질(出質)은 강대국이 약소국에 파견하는 것이고, 교질(交質)은 대등한 두 국가 사이에 우호를 위해 이루어지는 것이며, 납질(納質)은 강대국에 대한 약소국의 복속 표시라고 할 수 있다.

앞에서 살펴본 바와 같이 5세기 초 신라는 고구려로부터 왕위계승문제를 비롯하여 여러 측면에서 정치적 간섭을 받고 있었다. 따라서 실성왕이 복호를 고구려에 파견한 것은 위에서 언급한 인질의 개념 중 납질(納質)에 해당된다고 볼 수 있다. 이러한 상황에서 박제상이 '복호 구출'의 목적을 가지고 고구려에 간 것은 정치적으로 상당한 위험성을 갖고 있었던 행위였다. 더구나 복호를 무사히 신라로 귀환시키는 것은 당시 고구려-신라 관계로 볼 때 쉽지 않은 일이었음이 분명하다.

이러한 상황에서 박제상은 고구려로 들어갔는데, 그 과정에 대해서는 「삼국사기」는 다음과 같이 기록하고 있다.

> 마침내 사신의 예로써 고구려에 들어갔다. (고구려)왕에게 말하기를 "저는 이웃 나라와 교제하는 도는 성실과 신의뿐이라고 들었습니다. 만일 볼모를 서로 보낸다면 오패(五覇)에도 미치지 못하는 것이니, 참으로 말세의 일입니다. 지금 우리 임금의 사랑하는 아우가 여기에 있은 지 거의 10년이 되었습니다. 우리 임금은 형제가 어려움에 처했을 때 도와준다는 생각을 오랫동안 마음에 품고 그치지 못하고 있습니다. 만약 대왕께서 호의로써 그를 돌려보내 주신다면 소 아홉 마리에서 털 하나가 떨어지는 정도와 같아서 잃을 것이 없으며, 우리 임금은 대왕을 덕스럽다고 함이 한량이 없을 것입니다. 왕은 그것을 생각하여 주십시오!"라고 하였다. (고구려) 왕은 "허락한다"라고 말하고, 함께 돌아가는 것을 허락하였다.

박제상은 고구려에 외교사절로 파견되어 고구려 장수왕을 만나 복호의 귀환을 추진하였다. 그는 탁월한 언변으로 고구려가 복호를 인질로 잡고 있는 것은 인의(仁義)에 어긋나는 일이며, 복호를 귀환시키는 것은 고구려에게 큰 손해가 아니지만 신라에게는 큰 은덕(恩德)이 될 것이라는 말로 장수왕을 설득하였다. 이에 장수왕이 박제상의 요청을 허락함으로써, 박제상은 복호와 함께 무사히 신라로 돌아올 수 있었다.

삼국사기의 내용이 장수왕과 박제상 사이의 대화의 핵심적인 부분만 담고 있기 때문에 자세한 내용을 확인할 수는 없으나 위의 대화내용으로 미루어 짐작컨대 박제상은 위와 같은 대안을 제시하기 전에 고구려의 상황과 장수왕의 입장에 대해 많이 듣고 충분한 정보를 파악한 것으로 보인다.

이러한 정보를 바탕으로 볼모를 돌려보내는 것이 고구려에 큰 손실

이 되지 않는다는 점을 지적할 수 있었고 장수왕이 이를 받아들일 수 있었던 것으로 보인다. 이는 협상의 기본원칙인 적극적 청취가 선행되었음을 의미한다. 충분한 정보파악이 되지 않은 상태에서의 섣부른 대안 제시는 협상결렬로 이어질 수 있기 때문에 먼저 상대방의 이야기를 충분히 들어주고 난 이후에 대안제시가 이루어져야 실수할 확률을 줄일 수 있는 것이다. 박제상이 이러한 협상의 기본원칙에 충실했기에 성공적인 협상이 가능했던 것으로 판단된다.

신라 눌지왕 9년(425) 박제상은 '복호 구출 임무'를 성공적으로 마치고 신라로 귀국하였고, 이에 눌지왕은 다시 '미사흔의 귀환'을 추진하였다. 하지만 왜국에 인질로 파견된 미사흔은 정상적인 외교관계를 통해 귀환한 복호와 다른 상황에 처해있었다. 즉 미사흔의 볼모 파견은 앞서 언급한 인질의 개념 중 출질(出質) 혹은 교질(交質)에 가까운 형태로서, 실성왕이 정치적인 목적으로 갈등관계에 있었던 왜국에 보낸 것이었다.

따라서 왜국은 고구려와 달리 정식적인 외교관계를 통해 미사흔을 쉽게 보내줄리 없었으며, 더욱이 당시 여러 차례 신라를 침략하여 노략질 하는 등 양국의 관계는 갈등 관계에 있었다. 박제상은 이와 같은 국제정세를 감안하여 미사흔의 귀환 계획을 세웠는데, 이에 관한 내용을 살펴보면 다음과 같다.

> 곧 귀국하자, (눌지)대왕이 기뻐하고 위로하며, "내가 두 아우 생각하기를 좌우의 팔과 같이 하였는데, 지금은 단지 한 쪽 팔만을 얻었으니, 어찌하면 좋겠는가?"라고 말하였다. (박)제상이 아뢰기를, "저는 비록 열등한 재목이나,

이미 몸을 나라에 바쳤으니 끝내 명령을 욕되게 하지 않겠습니다. 그러나 고구려는 큰 나라이고 왕 또한 어진 임금이었습니다. 이 때문에 신의 한 마디의 말로 고구려왕을 깨우칠 수 있었습니다. 왜인의 경우는 입과 혀로 달랠 수 없습니다. 마땅히 거짓 꾀를 써서 왕자를 돌아오도록 하겠습니다. 신이 저 곳에 가면 청컨대 나라를 배반했다고 논하여, 저들로 하여금 이 소식을 듣도록 하소서!"라고 하였다. 이에 죽기를 맹세하고 처자를 보지 않고 율포(栗浦)에 다다라 배를 띄워 왜로 향하였다. 그 아내가 그 소식을 듣고 달려나가 포구에 이르러 배를 바라다보며 대성통곡하면서, "잘 다녀오시오."라고 하였다. (박)제상이 돌아다보며, "내가 왕의 명을 받아 적국으로 들어가니, 그대는 다시 볼 것이라는 기대를 하지 말라!"고 하였다.

위 기록을 보면, 박제상은 언변으로 미사흔을 귀환시키는 것은 어렵다고 판단한 뒤 눌지왕에게 계략을 통해 미사흔을 귀환시켜야 한다고 주장하였다. 그 계획이란 박제상이 신라를 배반하고 왜국에 투항한다는 소문을 내어 왜왕을 속이고, 그 틈에 미사흔을 구출하는 것이었다. 결국 박제상은 왜국과 정상적인 외교관계로는 임무를 수행할 수 없는 상황을 파악하였고, 미사흔 구출의 방법으로 왜왕에 대한 '기만'을 선택하였던 것이다.

한편 박제상은 출발 전에 자신이 신라에 반역하고 도망하였다는 소문을 크게 내도록 준비하고, 왜국 입국을 은밀하고 조용하게 진행하였을 것으로 생각된다. 또한 뒤의 내용에서 확인되듯이 박제상의 왜국 입국 직후에는 그의 가족들을 옥에 가두도록 조치하여, 박제상과 미사흔이 왜왕의 신임을 얻고 자유롭게 활동할 수 있는 증거를 마련했던 것으로 보인다. 이와 같은 눌지왕과 박제상의 모의는 극비(極秘)의 일이었던 만큼, 그 정보를 공유하는 인물은 눌지왕과 박제상을 비롯한 몇몇에 한정되어 있었을 것이다. 그와 같은 준비를 마치고 난 뒤, 박제상은 율포(栗浦) 즉 지금의 울산광역시 울주구 강동면 지역에 있는 포구에서 왜국으로 출발하였다.

이와 관련하여 「삼국사기」에서는 당시 박제상의 아내가 그를 보기 위해 율포(栗浦)로 왔으나, 박제상은 아내에게 다시 볼 것을 기대하지 말라고 하고는 그대로 출발하였다고 한다. 또한 「삼국유사」에서는 박제상이 배를 멈추지 않고 단지 손만 흔들었다고 한다. 출발 당시의 모습에 대해서는 두 기록의 차이가 있지만, 국가를 위해 비장한 마음으로 출발하였던 박제상의 모습이 잘 나타나고 있다.

상대방과의 협상에 임하기 전에 반드시 수행되어야 하는 것이 협상 대상자에 대한 파악이다. 이는 현대적 용어로 '대상자 프로파일링'이라고 할 수 있는데 대상자의 성향과 속성에 대한 정확한 파악이 이루어져야 어떤 방식으로 협상전략을 구사할지를 결정할 수 있다. 박제상은 일견 볼모가 잡혀있는 동일한 상황처럼 보이지만 고구려와 왜의 성향이 확연히 차이가 남을 사전에 분석하고 상황에 맞는 협상전략을 세웠음을 알 수 있다.

왜국에 도착한 박제상은 일단 왜왕의 신임을 얻는 데 주력했던 것으로 보이는데, 그에 대해서는 다음의 기록을 통해 알 수 있다.

> 마침내 곧바로 왜국으로 들어가서 마치 배반하여 온 자와 같이 하였다. (그러나) 왜왕이 그를 의심하였다. 백제인으로 전에 왜에 들어간 자가 신라가 고구려와 더불어 왕의 나라의 침략을 도모하려고 한다고 참소하였다. 왜가 마침내 군사를 보내 신라 국경 밖에서 정찰하고 지키게 하였다.

마침 고구려가 쳐들어 와서 왜의 순라군(巡邏軍)을 포로로 잡아 죽였다. 왜왕은 이에 백제인의 말을 사실로 여겼다. 또한 신라왕이 미사흔과 (박)제상의 가족을 옥에 가두었다는 말을 듣고, 제상을 정말로 배반한 자라고 말하였다. 이에 (왜왕은) 군사를 내어 장차 신라를 습격하려 하였다. 겸하여 (박)제상과 미사흔을 장수로 임명하고 아울러 그들을 향도(嚮導)로 삼아, 해중(海中) 산도(山島)에 이르렀다. 왜의 여러 장수들이 몰래 의논하기를, 신라를 멸망시킨 후에 (박)제상과 미사흔의 처자를 잡아 돌아오자고 하였다. (박)제상이 그것을 알고 미사흔과 함께 배를 타고 놀며 고기와 오리를 잡는 척 하였다. 왜인이 그것을 보고 다른 마음이 없다고 여겨 기뻐하였다. 이에 (박)제상은 미사흔에게 몰래 본국으로 돌아갈 것을 권하였다. 미사흔이 "제가 장군을 아버지처럼 받들었는데, 어찌 혼자서 돌아가겠습니까?"라고 말하였다. (박)제상은 "만약 두 사람이 함께 떠나면 계획이 이루어지지 못할까 두렵습니다."라고 하였다. 미사흔이 (박)제상의 목을 껴안고 울며 작별을 고하고 귀국하였다. (다음날) (박)제상은 방 안에서 혼자 자다가 늦게 일어나니, 미사흔을 멀리 가게 하려고 함이었다. 여러 사람이, "장군은 어찌 일어나는 게 늦습니까?"라고 물었다. (박제상은) "어제 배를 타서 몸이 노곤하여 일찍 일어날 수 없다."고 대답하였다. 곧 (박제상이) 나오자, 미사흔이 도망한 것을 알았다. 마침내 (박)제상을 결박하고 배를 달려 (미사흔)을 추격하였다. (그러나) 마침 안개가 연기처럼 자욱하고 어둡게 끼어 있어 멀리 바라볼 수가 없었다.

　왜왕은 신라와 고구려가 모의하여 왜를 공격하려 한다는 백제인의 말과 왜 순라병(巡邏兵)의 죽음, 그리고 박제상의 가족이 옥에 갇혀있다는 보고를 받고 그제야 박제상을 신임하게 되었다.
　결국 왜왕은 신라 공격을 위한 장수로 박제상과 미사흔을 임명하여, 진군로(進軍路)를 알려주는 길잡이로 삼았다. 특히 주목되는 것은 왜의 다른 장수들이 신라 정벌 이후에 박제상과 미사흔의 가족들을 데려오자고 논의할 정도로 박제상과 미사흔이 왜의 신임을 얻었다는 점이다.

이렇듯 박제상이 왜의 신임을 얻을 수 있었던 것은 그만큼 왜국 입국 전에 준비했던 '거짓 정보 유출'이 효과적으로 작용했던 것이라 볼 수 있다.

  이에 더하여 박제상은 성급하게 일을 도모하기 보다는 때를 기다리면서 더욱 왜의 신임을 얻기 위해 노력하였다. 「삼국사기」에서는 박제상이 미사흔과 함께 배를 타고 놀면서 고기와 오리를 잡는 척을 하여 왜인들이 더욱 신임하게 만들었다고 하였으며, 「삼국유사」에서는 물고기 등을 잡아서 매번 왜왕에게 바쳤다고 한다. 이처럼 박제상은 한가롭게 배를 타고 고기를 잡으면서 왜의 의심이 풀릴 때까지 기다렸고, 또 미사흔을 탈출시킬 수 있는 방법을 모색하고 있었다.

  한편 미사흔이 인질로 있었던 곳은 대체로 일본의 북큐슈 지역으로 이해되고 있다. 왜의 추격을 따돌리고 신라로 무사히 귀환하기 위해서는 한반도에서 가까우며 해안가에 해당되는 지역이어야 하는데, 북큐슈 지역이 그러한 조건에 부합하기 때문이다. 이에 따라 위의 기록에 보이는 왜국은 야마토 정권이 주도하는 연합정권 내 북큐슈 세력이며, 왜왕 또한 북큐슈의 세력가로 파악된다.

  박제상이 미사흔을 탈출시키는 과정은 「삼국유사」에 자세히 보인다. 그는 평소처럼 사냥을 하고 그날 밤에 미사흔과 그를 보좌해줄 강구려(康仇麗)를 탈출시키는 한편, 미사흔이 도망갈 수 있는 시간을 좀 더 벌기 위해 미사흔의 처소에 남았다. 그리고 평소 미사흔을 시중드는 사람에게 핑계를 대어 접근을 막았는데, 이튿날 이를 알게 된 왜왕이 뒤늦게 기병을 보내 미사흔을 쫓았으나 잡지 못하였다. 이로써 박제상은 눌지왕의 명령을 완수할 수 있었으며, 그의 활약으로 미사흔은 지금의 일본 북큐슈 지역을 떠나 무사히 신라로 귀국할 수 있었다.

박제상이 왜국에서 미사흔을 탈출시키는 모습은 고구려 때와는 정반대로 논리적인 설득에 의한 것이 아니라 기만전술을 바탕으로 한 작전에 의한 것이었다. 협상의 상황과 상대방에 맞춰 적절한 전략을 구사한 것이다. 그리고 이 과정에서 왜인들의 의심을 피하기 위해 자신의 가족들까지 투옥시키게 하고 왜국에 들어가서도 한가롭게 낚시를 하면서 자신들의 탈출의도를 철저하게 숨기는 치밀함을 부여 준다. 이러한 부분은 박제상이 협상가로서 전술적 역할을 수행하였다고 볼 수 있다. 그런데 일반적으로 협상가가 전술적 역할을 수행하는 것은 무력진압팀과 함께 작전을 수행하는 경우에 이루어지는데, 박제상의 경우에는 전술팀의 도움없이 적진에서 혈혈단신 이러한 작전을 수행했다는 것이 놀라울 따름이다.

박제상의 죽음과 대아찬 추증

박제상은 재치와 기지를 발휘하여 미사흔을 신라로 보낼 수 있었으나, 정작 자신은 미사흔의 안전한 귀국 시간을 벌기 위해 왜국에 남을 수밖에 없었다. 결국 박제상은 왜에 붙잡히게 되었는데, 그 이후의 상황은 다음의 사료에서 확인할 수 있다.

> 이에 제상을 가두어 두고 묻기를 "너는 어찌하여 너희 나라 왕자를 몰래 보내었느냐?"라고 하자 (제상이) 대답하기를 "나는 오로지 계림의 신하이지 왜국의 신하가 아니오. 나는 단지 우리 임금의 소원을 이루게 했던 것뿐이오. 어찌 당신에게 말할 수 있었겠소"라고 하였다. 왜왕은 노하여 이르기를 "이미 너는 나의 신하가 되었는데도 감히 계림의 신하라고 말하느냐. 그렇다면 반드시 오형(五刑)을 모두 쓸 것이나 만약 왜국의 신하라고

말을 한다면 필히 후한 녹을 상으로 줄 것이다."(제상이) 대답하기를 "차라리 계림의 개나 돼지가 될지언정, 왜국의 신하는 되지 않겠다. 차라리 계림의 형벌을 받을지언정 왜국의 작록은 받지 않겠다."라고 하였다. (왜)왕이 노하여 제상의 발 가죽을 벗기고 갈대를 베어 그 위를 걷게 하였다 [지금 갈대의 붉은 빛깔이 나는 것은 제상의 피라고 한다]. (왜왕이) 다시 물어 이르기를 "너는 어느 나라 신하인가?"라고 하자, (제상이) "나는 계림의 신하다."라고 하였다. (왜왕은) 쇠를 달구어 그 위에 제상을 세워 놓고 묻기를 "너는 어느 나라 신하인가?"라고 하자, (제상이) "나는 계림의 신하다."라고 하였다. 왜왕은 제상을 굴복시키지 못할 것을 알고 목도(木島)라는 섬에서 불 태워 죽였다. 미해는 바다를 건너와서 강구려를 시켜 먼저 나라 안에 사실을 알렸다. 눌지왕은 놀라고 기뻐서 백관들에게 명하여 굴헐역(屈歇驛)에서 맞이하게 하였고 왕은 아우 보해와 더불어 남교(南郊)에서 맞이하였다. 대궐로 맞아 들여 잔치를 베풀고 국내에 대사면 령을 내리고, 제상의 아내를 국대부인(國大夫人)으로 봉하고, 그의 딸을 미해공(美海公)의 부인으로 삼았다. 논하는 자가 말하기를 "옛날 한(漢)나라 신하인 주가(周苛)가 영양(榮陽) 땅에 있다가 초나라 군사에게 잡힌 일이 있습니다. 이때 항우(項羽)가 주가를 보고 말하기를, '네가 만일 내 신하 노릇을 한다면 만록후(萬祿侯)에 봉해 주겠다'하니 주가는 꾸짖으며 굴복치 않고 초왕 항우에게 죽음을 당했습니다. 이번 제상의 충정과 죽음은 주가에 못지않습니다."라고 하였다.

한편 「삼국유사」에서는 박제상의 죽음에 대해 좀 더 구체적인 내용을 전하고 있다. 왜왕은 왜국의 신하가 되어달라고 하며 박제상의 충절을 계속해서 시험하였는데, 박제상은 차라리 신라의 개나 돼지가 될지언정 왜국의 신하는 되지 않았다고 하며 거절하였다. 이에 왜왕은 박제상의 발 가죽을 벗겨 갈대 위를 걷게 하였고, 또 쇠를 달구어 박제상을 그 위에 세워놓기도 하였다. 하지만 박제상이 끝까지 굴복하지 않자, 왜왕은 결국 목도(木島)에서 불태워 죽였다고 한다.

대체로 「삼국유사」의 내용은 후대에 그 이야기가 전승되는 과정에서 많은 설화적 윤색이 가해졌던 것으로 이해되고 있다. 즉 박제상이 왜왕에게 문초를 당하면서 한 이야기는 그의 영웅적인 행적을 빛나게 하기 위해서 조작된 것이라고 보는 것이다. 하지만 이 내용 또한 후대의 전승 과정에서 덧붙여졌다는 점을 고려해 본다면, 후대에 박제상이 '충절을 지킨 신라인의 표상'으로서 인식되고 있었다는 점은 분명하다.

눌지왕은 두 왕자의 구출 임무를 성공적으로 완수하고 장렬히 전사한 박제상에게 대아찬(大阿湌)이라는 벼슬을 추증하였다. 대아찬(大阿湌)은 신라 17관등 중 5번째 관등에 해당되는데, 신라 진골귀족만이 오를 수 있는 관등이기도 했다. 박제상이 진골귀족이 아님에도 불구하고 진골귀족만이 받을 수 있는 대아찬에 추증되었다는 점은, 신라 당대에 있어서도 상당히 파격적인 대우라고 할 수 있다.

또한 눌지왕은 박제상의 부인을 국대부인(國大夫人)으로 봉하는 한편, 박제상의 딸을 미사흔과 혼인시킴으로서 박제상 가문을 왕실의 인척으로 삼았다. 이와 같은 눌지왕의 포상은 박제상 가계를 비롯한 박씨 세력에 대한 파격적인 대우로서, 그만큼 눌지왕이 박제상의 외교적 성과와 충절을 매우 높이 평가했다고 볼 수 있다.

박제상의 외교적 활약과 그 성과는 곧 신라 정국(政局)의 안정으로 이어졌다. 이후 눌지왕은 귀환한 복호·미사흔과 함께 김씨 세력을 중심으로 하는 왕권의 안정화를 이룩할 수 있었으며, 점차 고구려의 간섭으로부터 벗어날 수 있는 초석을 다질 수 있었다. 결국 박제상이 완수했던 인질 구출 임무는 '형제간의 만남'이라는 눌지왕의 개인적인 문제를 해결해주었을 뿐 아니라, '왕권의 안정과 탈(脫)고구려화'라는 국가적 기반을 마련하게 된 중요한 계기가 되었다고 할 수 있다.

지금까지 5세기 초 신라의 대내외적 상황과 박제상의 위기협상 활동을 살펴보았다. 비록 간략하게 남아있는 사료를 통해 박제상의 위기협상 활동을 살펴보았지만, 그 속에서 박제상의 탁월했던 위기협상 능력과 외교적 수완을 확인할 수 있었다. 5세기 초 신라는 고구려에게 대내외적으로 종속되어 있었던 어려운 상황이었으나 눌지왕에 의해 새롭게 발탁된 박제상은 고구려에 사신으로 파견되어 장수왕과의 면담에서 복호의 귀환을 이끌어냈다. 또한 왜국에 인질로 잡혀있던 미사흔을 구출하는 과정에서는 정상적인 외교 루트를 통해 원하는 목적을 이끌어낼 수 없었던 상황을 직시하고, '왜에 대한 기만'이라는 치밀한 계획과 전술을 준비하여 왜왕의 신임을 받아 미사흔을 무사히 귀환시켰다. 비록 박제상은 왜에 붙잡혀 장렬하게 죽음을 맞이하였지만, 오히려 그 과정에서 신라에 대한 충절을 보임으로써 후대에 그의 이름을 강렬하게 남길 수 있었다.

위기협상의 측면에서 보면 박제상은 위기협상가가 갖추어야 할 덕목들을 모두 갖추고 있다고 할 수 있다. 우선 위기협상가는 대상자를 정확히 파악해야 하는데 박제상은 고구려 장수왕과 왜왕에 대한 정확한 대상자 분석을 실시하고 이에 따라 협상 전략을 수립하였다. 두 번째로 위기협상가는 대상자를 설득하는 능력이 있어야 하는데 장수왕에게 단순히 왕자를 풀어달라고 부탁하는 것이 아니라 '구우일모'라는 대조의 효과를 이용하여 설득하는 탁월함을 보였다. 세 번째로 위기협상에서는 대화와 설득을 통한 해결이 어려울 경우 전술팀을 투입하는 등 다른 방법을 통한 해결을 모색해야 할 경우가 있는데 고구려의 경우와 달리 왜에 대해서는 기만전술을 사용하여 목적을 달성하는 지혜를 보여 주었다. 그리고 마지막으로 이 모든 능력이 있더라도 대상자의 생명을 구하고자 하는 간절한 마음과 나라에 대한 충성심이 없다면 인질 구출은 절대로 불가능하다고 할 수 있는데 박제상은 왜왕의 엄청난 고문과 협박에도 자신의 목숨을 초개와 같이 버려가면서 인질을 구출하는 동서고금을 통틀어 매우 보기 드문 희생정신과 용기를 발휘하였다.

협상심리 백과사전
흉내 내기의 유효성

한 심리학 실험에서 처음 만난 두 사람에게 한동안 이야기를 하도록 한 후 상대방의 인상에 대해 물어보았다. 이 실험에서 한 사람은 상대방의 몸짓이나 동작을 흉내 내면서 이야기하도록 했고 다른 한 사람은 그렇게 하지 않도록 했다.

물론 실험참가자가 상대방이 자신을 흉내 내고 있다는 사실을 알아차리지 못하도록 교묘하게 흉내를 냈다. 실험이 끝나고 실험 참가자에게 상대방을 어떻게 생각하느냐고 물었더니 흉내를 낸 사람을 그렇지 않은 사람보다 더 긍정적으로 평가했다.

심리학자 쉐플랜(Allbert E. Scheflen)은 회의 때 찬성 의견을 구두로 표명하지 않더라도 발언자의 동작을 흉내 냄으로써 자신이 같은 의견이라는 메시지를 전달할 수 있다고 한다. 이런 현상을 '동조 댄스'라고 부르는데 마이크로소프트의 빌 게이츠 회장은 이야기에 집중하면 무의식적으로 의자를 앞뒤로 흔드는데 몇 몇 임원들은 빌 게이츠를 따라 의자를 앞뒤로 움직이고 빌 게이츠가 안경을 올리면 따라서 올린다고 한다.

스트레스 관련 장애 연구소장인 데커는 '흉내를 냄으로써 가장 힘 있는 자에게 경의와 충성심을 나타내며, 한 집단 내에서 진짜 권력자는 지위가 가장 높은 사람이 아니라 가장 많이 흉내 냄을 당하는 사람이다.'라고 했다.

02
서희의 안융진 협상

우리나라 역사상 가장 성공적인 협상 사례를 꼽으라면 아마도 대부분의 사람들이 "장위공 서희"의 강동6주 협상을 꼽을 것이다. 서희는 고려를 침공한 거란의 소손녕을 상대로 강화협상을 성공시켰을 뿐 아니라, 고구려와 발해의 몰락 이후 잃어 버렸던 강동6주를 회복하여 고려의 국경을 압록강까지 확대하는 커다란 성과를 올렸던 것이다.

10세기 말, 동북아의 신흥 강국으로 부상한 거란은 요를 건국하고 송과 중원의 패권을 두고 경쟁하였지만 그 뜻을 이루지 못하고 있었다. 거란은 송과 우호적 관계에 있던 고려를 정벌하거나 외교관계를 수립함으로써 송과 본격적으로 패권을 다투기 전에 자신들의 후방을 튼튼히 하고자 하였다.

거란의 황제 성종의 사위이자 동경 유수인 소손녕은 대군을 이끌고 성종 12년(서기 993년 12월) 고려를 침공하였다. 이에 고려는 박양유를 상군사로, 서희를 중군사로, 최양을 하군사로 삼아 거란의 침공을 막도록 하였다. 1차 여요전쟁은 2번의 큰 전투였던 봉산군 전투와 안융진 전투, 그리고 이후 진행된 두 번의 강화협상으로 이루어진다. 고려와 거란 사이의 최초 전투였던 봉산군 전투에서 고려는 대패하였고 지휘관이었던 선봉군사 윤서안이 포로로 잡히기까지 하였다. 소손녕은 이 전투 후 바로 고려에 항복을 강요하였다.

 처음 소손녕은 "80만 대군이 왔다. 만약 항복하지 않으면 모두 죽일 것이다"라고 하며 고려의 항복을 종용하였다. 이와 함께 소손녕은 압록강을 건너 봉산군에서 고려군과 첫 교전을 치러 고려군 선봉장을 붙잡는 승리를 거두었다. 이 소식이 전해지자, 고려 조정은 큰 충격에 빠져 서경 이북 땅을 떼어 주고 전쟁을 막자는 주장이 강하게 대두되었고, 고려 성종도 서경의 쌀을 버리도록 칙명을 내렸다.

 그러자 서희는 "전쟁의 승패는 군사의 강약에 있는 것이 아니라 틈을 잘 엿보아 움직이는데 있을 뿐입니다. 먹을 것이 넉넉하면 성도 지킬 수 있고 싸움도 이길 수 있습니다. 그런데 어찌 갑자기 쌀을 버리려 하십니까?" "이번에 서경이북의 땅을 내주더라도 삼각산 이북은 모두 고구려의 옛 강토인데, 앞으로 저들이 한없는 욕심으로 끝없이 강요한다면 다 내주시겠습니까?"라며 할지론과 쌀을 투기하는 것 모두를 비판하였다. 그러면서 "저들은 실은 우리에게 공갈을 하고 있는 것입니다. 그러니 적의 숫자만 보고 서경 이북의 땅을 떼어 줘서는 안 될 것입니다." 라고 주장하기도 하였다.

 그리하여 드디어 성종도 마음을 바꾸어 일단 거란군과 겨루어 보기로 하고 봉산군으로 서희를 출전시켰고, 안융진 전투에서는 봉산군 전투와 달리 고려군이 대승을 거두었다. 이에 소손녕은 주춤하게 되고 서희의 담판요구에 응하게 된다. 서희는 소손녕과 직접 담판을 하기 위하여 거란군 주둔지 봉산군으로 갔다.

 서희가 소손녕이 머무는 장막으로 가자, 거란군은 "먼저 대국의 귀인에게 절을 올리는 예를 갖추어라!"라며 위협적으로 서희를 압박하였다. "뭘 꾸물거리고 있는가? 어서 절을 올려라!"라고 하자, 서희는 크게 노하면서 "무슨 말인가? 신하가 임금을 대할 때 뜰에서 절하는 것은 예법에 있는 일이나, 양국의 대신이 대면하는 좌석에서 절을 하는 예는 없다!"며 자리를 박차고 나가 숙소로 돌아가 나오지 않았다.

서희의 강단 있는 행동에 소손녕은 내심 서희의 인품을 비범하게 여겼고, 결국 뜰에서 서로 마주 절을 한 뒤에 동서로 마주 앉았다. 소손녕은 서희와의 협상에서 기선을 제압하기 위해 의도적으로 강수를 두었으나 서희가 이에 굴하지 않고 더 강하게 나오자 오히려 서희에게 기선을 제압당하게 되었다. 혈혈단신 적진으로 들어가서, 그것도 자신보다 대군을 거느리고 온 대국의 장수를 상대로 이렇게 용기 있는 행동을 한다는 것은 결코 쉬운 일이 아닐 것인데, 서희는 분명 사자의 심장을 가지고 있는 분이 분명했다.

협상이 시작되자 소손녕은 "너희 나라는 신라 땅에서 일어났고 고구려의 옛 땅은 우리 거란의 것이다."라고 하며 자신들의 침략을 정당화하는 발언을 하였다. 그러자 서희는 "그렇지 않소. 우리 고려는 바로 고구려를 계승한 나라요. 그래서 나라 이름을 고려라고 부르고 서경을 국도로 정한 것도 이를 방증하는 것이오."라고 하면서, "땅의 경계를 가지고 말하자면 오히려 귀국의 동경이 우리 영토 안에 들어와야 하거늘 어찌 우리가 침범했다는 말을 하시오?"하였다. 그러자 소손녕은 대답이 궁하게 되었다. 침략의 첫 번째 명분으로 내세운 영토의 연고권이라는 논리에서 서희에게 밀리게 된 것이다.

그러자 소손녕은 "고려는 거란과 국경을 접하고 있는데도 어째서 바다 건너 송나라와만 교류하고 있는가?"라고 하면서 고려가 자신들과 대립각을 세우고 있는 송나라와 교류하는 것을 트집 잡았다. 거란은 거란이 송과 전면전을 벌이게 되면 자신들의 배후에 있는 고려가 송을 지원하여 양쪽에서 공격을 당하는 상황을 미연에 방지하기 위해 이렇게 고려를 먼저 침공하였던 것이다. 이러한 소손녕의 발언을 통해 거란의 침략의도를 간파한 서희는 "고려와 거란 양국의 국교가 통하지 못하는 것은 여진이 길을 막고 있기 때문이다."라며 하면서, "만일 우리가 여진을 쫓아내고 고구려의 옛 땅을 회복하여 그곳에 성과 보를 쌓아 길을 통할 수만 있다면 어찌 귀국과 국교를 통하지 않겠소?"라 하였다. 서희는 애초에 이번 협상에 임하면서 말로써 거란을 설득하여 거란군을 철수시키는 것이 주목적이었으나 잘하면 여기서 더 나아가 고구려의 옛 땅 회복이라는 성과를 덤으로 더 얻을 수 있을 것 같았다.

이리하여 서희의 논리에 설득된 소손녕은 강동 6주의 땅을 고려에게 돌려주고, 여기에 더하여 서희에게 낙타 10두, 말 100필, 양 1,000마리와 비단 500필을 선물로 주고 떠났다. 서희는 엄청난 국가적 위기상황에서 남다른 상황 판단력과 용기로 단순히 침략군을 물러가게 만드는 데 그치지 않고 잃어버렸던 고국의 옛 영토를 수복하는 쾌거를 이루었던 것이다.

협상심리 백과사전

암시

인간이 순간적으로 받아들이는 정보는 1100만개라고 한다. 그런데 이중에서 의식적으로 처리하는 것은 46개에 불과하다. 나머지는 어디에서 처리하는 것일까? 바로 무의식에서 처리하는 것이다. 그래서 의식적으로 생각하면 굉장히 좋은 것인데도 어딘지 모르게 마음에 들지 않거나 불안한 느낌이 든 적이 있을 것이다.

예를 들어, 어떤 여성이 남자를 만나려고 하는데 소개하는 사람 말에 의하면 그 남자는 일류대를 나왔고 아버지는 중견 사업체를 운영하고 있고 어머니는 교수이며 잘생기고 키도 크다고 하면서 일등 신랑감이라고 하였다. 중신하는 사람의 말대로라면 일등신랑감이 확실한 것 같아 부푼 기대를 안고 그 남자를 만나러 나갔는데 막상 그 남자와 이야기해 보니 왠지 모르게 불편하고 불안한 느낌이 들었는데 나중에 알고 보면 그 남자는 완전한 바람둥이에 술버릇도 나쁜 남자였던 것으로 밝혀진 것이다.

그리고 부동산 중개업자가 그 집은 역세권이고 좋은 브랜드 아파트여서 분양받아 놓으면 나중에 가격이 많이 오를 것이고 주변에 큰 호수공원이 있어서 살기도 매우 좋다고 자랑을 하여 그 집을 보러 갔는데 막상 그 집 안에 들어가니 왠지 모를 불편하고 불안한 느낌이 드는 것을 경험한 적이 있을 것이다. 분명 의식적으로 생각해 보면 다 좋은데 막상 직접 보니 어딘가 찜찜하고 이상한 느낌. 바로 당신의 무의식이 당신에게 경고를 보내고 있는 것이다.

'블루 센스'라는 것이 있다. 어떤 일을 오랫동안 해 온 사람이 무어라고 꼬

집어 말할 수는 없지만 일상적인 점검에서 무언가 이상한 점을 느끼는 것이다. 예를 들어 원자력 발전소에서 발전기를 20년간 점검해 온 엔지니어가 다른 날처럼 일상적인 점검을 하면서 지나가는데 발전기를 보고 돌아서는 순간 무어라고 콕 집어 이야기할 수는 없지만 무언가 잘못되었다는 느낌이 드는 것은 바로 이 '블루 센스'를 가지고 있기 때문이라고 한다. 엔지니어의 무의식 속에 그동안 축적된 수많은 정보 중에 무언가 하나 맞지 않는다는 것을 알려 주는 것이다.

미국에서는 암시의 방법을 적용해 금연을 시키고 있는 사례가 있다. 금연자가 담배를 피우고 싶은 충동이 생길 때 이 번호로 전화를 하면 수화기에서 듣기 힘든 기침소리가 계속해서 들려온다. 그러면 담배를 피려던 사람이 담배피고 싶은 생각이 싹 사라지게 된다고 한다.

와인 맛은 순전히 와인 자체의 맛에 의해 결정되는 것일까, 아니면 가격에 영향을 받는 것일까?

이를 알아보기 위해 와인을 시음하는 사람들의 뇌에 감지기를 부착한 후 와인 시음을 하도록 했다. 사람들은 와인이 맛있다고 느끼면 뇌의 특정부위가 활성화 되었다. 그런데 연구자들이 특정 와인을 시음하기 전에 이 와인이 매우 비싼 와인이라고 소개하자 와인을 마시기도 전에 맛있다고 느끼는 뇌의 부위가 활성화되었다. 이 실험결과는 와인 자체의 맛뿐만 아니라 와인 가격이 맛에 영향을 미친다는 것을 잘 보여준다.

03
지강헌 탈주범 인질사건

가난한 집에서 태어나 초등학교밖에 다니지 못한 지강헌은 할 줄 아는 것이라고는 도둑질밖에 없었다. 그러다가 경찰에게 체포되었다 풀려나고 다른 삶을 살아보려고 했지만 다시 도둑질을 하다 체포되기를 반복하여 결국 교도소에 수감되는 신세가 되었다. 비록 절도범으로 세상에 낙인찍혀 있었지만 원래 지강헌의 꿈은 '시인'이 되는 것이었다. 그래서 그는 교도소에서도 틈나는 대로 책을 읽고 나름대로 습작을 해보기도 하였다.

1980년, 이런 지강헌의 운명을 바꾸는 법이 제정된다. 그것은 바로 '사회보호법'이었다. 상습 범죄자 등 사회악으로부터 선량한 국민과 사회를 보호하자는 취지로 만들어진 이 법은 '유사한 죄로 2회 이상 실형을 받고 그 형기의 합계가 3년 이상인 자가 다시 유사한 죄를 저질렀을 경우' 등 상습성이 인정되면 장기간 보호 감호 처분을 내릴 수 있도록 하였다.

1988년, 올림픽으로 온 나라가 들떠 있던 그 때, 남의 집 담을 넘어 들어가 5백56만원을 절취한 혐의로 붙잡힌 지강헌은 징역 7년에 보호감호 10년, 도합 17년의 형을 선고받았다. 지강헌은 이른 바 '사회보호법'의 철퇴를 얻어맞았던 것이다.

그런데 지강헌과 같은 범죄자들의 절망감을 더 증폭시킨 사건이 일어났다. 같은 해인 1988년, 전두환 전 대통령의 동생 전경환은 형이 대통령이던 시절, 막강한 권한을 앞세워 뇌물 수수, 인사 개입과 횡령 등 각종 범죄행위를 저질렀고 결국 거센 비난 여론에 부담을 느낀 노태우 대통령이 그를 사법 처리하였다.

전경환은 본인이 총재로 있던 새마을운동협회의 공금 73억6천만 원을 횡령하고, 새마을신문사의 수익금에 대한 10억 원의 탈세 그리고 4억1천7백만 원을 수수하고 저지른 불법 이권 개입 등 일곱 가지 죄목으로 기소되었다. 사람들 사이에는 전경환의 횡령 액수가 6백억 원에 육박한다는 이야기도 있었는데, 이런 천문학적인 액수의 탈세와 횡령 등의 중대한 범죄를 저지른 전경환에게 내려진 형량은 징역 7년에 벌금 22억 원, 추징금 9억 원이 전부였다. 그리고 이마저도 곧 감형과 사면이 이루어지리라는 것으로 생각되었고, 실제로 수감된 지 3년 만인 1991년 6월 전경환은 가석방되었고, 이듬해 1월 대통령 특사로 사면 복권되었다.

이 사건으로 아무리 큰 죄를 저질러도 권력이나 돈이 있으면 쉽게 풀려난다는 속설이 입증되면서 국민적 분노를 자아냈고 지강헌처럼 중형을 언도받은 죄수들에게도 커다란 반감을 불러 일으켰다.

1988년 10월8일, 서울 영등포교도소에 수감되어 있던 죄수 25명을 태운 법무부 호송 차량이 충남 공주교도소로 이동하고 있었다. 호송을 담당한 교도관들은 늘 그렇듯이 재소자들의 인적 사항을 확인하고 수갑을 채운 뒤 신체수색을 실시한 후 차례로 호송 차량에 탑승시켰다. 교도관들은 이날 다른 때와 마찬가지로 루틴화된 절차를 따라 재소자들을 다루었는데, 이들은 재소자들이 여느 때와는 달리 힘 있고 돈 있는 자와 그렇지 못한 자신들 사이에 엄청난 불평등이 존재하는 사회에 강한 불만을 품고, 어떠한 대가를 치르더라도 반드시 탈출하겠다는 마음을 먹고 있다는 것을 알아차리지 못하였다.

지강헌 등 탈주를 준비하던 재소자들은 교도소 식당이나 작업장 등에서 주운 쇠붙이 등을 오랜 시간 갈아서 만든 도구들을 감방 안에 보관 중이던 간장통과 콜라 병 안에 감춰두고 있었고, 이날 사용하기 위해 몰래 숨겨서 소지하고 있었다.

지강헌 등은 호송 교도관들이 눈치 채지 못하는 사이 숨겨온 도구를 이용해 수갑을 풀고 교도관들을 공격하였다. 공격을 당한 교도관들은 차를 멈출 수밖에 없었고, 이중 삼중으로 잠겨 있던 호송차량의 출입문이 열렸다.

자유와 구속의 갈림길에서 25명 중 12명은 '불안하지만 자유로운' 탈주를 선택했고, 나머지 13명은 '안정되고 안전한 감금'을 선택했다.

호송 차량에서 탈주한 12명 중 7명은 룸살롱에서 술을 마시거나 고향집을 찾던 중에 붙잡히거나 자수를 하면서 길지 않은 자유를 조기에 마감하였다.

나머지 다섯 명 중 지강헌 등 네 명은 교도관에게서 탈취한 권총을 가지고 가정집 몇 곳에서 절도와 강도를 저지르다가, 탈주 일주일 만인 10월15일 밤 9시40분경, 서울 서대문구 북가좌동에 있는 고 아무개 씨 집에 침입해 고씨 가족을 인질로 잡고 인질극을 벌이게 된다.

인질극을 벌인 4명은 지강헌(35세), 안광술(22세), 강영일(21세), 한의철(20세) 이었다. 고씨 가족들은 신문과 방송을 통해 대대적으로 보도된 '흉악 탈주범'들이 자신들의 집에 침입하여 엄청난 공포를 느꼈지만 비교적 침착하게 대응하였고, 인질범들도 불안했던 마음을 내려놓고 마치 친척집에 온 듯이 식사를 하고 그동안 밀린 잠을 자기도 했다.

 하지만 탈주범들이 언제 태도를 바꿔 가족들을 해할지 모른다는 불안감을 느낀 아버지 고씨가 다음 날인 16일 새벽 4시, 자신을 감시하던 인질범이 잠에 빠진 틈을 타서 집을 탈출하여 인근 파출소에 가서 신고를 하였다.

 새벽 4시 40분, 이미 비상경계 상태에 있던 경찰 1천여 명은 현장에 바로 출동하여 북가좌동의 좁은 주택가 골목을 완전히 에워쌌다. 그리하여 고씨 가족을 인질로 잡은 지강헌 일당과 집을 완전히 에워싼 1천여 명의 경찰들 사이에 일촉즉발의 대치 상황이 시작되었다.

 지강헌 일당은 탈주할 때 교도관에서 빼앗은 권총으로 위협사격을 하는가 하면 자신들의 억울함을 직접 호소하겠다며 TV 생중계를 요구하였다. 이들의 요구에 따라 사상 초유의 인질극 생중계가 이루어졌다.

 김영일의 어머니 등 인질범의 가족과 친지들이 직접 나서서 설득하기도 했지만 인질범들은 듣지 않았다. 안광술은 카메라 앞에서 "어떻게 죄수가 판사와 검사를 돈으로 살 수 있는 거야?"라고 하면서 사회에 대한 불만을 표출하기도 했다. 지강헌은 또 사람들을 향해 "유전무죄, 무전유죄"라고 소리치며 사회에 대한 강한 불만을 표시했다.

 앞에서 언급한 바와 같이 당시에 엄청난 횡령과 뇌물 수수 사건을 벌인 전경환은 가벼운 처벌을 받고 풀려난데 반해 지강헌 일당과 같은 돈 없고 힘없는 잡범들은 엄청난 형량을 선고받은 것을 모든 국민들이 목격한 터라 지강헌의 이러한 외침은 많은 사람들에게 상당히 아프게 다가왔다.

 얼마의 시간이 흐른 후, 지강헌 일당은 다시 도주하기 위해서 경찰에게 승합차를 제공해 달라고 요구하였다. 지강헌은 12시까지 승합차를 갖다 줄 것을 요구하였는데, 강영일은 승합차를 확인하겠다며 인질 중 한 명을 데리고 나와 집 밖을 돌아다니기도 했다.

경찰이 나서서 이들을 설득하기도 하고 협상을 하기도 했지만 당시에는 제대로 된 협상가도 없었고 협상교육도 전무했기 때문에 협상을 통한 사건해결은 기대하기 어려운 상황이었다.

그러던 중 승합차를 구하지 못한 강영일이 집으로 다시 들어오려고 하자 지강헌은 강영일에게 총을 쏘며 들어오지 못하게 하였다. 지강헌의 이러한 돌발행동으로 실탄이 2발만 남자 조급해진 한희철과 안광술은 지강헌에게서 총을 빼앗았다. 그러고는 이 두 사람은 그 권총으로 차례차례 자살을 하고 만다.

총알이 다 소진된 지강헌은 마지막으로 경찰에게 비지스의 '홀리데이'를 틀어줄 것을 요구한다. 노래를 듣던 지강헌은 깨진 유리창으로 자살을 시도했다. 이 때 경찰은 지강헌의 자살을 막기 위해 다리를 쏘며 진압작전에 들어갔다. 지강헌은 총상을 당한 후 병원으로 후송되었으나 과다출혈로 끝내 사망하고 말았다.

협상심리 백과사전

심장의 거짓말

낮고 안전한 다리를 건넌 사람과 높은 흔들다리를 건넌 사람에게 한 여성이 우편물을 전해주면서 자신의 번호를 함께 준 경우.

남성 실험자들에게 여자의 누드 슬라이드를 보여주면서 어느 슬라이드가 매력적인지 물었다. 그런데 실험자들은 별로 매력적이지 않은 슬라이드를 모두 매력적이라고 꼽았다. 어떻게 된 일일까? 사실은 이 슬라이드들을 볼 때 '이것이 지금 당신의 심장박동 소리입니다.'라고 하면서 미리 녹음해 둔 가짜 심장소리를 들려 준 것이다. 실험참가자들은 이것을 슬라이드 속 여자가 매력적이고 섹시하기 때문이라고 잘못 해석한 것이다.

04
김선일 피랍 사건

  2003.6.15, 김선일씨는 이라크에 입국하였다. 김선일씨는 부산 경성대 신학과를 나와 한국외국어대학교 아랍어과에 편입하였고, 동시통역대학원 학비를 마련하기 위하여 일자리를 알아보던 중, 미군의 군납업체인 가나무역에서 아랍어 통역을 뽑는 것을 보고 지원하여, 1년 계약직으로 이라크로 가게 된 것이다.
  2004.6.17, 김선일씨는 바그다드에서 200km 떨어진 리브지 캠프에서 출발한 뒤 팔루자 리나라가 지역 지나던 중 이라크인 1명과 함께 무장단체에게 납치되었다. 그러자 가나무역 김천호 사장이 김선일씨를 구하기 위해 모술로 가서 무장단체와 독자적으로 협상을 시도하였다.
  6.19, 납치단체는 2분짜리 참수위협 테이프를 제작하여 알-자지라 방송에 발송한다.
  6.21 오전 4시경, 알-자지라 방송은 한국인 김선일씨 피랍 사실 공개한다. 인질범들은 24시간 내 한국군을 철수하지 않으면 살해하겠다고 위협하였다.
  6.21 오전 4시40분, 주 카타르 대사가 외교부에 한국인 1명이 무장단체에 납치된 사실을 보고한다. 외교부는 주 이라크대사에 연락해 대

책을 협의하고 '긴급 대책반'을 가동하였다.

6.21 오전 10시, 최영진 외교차관이 "피랍에도 불구하고 파병 원칙에는 변함이 없다."고 천명한다.

정부는 김씨 피랍사건이 발생하자마자 21일 오전 국가안전보장회의(NSC) 상임위를 열어 추가 파병 강행방침을 재확인하였는데, 유력한 한 소식통에 의하면 "납치범들은 당초부터 돈 문제에는 관심이 없는 정치적 조직."이었다고 한다. 그런데 파병철수라는 것은 한국 정부로서는 수용할 수 없는 조건이었기는 하였다.

6.21 오전 11시, 외교부 차관은 주한 미국·일본·영국대사와 통화하여 협조를 요청하는 한편, 주한 중동국가 12개국 공관장들을 초청하여 인질구출에 협조해 줄 것을 요청하였다.

6.21 오후 3시30분, NSC와 청와대 국정상황실 관계기관 대책회의를 통해 정재룡 본부 대사 등 '긴급 협상대표단(6명)'을 현지에 파견한다.

6.22 오전, 협상대표단이 현지에 도착하여 알-자르카위 측과 협상을 시도한다. 정부는 또 알-자지라 방송 등을 통해 이라크 파병 한국군의 역할이 전투지원이 아닌 평화재건 지원이라는 점 집중적으로 홍보하기도 하였다.

이 때 김 씨의 생사에 관해서는 납치단체가 당초 제시했던 최후통첩 시한인 '24시간'이 22일 새벽을 계기로 지나면서 조심스럽게 희망 섞인 관측이 나오기도 했었다.

그러나 6.22 오후 10시20분, 바그다드 팔루자 방향 35km지역에서 동양인으로 추정되는 시신이 하나 발견된다.

그리고 6.23 0시45분, 주 이라크 대사관에서는 e-메일로 송부된 사진을 통해 위 시신이 김선일씨임을 확인한다.

신봉길 외교부 대변인은 "한국시간 22시20분, 이라크 현지시간으로는 17시20분 바그다드에서 팔루자 방향 35km지역에서 동양인으로 추정되는 시신이 발견됐다고 미군 당국이 우리 군 당국에 연락해 왔다."며 "주 이라크 대사관은 오늘 0시45분 e-메일로 송부된 사진이 김선일씨임을 확인했다고 보고했다."고 밝혔다. 신 대변인은 또 "현재 이라크 대사관 영사 및 김천호 사장이 시신을 확인하기 위해 현장으로 이동 중"이라며 "정부는 오늘 새벽 2시 국가안전보장회의(NSC) 상임위원회를 개최해서 대책을 협의하고 있다."고 말했다.

6.23 새벽, 알-자지라 방송은 이날 알-카에다와 연관된 무장단체인 '알 타우히드 왈 지하드'(유일신과 성전)가 김선일씨를 살해했다면서 무장단체가 보내온 비디오테이프의 내용을 방영한다.

화면에서 김씨는 눈이 가려진 채 오렌지색 옷을 입고 있었고, 무릎을 꿇고 울먹이면서 숨 쉬는 것이 힘겨운 듯 입을 벌리고 있었다. 그리고 그 뒤에는 복면을 한 5명의 괴한들이 총을 들고 서 있었다.

복면을 한 남자는 "이것은 당신들의 손이 저지른 일이다. 당신들의 군대는 이라크인들을 위해 이곳에 온 것이 아니라 저주받을 미국을 위해 왔다."라고 주장하였다.

한국인 김선일(33)씨를 납치, 무참히 살해한 것으로 알려진 '알 타우히드 왈 지하드(유일신과 성전)'는 얼마 전 파리 테러를 자행하고 현재 전 세계적으로 가장 위험한 테러집단으로 여겨지고 있는 IS(이슬람 국가)의 전신이다. IS는 1999년에 JTJ(유일신과 성전)이라는 이름으로 처음 조직되어, 2004년 알카에다에 충성을 맹세하고 본격적으로 활동하기 시작하였다. IS는 이라크와 시리아 내륙 지역과 리비아와 예멘의 일부를 점령하고 있는 수니파 이슬람 무장 테러 단체이자 민간인 학살 및 성범죄,

거주지 방화를 일삼는 반란군 집단이다. 보통 줄여서 ISIL 혹은 IS라고 부른다. IS는 2014년 2월, 8개월간의 권력 투쟁 이후 알카에다와 결별을 선언하였다.

한편, '알 타우히드 왈 지하드(유일신과 성전)'는 알-자르카위라는 테러리스트가 이끌고 있었다.

알-자르카위는 이라크 저항세력의 핵심이자 '가장 위험한 테러리스트'로 손꼽히는 인물로, 이라크 저항운동의 상징으로 부각되고 있는 팔루자의 무장봉기를 선도했고, '니컬러스 버그' 등 이라크에 체류 중인 미국인들을 납치해 참혹하게 살해한 사건의 배후 주모자로 알려졌다.

요르단 출신으로 당시 36세였던 알 자르카위는 일 년 전까지만 해도 국제사회에 잘 알려진 인물은 아니었지만 인터넷을 통해 공개돼 전 세계를 경악케 했던 '버그 참수 살해 사건'을 계기로 가장 위험한 테러리스트 중의 하나로 악명을 떨치게 되었다.

본명이 아흐마드 파드힐 알 할라일레인 알-자르카위는 이미 10대 때부터 이슬람 과격 단체에 가담해 아프가니스탄 무자헤딘(이슬람 전사)과 함께 옛 소련에 대항해 싸웠던 것으로 알려지고 있다.

미군은 알-자르카위를 제거하기 위해 2004년 알-자르카위가 은신하고 있는 것으로 파악된 민가를 폭격했으나 애꿎은 민간인만 20 여명 숨지게 만들었을 뿐 알 자르카위는 사살하지 못하였다.

그러던 2006년 6월 8일, 마침내 미군은 알카르카위를 제거하고 만다. 누리 알말리키 이라크 총리는 방송으로 생중계되는 기자회견에서 "오늘, 알자르카위가 제거됐다."고 공식 선언했다. 그는 알자르카위가 7일 저녁 바그다드에서 북동쪽으로 50km 떨어진 디얄라주 바쿠바 근처의 주택에서 측근 7명과 함께 미군의 공습으로 사망했다고 밝혔다.

협상심리 백과사전

반동 형성

반동형성은 자신의 기분이나 생각과는 정반대의 태도를 취하는 것이다. 예를 들어 '난 남자 따위에는 전혀 흥미가 없다.' '야동을 보는 사람들을 이해할 수가 없어.'라고 말하는 사람들은 자신은 정작 그렇게 하고 싶지만 자신에 대한 평가를 의식해 본심과 다른 말을 하는 것이다.

05
대전 식당 인질사건

　인질범은 특수강도 등 전과 4범인 자로 애인이 변심하여 도망가자 애인을 찾아다닐 비용을 마련하기 위해 강도 범행을 하기로 마음먹고, 2001. 8. 1. 06:30경 피해자가 운영하는 OO 식당에 침입한다.
　06:30, 인질범이 칼을 들고 침입하여 피해자, 피해자 딸 2명과 여종업원에게 칼을 들이대면서 금품 요구하며 인질극을 시작한다.
　09:10, 피의자가 피해자에게 종업원들을 출근치 못하도록 하라고 요구하여 피해자가 위 식당의 주방장 박OO에게 전화하여 출근치 말라고 함.
　09:30, 위 박OO이 아무래도 낌새가 이상함을 느끼고 위 식당 앞에 당도하여 본 바 창문의 커튼이 모두 내려져 있는 등 수상하다고 판단하고 피해자에게 다시 전화하여, "사장님, 지금 전화 받기 곤란하지요. 파출소에 신고할까요?"라고 묻자 피해자가 "그래, 그래."라고 대답함.
　10:30, 위 박OO이 신탄진 파출소에 "가게에 이상한 사람이 있는 것 같으니까 와 주세요."라고 신고.
　10:33, 신고를 받은 신탄진 파출소 경찰관 2명이 사건 현장에 도착하여 방문을 여는 순간 피의자가 피해자들의 목에 칼을 들이대고 2층 옥상으로 끌고 간 후 그때부터 경찰관과 대치.

10:40, 신탄진 파출소에서 대전 북부서 형사계에 지원 요청. 지원 요청을 받은 즉시 형사계장이 직접 형사 10명을 소집하여 사건 현장으로 출동. 출동과 동시에 형사계장이 북부경찰서 상황실에 무전으로 타격대 지원 요청 및 119구급대 지원 요청토록 지시.

10:44, 형사계장 및 형사 10명, 파출소 직원 2명, 타격대 10명, 119구급대 등 현장에 출동하여 피의자와 대치.

11:00, 피의자에게 요구 사항이 무엇이냐고 묻자 "충남 금산에 있는 어머니 산소까지 피해자들을 데리고 갈 테니 오토매틱 차량을 준비하라."고 요구. 당시 범인은 극도의 흥분 상태였고 "10분 내로 차량을 준비하지 않으면 무슨 일을 저지를지 모른다."고 말하며 칼을 피해자들에게 들이대는 등 험악한 상황이어서 일단 차량을 준비토록 조치. 단 피의자가 피해자들을 데리고 차량에 탈 경우 상황이 더욱 악화될 수 있고, 피해자들의 안전이 보장되지 않을 뿐 아니라 피의자가 자포자기한 심정에서 2차, 3차의 범행을 저지를 가능성이 있어 차량에 타지 못하도록 하면서 시간을 끌기로 결정.

11:10, 피해자의 모친으로 하여금 피의자에게 "제발 손녀들만이라도 보내 달라."고 애원토록 하였으나 거절당함.

11:15, 피의자가 계속 차량 도착 여부를 물어 우선 진정시키기 위해 북부 형사계장이 빵과 음료수를 사다 주면서 "이것 좀 먹고 진정하고 얘기 좀 하자. 아이들만이라도 보내 달라. 그리고 내가 인질로 대신 남아 있을 테니 풀어 줘라."고 설득.

11:50, 피의자가 왜 차량이 준비되지 않느냐며 계속 위협하는 등 분위기가 험악하게 되어 더 이상 시간을 끌 경우 위험하다고 판단하여 피의자에게 "이미 차량은 준비되었으니 진정하라."고 설득하자, 피의

자는 피해자들을 앞세우고 차량이 있는 쪽으로 가기 위해 아래층으로 내려오기 시작.

11:52, 피의자가 피해자들을 데리고 차량에 탑승하지 못하게 하기 위해 형사반장이 방탄조끼를 착용하고 피의자를 막아서며 "피해자들을 풀어 주고 차라리 나를 인질로 데리고 가라."고 설득하자 갑자기 피의자가 피해자의 어린 딸의 목에 칼을 들이대며 바로 찌를 듯이 위협하여 할 수 없이 길을 열어 줌.

11:55, 이미 피의자가 준비된 차량의 6~7보 앞까지 진행하였고, 더 나갈 경우 넓은 장소여서 구출 작전이 불가능하다고 판단되어, 미리 잠복시켜 놓은 형사들이 피의자의 뒤쪽에서 접근하여 쇠파이프로 피의자의 뒷머리를 내리쳤음에도 불구하고 피의자가 갑자기 무자비하게 칼을 휘둘러 위 피해자 송00와 형사계장 등이 자창 등의 손상을 입었고 피의자도 자신의 복부를 칼로 찔러 자해함.

11:56, 미리 대기하고 있던 119구급대의 앰뷸런스를 이용하여 부상자들을 병원으로 후송함.

당시 현장에 출동하면서 형사들이 가스총을 휴대하였고, 신탄진 파출소 경찰관들의 권총을 형사계장이 인계받아 소지하고 있는 등 사용할 준비를 하였으나, 가스총이나 권총을 사용했을 때 오발이 될 경우 흥분한 피의자에 의해 피해자들이 다칠 염려가 있는 상황이었고, 준비된 차량에 도착하기 직전이었는데 만약 피의자가 피해자들을 데리고 차량에 탑승할 경우 더욱 상황이 악화될 것으로 판단하여 피의자의 뒤쪽에서 접근하여 쇠파이프로 머리를 내리치는 방법을 선택하게 된 것이다.

06
삼호 주얼리호 피랍사건

2011년 1월, 아프리카 소말리아 아덴만을 지나던 삼호 주얼리 호가 소말리아 해적들에게 납치당했다. 선원들은 해적들이 접근하자 안전실로 대피하여 버렸으나 결국 3시간 15분 만에 뚫리고 말았고, 해적들에게 납치되어 소말리아로 끌려갔다. 대한민국 정부에서는 더 이상의 납치를 용납할 수 없다고 판단하고 청해 부대에 인질구출을 지시하였다.

1차 작전

2011년 1월 18일 20시 9분, 1차 구출작전이 시작되었다. 소말리아 해적들은 삼호 주얼리호를 이끌고 자신들의 근거지로 이동하고 있었다. 최영함은 해적들을 뒤쫓아 가고 있었는데 해적들이 도중에 몽골 선박을 추가로 납치하기 위해 자선(子船)을 내리는 것을 보고 작전을 개시하였다. 대원들이 링스헬기로 자선에 위협사격을 가하여 그쪽에 관심이 쏠리게 한 후 해군특수전여단 요원들이 고속단정을 타고 삼호 주얼리호에 접근하였다. 해적들은 요원들에게 흰 기를 들어 보이며 항복하는 몸짓을 하였고 요원들이 잠시 방심하는 사이 바로 AK 소총을 발사하기 시작하였다.

이로 인해 요원 3명이 부상을 당하여 작전을 중단하고 최영함으로 복귀하여야 했다. 그러나 이날의 작전이 전혀 수익이 없었던 것은 아니다. 요원들은 해적의 자선을 압수하였으며 자선에서 AK-47 3정과 사다리를 확보하였고, 몇 명의 해적들이 경고 사격과정에서 바다에 빠져 실종되었다. 2차 작전이 성공하게 된 것도 1차 작전으로 해적들의 전력이 상당부분 약화되었기 때문이라고 할 수 있다.

한편 삼호 주얼리 호의 석해균 선장은 우리 해군이 자신들을 구출하러 오는 것을 보고 선박의 속도를 늦추기 위해 선원들에게 해적 몰래 "엔진 오일에 물을 타라."고 지시했다. 엔진오일에 물이 들어가면 엔진이 정상적으로 작동할 수 없고, 그렇게 되면 선박이 제 속도를 내지 못하기 때문에 한국 해군이 주얼리 호를 따라오기가 좀 더 수월해지기 때문이다. 그러나 석해균 선장의 지시에도 불구하고 선원들은 의견이 분분하였다. 그렇게 하다가 해적들에게 발각되면 목숨이 위험할 수도 있기 때문에 차라리 소말리아로 가서 거기서 협상을 통해 구출되는 것을 기다리자는 의견이 제시되었다.

이렇게 하여 엔진오일에 물을 넣는 것을 시도하는데 많은 시간이 걸리자 석선장은 속도기어를 레드 존에 놓는 등의 방식으로 엔진고장을 가장하였고, 마침내 정만기 기관장이 엔진오일에 물을 타자 선박은 제 속도를 내지 못하였다. 이렇게 되자 해적들은 근처를 지나는 몽골 상선을 빼앗아 갈아타려고 했는데 바로 이때를 노려 최영함의 1차 공격 작전이 시작될 수 있었다.

2차 작전

대한민국의 이명박 대통령은 국방부 장관으로부터 구출 작전을 보고

받고 최종 승인하였고,[5] '아덴만 여명작전'이라고 불리는 작전이 개시되었다. 2011년 1월 21일, 대한민국의 최영함과 대한민국의 해군 특수전여단(UDT/SEAL)이 투입되어, 약 5시간의 교전을 거쳐, 해적들을 제압하고 21명의 선원들을 전원 구출했다. 8명의 해적을 사살하고 5명을 생포했으며, 대한민국 해군의 사망자는 없었다. 인질 중에 사망자는 없었으나, 선장이 복부에 관통상을 입었다.

 작전 과정 중에 해적이 발사한 총탄에 부상을 입은 삼호 주얼리호의 석해균 선장은 응급 처치 후 오만의 제2도시 살랄라에 위치한 술탄카부스 병원에서 수술을 받았다. 이후 석 선장은 오만 살랄라 공항에서 29일 11시 40분경(한국시각)경 환자이송 전용기를 통해 출발해 중간 급유국인 태국을 거쳐 11시간 만인 22시 30분경 서울공항에 도착했다. 이후 아주대학교병원으로 옮겨져 치료를 받았다. 석선장은 작전 과정에서 목숨을 걸고 기지를 발휘한 것으로 알려지면서 많은 관심을 받았다.

 2011년 1월 21일, 대한민국의 이명박 대통령은 국방부 장관으로부터 구출 작전을 보고받고 최종 승인하였고, '아덴만 여명작전'이라고 불리는 작전이 개시되었다.

 해군에서는 그동안 부산항에서 삼호 주얼리 호와 같은 배를 대상으로 작전을 짜고 있었고, 그동안 링스헬기로 교란작전을 실시하여 해적들의 힘을 빼놓고 있었다.

 우선 오만 해군의 고속정이 포위하고 최영함의 127mm 함포가 작열하면서 작전을 시작했다. 조명탄과 최루탄, 섬광탄과 함포사격에 놀란 해적들이 잠에서 깨어나 뛰어나오기 시작했고 M60도 불을 뿜었다. 링스 헬리콥터는 K6 기관총을 사격하여 해적들을 다시 배 안으로 몰아넣었다.

최영함에서는 소나타 ECM을 삼호 주얼리 호에 조사하여 레이더와 무전기를 먹통으로 만들었고, 그 사이 이와 함께 고속단정 3척에 나눠 탄 UDT/SEAL 작전팀이 삼호 주얼리 호 함미 우현으로 배를 대고 사다리를 타고 삼호 주얼리 호에 올라갔다. 이들은 구역을 나누어 배를 하나하나 체크하기 시작하여 확보된 구역에는 붉은색 스프레이로 X자를 쳐서 놓았다.

그리고 해적들이 다시 나와 응사하자 한국어로 승무원들에게 모두 땅에 엎드리라고 경고방송을 했다. 한국어를 모르는 미얀마와 인도네시아 선원들도 있었지만, 다행히 이들도 모두 무사히 구출되었다. 그리고 UDT/SEAL 대원들은 함교에 있던 해적 두목을 사살하고 함교를 점령하였다. 이 때 함교 밖으로 나와 저항하던 4~5명의 해적들을 링스 헬기에서 대기 중이던 저격수가 저격하여 그 중 한명을 사살하자 나머지 해적들은 저항을 멈추고 도주하기 시작하였다.

이때 석해균 선장은 조타실에서 구출작전을 돕기 위해 위험을 무릅쓰고 배를 저속으로 지그재그로 돌리다 복부에 총을 맞았다. 함교에 한국인 선원들이 모두 모여 있었고 이곳이 점령되면서 저격수 이외에는 사격을 중지하라는 명령이 떨어졌다. 그리고 소말리아어로 무기를 버리면 살려준다는 방송을 하자 몇몇 해적은 곧바로 투항을 하였다.

대원들은 57구역이나 되는 삼호 주얼리 호의 격실을 하나하나 확인하기 시작했고 격실에 숨어 있다가 나타난 해적 2~3명이 링스 헬기 저격수에 의해 사살 당하였다. 마지막까지 격렬히 저항하던 해적 4명 중 2명이 사살되자 남은 2명이 항복하면서 5시간에 걸친 작전은 끝이 났다.

한편 석해균 선장은 복부와 무릎 등에 총을 맞는 중상을 입었다. 석선장은 출혈이 심해 우리 해군 장병 3명으로부터 급히 혈소판 수혈을 받았다.

석해균 선장은 여러 차례 기지를 발휘해 작전 시간을 버는데 큰 기여를 하였다. 1차 구출작전이 진행되는 동안 선장은 조타실에 이상이 있다고 해적들을 속여 배를 멈추었고, 1차 구출작전 이후에는 배가 소말리아 영해로 들어갈 경우, 구출작전이 어려워질 것을 알고 배를 소말리아가 아닌 북쪽 오만을 향해 지그재그로 몰아갔다. 그리고 또 해적의 명령에 따라 영어로 해운사측과 통화하면서도 중간 중간 우리말을 통해 상황을 전달하였다.

석선장은 오만 대학병원에서 수술을 받았지만 위중한 상태에 빠졌고, 2011년 1월 29일 국내로 옮겨져 아주대 이국종 교수의 집도하에 추가수술을 받았다.

2011년 3월 5일, 이명박 대통령은 석해균 선장을 방문하며 석해균 선장이 걸어 나와야 아덴만 여명 작전이 끝난다고 하였고, 2011년 11월 4일 석해균 선장이 퇴원을 하면서 공식적으로 아덴만 여명 작전이 종료되었다.

07
서울 제과점 인질사건

김OO 경장은 경남 남해경찰서에서 5년간 근무하다 3개월여 전에 서울 강남 경찰서로 옮겨왔다. 김경장은 야간 당직 근무 중 21:50분경 한 제과점에서 흉기를 든 인질범과 대치하고 있다는 무전을 듣고 지원 차원에서 현장으로 출동하였다.

OOO 지하철 3번 출구 옆에 소재한 제과점에는 형사 당직, 112 순찰 요원 등이 도착해 있었고 제과점 좌측 제일 안쪽 구석에 인질범이 30cm 정도 되는 빵 자르는 칼을 인질의 목에 들이대고 있었다.

현장에서는 당직 형사가 대화를 시도하고 있었으나 제대로 된 대화가 이루어지지 않았고, 매장 안에 형사, 순찰요원 등 너무 많은 사람이 들어와 있었고 통유리를 통해 외부에서 시민들이 사진을 찍고 나중에는 언론사에서도 와서 카메라로 촬영을 하는 등 아수라장이었다. 이에 형사팀장이 지구대 요원에게 외부 통제를 요청하고 매장 안에도 불필요한 사람들은 나가도록 요청하였다.

위기상황이 발생하면 가장 먼저 취해야 할 조치는 현장을 봉쇄·고립시켜서 범인이 얻을 수 있는 정보를 최소화해야 한다. 범인이 주변 상황에 대해 지나치게 많은 정보를 가지게 되면 협상에서 협상가가 우위를 점하기 어렵게 된다. 정보는 힘이기 때문에 더 많은 정보를 가지고 있다는 것은 더 큰 협상력을 가지게 된다는 의미이다. 따라서 TV, 라디오, 전화선 등을 차단하여 대상자를 외부세계와 차단시키고 오로지 협상가를 통해서 외부세계의 정보를 얻고 협상가에게 의지하도록 해야 협상가의 협상력을 높일 수 있다.

휴대전화가 없던 시절에는 전화선을 물리적으로 절단하는 것만으로 외부인과 통화하는 것을 차단할 수 있었으나 오늘날에는 휴대전화가 있기 때문에 전화선을 차단하는 것만으로 충분하지 않기 때문에 가능하다면 전파방해장치를 가동하여 휴대전화를 사용하지 못하도록 하는 것이 좋다. 그리고 협상창구를 단일화하며 가급적 한 명의 협상가와 이야기하도록 하는 것이 좋다. 보조협상가와 기록요원 등은 주협상가를 보조하여 협상이 제대로 된 방향으로 전개되도록 도와주는 역할을 하고 협상에 직접 개입하지는 않도록 한다.

초기에는 한 사람의 협상가가 협상을 하기 보다는 여러 사람이 이런 저런 이야기를 던지고 있는 상황이었는데 형사팀장이 대화를 시도하다가 대화가 매끄럽게 이루어지지 않자 '남자랑 이야기하는 게 싫으냐? 그럼 여경이랑 이야기 하겠느냐?'라고 물어본 후 김경장이 투입되었다. 김경장이 앞으로 나오자 인질범은 인질을 구석에 몰아넣었지만 인질을 위협하는 것이 아니라 자신의 목에 칼을 대는 것을 보고 인질에 즉각적 위협을 가하지는 않을 것이라는 생각을 하게 되었다.

김경장 : 선생님, 뭘 원하세요? 이러시는 이유가 뭐예요?
인질범 : 그냥 내 머리에 총을 겨눠서 쏘아 죽여주시오.
김경장 : 저희는 선생님을 도와주러 왔는데 죽일 수는 없습니다. 그러지 마시고 죽고 싶어 하는 이유라도 알려 주실 수 있나요?

인질범 : 당신들은 믿을 수 없소. 이 이야기를 발설하지 않고 혼자 죽겠소.

봉쇄 상황에는 처음부터 자살을 시도하는 자살 상황이 있고 인질극으로 시작되었지만 시간이 지나면서 자살 상황으로 발전하는 경우도 있다. 어느 쪽이든 자살 상황은 위기상황 대응팀이나 다른 사람들에게 큰 해를 가하지는 않는다. 그런데 어떤 경우에는 난동을 부리던 사람이 자기 스스로 목숨을 끊을 자신은 없어 경찰관을 공격함으로써 경찰이 자신에게 발포하도록 하여 목숨을 끊는 방법을 택한다.

우리나라에서는 경찰을 공격하는 방법으로 자살하는 사람은 잘 찾아보기 어렵기 때문에 이러한 경우가 있다는 것에 대해 의아하게 생각하는 사람도 있을 것이다. 그러나 총기가 흔한 나라에서는 경찰을 위협함으로써 자기에게 발포하도록 하여 자살하는 방법을 택하는 사람들이 종종 나타난다. 여기에는 여러 가지 이유가 있을 수 있는데, 자살을 하고 싶지만 자기 자신에게 방아쇠를 당길 용기가 없는 경우도 있고, 종교에 따라서는 자살을 죄악시하고 자살을 한 사람은 천국에 갈 수 없으나 다른 사람에 의해 죽임을 당한 경우는 그렇지 않기 때문에 자살을 하지 않고 죽을 수 있는 방법으로 경찰을 이용한 자살을 택하기도 한다.

김경장 : 그러지 마시고 한 번 이야기해 보세요.
인질범 : 내가 얘기를 꺼내면 경찰관과 연관이 되어 있다. 내가 한번은 파출소에 가서 신변보호를 요청한 적이 있는데, 파출소에서 거절했소. 그리고 나한테 위해를 가하려는 사람들이 경찰과 관련이 되어 있는 무리야...
김경장 : (경찰에 대한 신뢰를 주려고 신분증을 보여 주며) 선생님, 만약 선생님이 부당한 일을 당하신다면 제가 옷을 벗겠습니다.
인질범 : (독백하듯이) 그냥 내가 혼자 묻고 갈 거야. 경찰이 조직과 결탁되어 있기 때문에 경찰서로 가는 동안 나를 죽일 거야. 정상적인 사법절차면 모르겠으나 지금 상황에서는 나는 비참한 죽음을 맞이할 거야. 물론 내가 잘못한 일이 있기도 해.
김경장 : 선생님, 그렇다면 여기를 조사를 받아 드릴게요. 무슨 일인지 이야기해 보세요.

인질범 : 나는 사실 어릴 때부터 정신병이 있었어. 그런데 우리 엄마도 정신병이 있었거든. 그래서 어릴 때부터 내가 우리 엄마를 죽이는 환상을 품었어. 그런데 나는 그런 생각만 했지 실제로 엄마를 죽인 적이 없고 엄마는 나중에 동생 집에서 돌아가셨어. 그리고 나는 사업에 실패해서 찜질방을 전전하면서 살았고... 그런데 과거에 내가 어머니를 죽이는 생각을 한 것이 데이터화하여 위로 올라갔고 이것을 다른 사람들도 목격을 하고서 나를 죽이려고 하는 거야. 그래서 이런 생각 때문에 내가 너무 고통스럽고 불안하기 하니까 제발 나를 좀 죽여 달라고... (이 때 밖에서 누군가 통화를 하는 모습을 보고는) 이거 봐라 나를 죽이려고 왔다. 밖에서 나를 저격하려 한다.

편집증적이라는 카테고리는 편집증적 환상과 박해적 환각으로 특징지어지는 '편집증적 정신분열증'이라는 형태로 정신분열적 대상자와 자주 중첩된다. 편집증은 괴이하지 않은 망상이 주 증상이며, 다른 정신과적 질환보다는 사회적 직업적 기능이 상대적으로 유지되는 경향을 보인다.

아직 명확하게 밝혀진 생물학적 원인은 없다. 신경학적 장애 중 망상과 가장 관련이 깊은 영역은 변연계와 기저핵이고, 이 영역과 망상 장애와의 연관성 등이 생물학 이슈의 한 예이다. 심리 사회학적 요인으로는 억압된 무의식적인 동성애적 경향이 부정, 반동 형성, 투사에 의한 방어 과정을 거쳐 편집 상태로 발전한다는 전통적인 프로이드의 정신분석적 이론이 존재한다. 이외에도 다양한 심리 사회학 이론이 존재한다.

편집증 환자는 일반적으로 일상생활에 문제가 없고 성격이나 외모에 있어 뚜렷한 문제가 보이지 않으나, 의심스럽고 적개심이 많으며 다소 이상하고 기묘하게 보일 수도 있다. 기분은 망상의 성격에 따른다. 정신분열증에서 보이는 환청 등의 심각한 지각 이상을 보이지 않고 망상도 체계적이며 기괴하지 않다. 또한 망상 외의 사고 장애를 보이지 않는다.

편집증은 여러 가지 형태로 존재하는데, 표면적으로는 정상적으로 보이는 사람도 스트레스를 받을 때에만 표면으로 끓어오르는 '편집증 성격 장애'와 같은 것도 있다. 이런 사람들의 경우 직장 생활을 하면서 정상적인 삶을 영위할 수 있는 능력이 있으면서도, 자신들이 항상 감시하고 경계해야 하는 종교적·정치적 혹은 가족의 음모가 존재한다는 확고한 믿음을 가지고 있다. 이러한 사람들이 감당할 수 없는 위기 상황에 맞닥뜨리게 되면 자신을 방어하기 위해 폭력이나 인질극과 같은 극단적인 조치를 취할 수 밖에 없다고 느끼게 된다.

편집증적 인질범과 협상을 하게 되면 그의 생각이나 신념 체계를 설득해서 바꾸려는 생각은 버려야 한다. 왜냐하면, 편집증의 가장 큰 특징 중의 하나가 논쟁의 불침투성이기 때문이다. 편집증적 대상자는 절묘할 정도로 자신을 속이거나 조정하려는 시도에 대해 민감하고 이런 점에 관한 한 매우 인지력이 높다. 따라서 속임수나 전략을 사용하는 것을 피하고 과거에 다른 인질범에게 통했던 것이라도 함부로 사용해서는 안 된다.

편집증적 대상자에게는 차분하고 안정되지만 지나치게 인위적이거나 작위적으로 들리지 않는 목소리로 대상자의 현실 인식에 대해 물어보고, 분명치 않을 경우 이에 대해 자세히 물어볼 수 있다. 대상자가 화를 내면 냉정을 잃지 말고 대상자의 요구 사항이나 불만이 무엇인지를 분명하게 파악하도록 해야 한다. 만약 대상자가 단순히 화를 내는 수준을 넘어서 격심한 분노를 나타내거나 환상에 사로잡힌 증상을 보이면 정신분열적 대상자에게 사용했던 것처럼 완전한 부정도 완전한 긍정도 하지 않는 애매한 태도를 보이는 '혼란 기법(Distraction Technique)'을 사용한다. 하지만 이때에도 상대방이 조롱당하거나 비하되는 듯한 느낌을 갖도록 해서는 안 된다.

편집증적 인질범과의 협상에서 가장 민감한 이슈는 신뢰 관계 형성 기법의 사용이다. 대부분의 경우에 편집증적 대상자에게 다가가려는 어떠한 시도도 대상자를 통제하거나 위해를 가하고 조정하려는 의도로 해석될 수 있기 때문에 협상가들은 지나치게 친절하고 자상한 태도와 지나치게 차갑고 거리감 있는 태도 사이에서 줄타기를 할 필요가 있다. 모든 문제를 분명하고 직선적으로 접근하고 구체적 문제를 해결하는 데 협상의 주안점을 두어야 한다. 결국 솔직함과 차분함이 편집증적 인질범과의 협상을 성공으로 이끄는 열쇠라고 할 수 있다.

형사계장 : 당신이 고통스러운 것은 충분히 알겠는데 피해자의 고통을 생각해 봐라.

인질범 : (인질을 향해 미안해하는 듯한 반응을 보인다. 그렇지만 계속해서) 나를 죽여 달라. 나 죽이고 이 사람을 데리고 나가라

이렇게 대화가 계속 쳇바퀴를 도는 동안 3시간 가량이 경과되었다. 인질범은 3시간 동안 흡연을 하지 못하자 자신도 모르게 주머니를 뒤지면서 '담배를 피우고 싶다.'고 하였다. 그러자 인질이 '나 감기 걸렸으니 절대 피우지 마라.'고 하자 손을 떨면서도 담배를 피우지 않았다.

형사 : 인질을 내보내고 담배를 피우자. 칼 들고 있고 싶으면 계속 들고 있어라. 우리는 계속 선생님을 믿어 줬다. 몇 시간 동안 선생님을 믿고 여기 앉아 있었다.

이에 인질범은 칼을 내려놓는다.

인질범 : 아주머니 짐 챙겨서 가세요.

인질 : 아저씨, 저 정말 가도 되요? 아저씨가 경찰을 못 믿으면 내가 따라 가 줄게요.

인질은 문 밖을 나서자 제자리에 털썩 주저앉아 한동안 일어나지 못하였다. 침착함을 유지하려고 노력했지만 지난 3시간 동안 많이 긴장하고 있었던 것이다. 인질은 잠시 후에 앰블런스가 와서 병원으로 후송하였다.

인질의 직업은 사실 의사였다. 그런데 인질은 자신이 의사라는 이야기는 하지 않고 그냥 한 가족의 구성원인 것처럼 인질범과 이야기를 하였다. 그리고 어느 정도 시간이 지난 다음에 '아저씨, 착한 사람인 것 같다.' '나중에 밥 한 번 먹자.'고 하기도 하였다.

그리고 중간에 인질이 '아저씨 나 전화 한 통 해도 되요?'라고 하자 그러라고 하여 인질이 자신의 어머니에게 전화를 하여 '엄마, 나 지금 인질로 잡혀 있어 죽을지도 몰라. 그래서 엄마한테 전화한 거야. 그런데 이 아저씨가 착해서 나 죽이지는 않을 것 같아.'라고 이야기 하였다. 캡틴 필립스처럼 이번 사건에 있어서도 인질이 똑똑하여 자신의 생존확률을 높였다. 인

질은 인질범에게 '착하다.'는 긍정적 이미지를 부여하여 인질범이 나쁜 행동을 하지 못하게 만들었다.

그리고 실제로 이번 사건의 인질범은 심성이 나쁜 사람은 아니었던 것 같다. 인질이 소변을 보고 싶다고 하자 형사들에게 나가라고 하면서 계산대 뒤에서 보라고 하자, 형사들이 '인질상황만으로도 충분히 힘든데 당신 앞에서 소변을 보면 평생 얼마나 힘들겠냐?'고 하자 망설이는 모습을 보였다고 한다.

이 사건에서 인질이 정신분열증세를 보이기는 했으나 위에서 보는 바와 같이 심성이 나쁜 사람은 아니었기에 상황이 더 악화되지는 않았던 것으로 보인다. 그리고 인질도 일반인이 아닌 의사여서 범인의 상태를 잘 이해하고 자신의 생존확률을 높일 수 있는 말과 행동들을 했기에 사건이 평화적으로 해결될 수 있었던 것으로 보인다. 특히 인질의 경우 범인의 불안감을 줄이기 위해 '내가 경찰서에 같이 따라 가 주겠다. 그러면 경찰이 당신을 해치지 못할 것 아니냐?'라고 하기도 하였고, 자신의 어머니에게 전화하여 '이 아저씨가 착해서 날 죽이지는 않을 것 같다.'라고 긍정적 이미지를 부여한 것 등이 심리학적으로 볼 때 매우 적절한 행동이었다고 할 수 있다.

협상심리 백과사전

셀프 핸디캐핑(self handicapping)

골프, 당구 등에서 실력에 따라 핸디캡을 주는 경우가 있다. 그래서 100, 200 등 자신의 당구수치를 놓고 게임을 시작한다. 이것은 경기를 잘 하는 사람이 잘 못하는 사람과 대등한 입장에서 경기를 할 수 있도록 하는 배려인데, 이러한 핸디캡을 스스로 부여하는 것이 셀프 핸디캐핑이다.

가령 골프를 치기 전에 '어제 밤늦게 까지 과음을 했다.' '연습하다가 어깨를 다쳐서 스윙이 잘 되지 않는다.' 등의 핑계를 댐으로써 스스로 핸디캡을 부여한다. 미리 작은 거짓말을 해 두어 자신의 실패를 정당화할 수 있도록 하는 것이다. '골프를 못 치는 101가지 이유'라는 우스갯소리가 있는데 셀프 핸디캐핑을 일일이 열거해 놓은 것이다.

프린스턴 대학에서 수영부원의 연습 양을 조사했는데 중요하지 않은 경기 전에는 어느 학생이나 평소의 연습량을 바꾸지 않았다. 그러나 중요한 대회를 앞두면 연습량을 늘리는 학생과 그렇지 않은 학생으로 나누어졌다. 조사 결과, 대회전에 연습량을 늘리지 않는 학생들은 셀프 핸디캐핑을 자주 하는 학생들이라는 것이 밝혀졌다.